图坦卡蒙
古埃及黄金之墓的秘密

[英]托马斯·加奈特·亨利·詹姆斯/著

[意]阿拉尔多·德·卢卡/摄

王璨/译

中国画报出版社·北京

图书在版编目（CIP）数据

图坦卡蒙 /（英）托马斯·加奈特·亨利·詹姆斯著；
（意）阿拉尔多·德·卢卡摄；王璨译. -- 北京：中国
画报出版社，2025.1. -- ISBN 978-7-5146-2324-6

Ⅰ. K941.17

中国国家版本馆CIP数据核字第2024PN7309号

whitestar

WS White Star Publishers is a registered trademark property of White Star s.r.l.
©2020, 2022 White Star s.r.l.
Piazzale Luigi Cadorna, 620123 Milan, Italy
www.whitestar.it

北京市版权局著作权合同登记号：01-2024-2584

图坦卡蒙
古埃及黄金之墓的秘密

［英］托马斯·加奈特·亨利·詹姆斯 著　［意］阿拉尔多·德·卢卡 摄　王璨 译

出 版 人：方允仲
责任编辑：李　媛
内文排版：赵艳超
责任印制：焦　洋

出版发行：中国画报出版社
地　　址：中国北京市海淀区车公庄西路33号　邮编：100048
发 行 部：010-88417418　010-68414683（传真）
总编室兼传真：010-88417359　版权部：010-88417359

开　本：16开（710mm×1000mm）
印　张：20
字　数：466千字
版　次：2025年1月第1版　2025年1月第1次印刷
印　刷：北京汇瑞嘉合文化发展有限公司
书　号：ISBN 978-7-5146-2324-6
定　价：328.00元

目录

序 言	11
图坦卡蒙和他的时代	18
图坦卡蒙陵墓的发现	44
非凡的珍宝	77
个人随葬品	83
役使雕像	111
个人祭祀用品	128
祭祀家具及物品	136
拟人神像	145
动物神像	150
护身符	158
国王雕像	173
王权仪仗	180
服饰和化妆物件	188
珠宝首饰	200
个人物品	260
武 器	272
船 只	282
家具和箱子	287
方解石容器及其他物件	305
物件清单	316
译后记	320

（全书图注前序号为本书页码）

1　图坦卡蒙（Tutankhamun）木乃伊所佩项链的心形猎鹰吊坠（pendant）

2—3　黄金宝座（Golden Throne）侧板的细节，上有带翅的蛇形标记（uraeus），守护着国王的名字

4—5　镀金神龛（Golden Shrine）上的画面。图坦卡蒙射杀野禽，安克姍海娜蒙（Ankhesenamun）给他递上另一支箭

6—7　在宝库（Treasury）的阿努比斯神龛（Anubis shrine）中发现的胸饰（pectoral），上面有两位女神——奈芙提斯（Nephthys）和伊希斯（Isis）跪坐着支护巨型圣甲虫，该圣甲虫代表黎明的太阳神——凯布利（Khepri）

8—9　图坦卡蒙黄金面具的背面：摘自《亡灵书》（Book of the Dead）的经文护佑着面具

序言

自1922年以来，人们对于霍华德·卡特（Howard Carter）及其对图坦卡蒙陵墓的重大发现给予了高度评价，那些不绝于耳的溢美之词本应让多数人习以为常。事实上，自最初发现陵墓以来，今天人们对它的兴趣或许比以往任何时候都要浓厚。

1922年11月，图坦卡蒙陵墓被发现，这一消息始料未及地震撼了世界公众，大家似乎迫不及待地想领略遥远的卢克索（Luxor）曾展现的惊心动魄。这并不是说第一次世界大战后的那些年里没有重大的考古发现，而是没有什么能与即将打开墓穴通道的诱人程度相媲美，那个通道当时仍被封死，里面或许藏有数不胜数的宝藏。卡特本人并不乐观：过去他多次失望，曾经期待成功却一无所获。

现在，在帝王谷（Valley of the Kings）发现一座新的陵墓本身就是一项巨大的成就，而发现一座仍保有大量非凡珍品、完整的棺椁和墓葬的陵墓，这几乎远超预期。

世界媒体的代表们络绎不绝地来到卢克索，像秃鹫扑向奄奄一息的猎物。陵墓清理工作的每一个阶段都备受关注，每天都能带来对古埃及人生死观的新见解。

卡纳冯伯爵（Earl of Carnarvon）与《泰晤士报》（*The Times*）签订协议导致信息渠道不畅通，这给本就充满紧张气氛的发现笼上了一层谜团。之后，墓室被打开，里面有完好无损的墓葬。紧接着，卡纳冯伯爵不幸

10—11 黄金宝座的细节图。彩色镶嵌装饰美轮美奂，突显了帝王的风采

去世，谣言和猜疑占据了上风，这让那些认为所有埃及事物都蕴含神秘力量的人沉溺于天马行空的想象和丰富的创造中。事情就这样发展着：清理工作的进展因戏剧性事件、悲剧、误解及粗暴的情绪状态而遭遇了重重阻碍。霍华德·卡特是一名英雄，无论他走到哪里，都会受到人们的欢迎；但他也是一个充满忧伤、幻想破灭的人。他的成功从未给他带来应有的满足与幸福。

在过去的40年里，人们对图坦卡蒙的兴趣大增，在纪念图坦卡蒙陵墓发现一百周年之际，人们的热情丝毫未减。国际展览将精心挑选的珍宝置于数百万人着迷的目光之中。埃及旅游业蓬勃发展，大量游客涌入帝王谷，惊奇地注视着这位年轻国王不大的墓室中的棺椁。在开罗，人们欣赏着国王令人惊叹的宝藏。相关书籍层出不穷，对卡特的评价毁誉不一，宝藏受到称颂，有时也遭到蔑视。本书将呈现一系列精彩的照片，提供较之以往更为广泛的资料以供读者仔细研究。

12—13 黄金宝座上安克姗海娜蒙王后的头像——阿玛尔纳艺术在新统治时期得以保存

14—15 带有图坦卡蒙王位名（prenomen）的部分胸饰，上面有带翅圣甲虫

图坦卡蒙和他的时代

卡纳冯伯爵和霍华德·卡特于1922年11月27日进入图坦卡蒙陵墓的前厅（Antechamber）时，恍如置身于一家废弃了三千年的高级家具店。这令人激动又不安。卡特后来写道："到处都闪烁着金光。"但是，他们面临的问题一言难尽！大都会博物馆和埃及政府适时调来专家，在他们的帮助下，卡特着手整理物品，这些物品在这个狭小的空间里被摆放得乱七八糟。其中，一眼就引起他注意的物件是一把椅子。它立在一个饰有河马头像的长台下。这把椅子现在通常被称为"黄金宝座"。它那令人眼花缭乱的华丽和纯粹的美感给发掘者留下了深刻的印象。椅背的镶板是它最引人注目的部分。卡特声称："它是宝座的荣耀，我可以毫不犹豫地将它称为迄今为止在埃及发现的最美的东西。"值得一提的是，卡特肯定第一眼就注意到了镶板上一个装饰元素。它就是位于画面顶部的太阳圆盘，将孕育生命的光芒洒向端坐的国王及他的妻子。虽然对于有关阿玛尔纳时期（Amarna Period）及阿顿 [Aten，也作"阿吞"（Aton）] 神信仰兴衰的历史争论，卡特可能并无太多学术兴趣，但他早年在埃及的见闻从来都与之相关。

1892年春，卡特与弗林德斯·皮特里（Flinders Petrie）一起进行发掘，一道参观埃赫那顿（Akhenaten）国王为标示其新城的神圣区域而设立的石刻碑文，在旅途中他或许可感受到阿顿神的相关信仰。或许他能想起他所描绘的埃赫那顿墓室场景的画，皮特里曾用来为他在《每日写真报》（Daily Graphic）上的报道配图，画中也包含了阿顿这一主题。或许他还能忆起1893年1月与珀西·纽伯里（Percy Newberry）一起度过的短暂时光。当时，他们在阿玛尔纳地区（El-Amarna）开始复制北部私人墓葬群场景和铭文，但以失败告终。

阿顿的生命之光无处不在，卡特在陵墓工程停工之前绘制了多幅相关场景的画。尽管卡特似乎直到1918年3月在帝王谷作第一次短

暂停留后，才再次造访阿玛尔纳地区，但他对这个地方怀有深厚的感情。那时，卡纳冯伯爵正在积极寻找第二个可以工作的地点。卡特极力推荐阿玛尔纳地区，称："对你来说，这是一个理想的地点，各方面都很便利……有了达哈比耶（dahabiyeh，古埃及的一种客船），你离施工现场永远不会超过一英里（约1.6千米）。这里有美丽的沙漠，可以进行轻快而干净的挖掘，更不用说，运气好的话很有可能会发现美丽的东西。"第一次世界大战爆发前的几年里，德国人曾在那里工作，并发现了许多重要的雕塑，其中包括著名的纳芙蒂蒂（Nefertiti）半身塑像。

因此，霍华德·卡特在黄金宝座的靠背镶板上看到太阳圆盘时，非常清楚它的意义。但他可能会感到困惑，在国王的陵墓中，在如此引人注目的物品上发现了当时被视为异端的强有力的象征物，也正是在这个国王的统治下，埃及的宗教事务得以重建并恢复常态。从这点看，毫无疑问，埃及王室很难消除阿顿神崇拜（Atenism）带来的不利因素，它到一定时候也导致埃赫那顿、斯蒙卡拉（Smenkhkare）、图坦卡蒙及他的继任者阿伊（Ay）被从王朝更迭的官方记录中除名。直至霍伦希布国王（King Horemheb），合法的顺位才得以重新开始。他在图坦卡蒙统治时期曾担任要职，至少看起来未受宗教异端的影响。而所有这些问题及后果都得从阿蒙诺菲斯三世（Amenophis III，又名阿蒙霍特普）辉煌统治时期的发展状况说起。

为了尽可能理解这一问题，有必要追溯到那个光辉时代，那时，埃及在国外的势力处于鼎盛时期，国内文化兴盛，体现在生活的多方面，尤其是雕塑、浮雕、绘画、陶器、金属制品、玻璃制品等小型工艺品的制作，以及小件私密物件的生产，为那些有购买能力的个人生活增色不少。

16—17 图坦卡蒙黄金面具：一幅大师用金箔制作的肖像
19 黄金宝座背面有关图坦卡蒙与安克姗海娜蒙亲密接触的画面。王后从带柄容器中取出香膏为国王涂抹

时值公元前14世纪上半叶，埃及第十八王朝早期的法老在亚细亚（Asia）和努比亚（Nubia）的军事行动取得成功后，埃及的东部地区形成了平衡状态。它并非那种在古代世界常见的靠军事力量进行统治的国家，埃及国王对于那些其领土构成王朝板块的小统治者采用恩威并施的方式来维持其影响力。对于东面强大的邻国同样通过王朝结盟、埃及国王赠送贵重礼物——实际是发放补贴的方式，来限制其发动进攻。埃及所展现的权力与财富助长了附属国及更为强大的邻国的觊觎。米坦尼国王（King of Mitanni）在给阿蒙诺菲斯三世的信中表达了一个普遍看法，即"黄金如尘土遍布在我兄弟的土地上"。

王朝的版图带给埃及的影响是多方面的，其中较难量化的是宗教事务。埃及宗教的神祇文化及地方传统文化多种多样，不易向其他国家输出。在这方面，埃及人并不是一个会轻易改变宗教信仰的民族，然而，其他地方的传统很有可能会被引入并直接移植或部分同化到埃及宗教思想的主体中。接受一种更为普遍适用的神性概念似乎很有必要。在这一变化过程中，埃及传统太阳崇拜的部分内容几乎在不知不觉中演变成了一种独立的亚崇拜（sub-cult），在这种崇拜中，太阳圆盘本身，即阿顿（埃及语意为"太阳圆盘"）成为主要的，甚至是唯一的崇拜对象。

这种太阳崇拜的迹象至少可追溯到图特摩西斯四世（Tuthmosis IV，约前1400—前1390年）统治时期。但到阿蒙诺菲斯三世（约前1390—前1352年）统治时期，这一崇拜发展尤为显著。当时一些重要官员在颂歌中提到阿顿，这些诗主要称颂太阳是生命的创造者和维持者。这一发展可能是国王的妻子——泰伊王后推动的。泰伊王后在生活的许多方面发挥着非比寻常的影响力。阿蒙诺菲斯三世可能长期体弱多病，他似乎满足于这种明显的权力移转，而将自己的活动限制在家庭领域。人们常认为他安于享乐，但要证明这一点并不容易。

20　头戴蓝色王冠的阿蒙诺菲斯三世（又名阿蒙霍特普三世）头像。该头像由彩绘石膏制成，发现于卡纳克神庙（Karnak temple）的大量雕塑中

21　发现于西奈半岛（Sinai）的泰伊王后头像。虽然尺寸很小，但雕塑家成功地表现出这位意志坚定的女性强有力的性格

然而，可以确定的是，他的儿子、继承人，也称阿蒙诺菲斯，欣然接受了日益兴盛的阿顿崇拜。甚至在他成为国王之前，也许就已经开始推崇这一信仰了。他的母亲泰伊王后在他登基后继续发挥强大的政治影响力，她可能是推动阿顿崇拜的一个因素。新国王更强的支持者是他的妻子纳芙蒂蒂。一些历史学家认为，阿蒙诺菲斯三世在去世前几年就提携他的儿子与自己共同执政，但证据大多是间接性的。不得不承认，整个所谓的阿玛尔纳时期的历史证据往往并不明确。尽管如此，较易接受的观点是，约公元前1352年，父亲去世后，儿子成为国王。在统治的最初几年，他保留了阿蒙诺菲斯这一名字，意为"阿蒙神的仆人"，后改名为埃赫那顿，意为"阿顿神的仆人"。在底比斯（Thebes），他的父亲为信奉主神阿蒙-拉（Amon-Re）而大兴土木。也正是在底比斯，阿蒙诺菲斯四世在妻子纳芙蒂蒂的支持下，开始确立阿顿神至高无上的地位。就在非常靠近卡纳克的阿蒙神庙的地方，他建造了一座全新的、独一无二的神庙，用来供奉阿顿神。这座神庙在设计上与普通的埃及神庙截然不同，在装饰、浮雕和雕塑方面，与传统的风格和内容大相径庭。此举极具挑衅性，它使王室与传统的神官学院直接对立起来，也将与宗教机构密切结合的官僚机构置于对立面。

22—23　这尊埃赫那顿（阿蒙霍特普四世）巨像面部特征显示了他统治初期的风格，几乎是夸张的，但极富戏剧性。出自卡纳克

23上　雕刻家的试制品或模型，展示了埃赫那顿、纳芙蒂蒂和两个女儿向阿顿神献花的场景。出自阿玛尔纳地区的王室陵墓

不难想象，这一革命性的转折事件给底比斯造成了紧张局势。新旧宗教政权无法和平共处。随之而来的是对旧有崇拜的正式压制，但这种行为无法摧毁古老的信仰与忠诚。首都的局势对双方来说定是难以忍受的。

就国王而言，除了在宗教、政治和区域上与过去彻底决裂，他别无选择。他自己对宇宙神圣、唯一的创造者——阿顿神的信仰是在早年形成的。如他所称，阿顿神信仰下的全部生活实践必须在一个未被旧宗教玷污的地方继续下去。因此，在位第六年，他改名为埃赫那顿，并将首都从底比斯迁至向北约350千米处埃及中部的一个地方。这里摒弃了所有与过去的关联，新生活得以实践。新都选址在位于尼罗河东岸的一片未曾开发的平原，这里遍布岩石的山丘环绕着大海湾。在这里，每天都能看到太阳从群山跌宕处升起。这里被称为阿赫塔顿（Akhetaten），意为"阿顿的地平线"。

被划为阿顿神域的区域，以系列界碑为标志，上面的碑文规定了阿赫塔顿的范围，确立了王室及选择跟随国王来这座新城定居的人们的生活原则。对于阿赫塔顿的规划是古代世界最早有意识的城市规划之一。伟大的阿顿神庙是焦点，它与传统的埃及神庙截然不同，是一座开放式建筑，设有许多祭坛以供奉神灵。

24左图 石英岩头像，很可能是纳芙蒂蒂的头像，出自孟斐斯（Memphis）。由不同材料制成的复合雕像的一部分。眼睛和眉毛可能曾镶嵌玻璃

24右图 一位阿玛尔纳公主的石英岩头像，出自雕塑家胡提摩斯（Djehutmose）工作室。拉长的头骨是这一时期王室雕像的特征

这里有宫殿、游行通道、巨大的行政大楼，以及为高级官员建造的高级别墅区。还有一些区域，为城市提供食物及陶器、玻璃等产品。外围附属的村庄居住着工匠，他们远离主城，毫无疑问对新宗教的性质和仪式并不熟悉。他们与处于社会底层的埃及人民一样，以类似的方式保持自己对神的崇拜。

在阿赫塔顿，阿顿神崇拜的信徒可以追随新的生活，而不必时刻担心遭到那些传统的人的反对。阿赫塔顿成了一块受庇护之地，在此，国王和他的家人可推崇、侍奉阿顿神，并得到那些运作新官僚机构、为城市提供服务的人的忠诚支持。对阿顿神的崇拜似乎成为最高甚至唯一的目的，主导了生活的方方面面。伟大的颂歌包含了新神学的精髓，通常被认为是埃赫那顿本人的作品，为评判阿顿神崇拜提供了证据。其中，最为伟大的颂歌发现于阿伊未被使用的阿玛尔纳陵墓。阿伊"掌管法老所有的马匹"，在图坦卡蒙之后继任国王并执政数年。颂歌具有阿顿神崇拜的特点。

"您从天边的地平线冉冉升起，美妙绝伦，噢，阿顿神，生命的创造者，您闪耀于东方的地平线时，每一寸土地都洋溢着绮丽……您从地平线升起，光芒笼罩大地……整个大地都在忙碌运作。牛群在草地上悠然自得。树木茂盛，牧场广袤……动物们活蹦乱跳……您让男人的液体在女人体内生长……使儿子在母亲的身体里获得生命……您的杰作比比皆是！……您是唯一的神，别无其他…… 您使人人各安其位，各得其所……使他们的语言不同……他们的肤色各不相同，因为您已将国与国区分开来……您创造四季，让创造的一切欣欣向荣……"

最后，埃赫那顿确立了自己在万事万物中的地位："只有您的儿子，奈菲克赫佩鲁雷-瓦恩雷（Neferkheperure-Waenre，埃赫那顿的王位名），最了解您。您让他熟练掌握您的方法、实践您的力量。"

20世纪初一些重要文本，如以上颂歌的发布，使学者们开始研究阿顿宗教革命的本质。阿顿颂歌及它们与《圣经》一些诗篇的相似之处给詹姆斯·亨利·布雷斯特德（James Henry Breasted）等历史学家留下了深刻印象。他们不仅宣称阿顿神崇拜本质上是一神教，甚至从中看到了基督教的萌芽。现代埃及学家倾向于提出更温和的说法。现在普遍认为，阿顿神崇拜是一神教，可能是第一个相信神的唯一性的宗教。但无论以何种方式，要将它视作基督教的前身就对证据提出了更高的要求。言语的相似之处很有诱导性，却不能证明什么。仔细研究阿玛尔纳颂歌的内容，就会发现赞美阿顿神的措辞及代表阿顿神提出的论断可以在更早那些称颂埃及其他神灵的赞美诗中找到，尤其是对太阳神拉（Re）的歌颂。阿玛尔纳的特别之处在于崇拜的集中、排他，重点强调由埃赫那顿将阿顿的神力传递给埃及人民。阿顿神崇拜实际等同于对埃赫那顿和他家族的崇拜。给人的印象是，新的信条正是为他们量身打造的。阿赫塔顿和埃及其他地方的居民只能通过埃赫那顿参与其中。阿顿神崇拜几乎只强调崇拜，而非犹太基督教意义上的道德体系。人们必须按照埃及玛阿特（ma'at）准则来规范生活。在阿玛尔

25 未完成的纳芙蒂蒂的头像，细节用红色和黑色标出。这是这位美丽的王后最为细腻的肖像。出土于阿玛尔纳地区

纳，这就意味着生活要有秩序、要严格保持平衡、要遵循适当的生活规律。玛阿特女神在传统埃及生活秩序及来世的审判观念中扮演着重要角色，而这重新诠释了玛阿特女神所体现的真理观念。阿顿神崇拜及有关阿赫塔顿生活的一个不同寻常的新特点是强调王室的核心，包括埃赫那顿、他的妻子纳芙蒂蒂和他们的六个女儿。国王出现的几乎每一个场景，都由纳芙蒂蒂陪伴，通常还会带上几个孩子。许多现存的表现了国王和王后亲密无间关系的场景中，女儿们往往或是坐在他们腿上，或是爬到他们身上，或是被拥抱，或是站在他们身边。给人的印象是，这个家庭关系非常亲密，比当时常见的家庭更加相亲相爱。

毫无疑问，强调阿赫塔顿王室生活的这一方面，构成阿玛尔纳宣传的一部分。

图坦卡蒙很有可能正是在王室大家庭这个更广泛的圈子里长大的。图坦卡蒙原名图坦卡顿（Tutankhaten），意为"阿顿的形象"，该名字明确指向阿顿神，表明他与埃赫那顿和纳芙蒂蒂的主要王室家族关系密切。但是他的身世从未得到令人信服的证实。

埃赫那顿统治时期，仅有一处提到了他：在阿赫塔顿其中一座被毁建筑的一块砖上，他被描述为"国王的亲生儿子"。这一说法确定了他的王室血统，但并不能说明他的母亲是纳芙蒂蒂。图坦卡蒙的父亲很有可能是埃赫那顿，但其生母最有可能是埃赫

26　阿玛尔纳地区的家庭生活。埃赫那顿和纳芙蒂蒂闲适地坐在铺了软垫的凳上，与三个女儿一起享受欢乐时光，他们沐浴着阿顿神的光芒

27　出土于阿玛尔纳地区未完成的雕像，表现埃赫那顿与膝上人亲吻。这个人可能是他的女儿或纳芙蒂蒂，又或许是他的第二任妻子基娅，她可能是图坦卡蒙的母亲

那顿第二任妻子基娅，她的存在仅在近几年才为人所知。她被称为"上埃及和下埃及国王的爱妻……是阿顿神可爱的孩子，永生不灭"。帝王谷55号墓中发现的混杂着阿玛尔纳时期的材料中很可能有一些是基娅的随葬品，该墓由西奥多·戴维斯（Theodore Davis）于1907年发现。55号墓距离图坦卡蒙陵墓并不远。除非找到新的文本证据，否则，有关这位年轻国王的身世不太可能确定下来。甚至当前的科学证据也仅能确认其家族关系。

因此，图坦卡顿早年应该是在阿赫塔顿的王室后宫中度过的，很可能在以阿顿神崇拜为主导的文化中长大。他本来能成为国王的可能性微乎其微，但一些野心勃勃的官员，甚至是他的母亲，可能认为他前途无量。早年间，他受所居住的优雅、多彩的宫廷环境浸染。阿赫塔顿的全盛时期虽然持续时间较短，但它无疑是一个洋溢活力之美的地方。阿顿崇拜崩塌后，这座城被毁坏殆尽，在过去的一个世纪里，人们经过艰苦的发掘，终于找到了这座城的残垣断壁。这些带有墙壁装饰的宫殿和宅第非常引人注目，这些壁饰传递出一种全新的自然主义绘画风格，较之以往更加自由和生动。阿蒙诺菲斯三世统治时期的艺术特点是精湛的工艺和完美的设计，这种风格依然存在，但更加突出与传统埃及艺术大相径庭的自由表达。在埃赫那顿统治初期，埃及艺术出现了创新，但当时的大部分作品都有一种粗俗、未完成的感觉。随着统治的推进，在迁往阿赫塔顿后，艺术家们逐渐适应了风格和传统的变化。他们仍然会运用在旧政权下当学徒时所学到的技能，开始创作出精美绝伦的作品，尤其是在雕塑领域。

Minor）埃及附属国出现的问题，他不可能置身事外。关于阿玛尔纳时期埃及大部分地区的情况如何，我们知之甚少。但可以肯定的是，当时的控制相当严密。其控制效率从下面的方式可见一斑：在统治后期，王室神官（royal agents）在全国范围内搜寻并销毁旧神的名字，尤其是阿蒙神的名字，不管这个名字出现在何处，哪怕是在方尖碑的顶端或神庙的最高处，都会被毁掉。如此高效的运动需要出色的组织，尽管其中已有几分绝望的意味。

在外交事务中，对细节的关注就没有达到这样的程度。之后阿赫塔顿被毁灭，令人惊讶的是，部分国家档案幸存下来，它们由泥板组成，这些泥板上记载着附属国统治者的书信和公文，大部分用当

28上 出自阿伊的阿玛尔纳墓的浮雕，阿伊是图坦卡蒙的继任者，表现了他与妻子泰耶（Teye）满载埃赫那顿赐予的被誉为"荣耀之金"的奖赏

28—29下 阿玛尔纳地区一处宫殿的蛋彩画，描绘了鸭子从成片的荷花、纸莎草和百合花中飞起。画风比以前更流畅

阿玛尔纳风格创新的精华并没有随着阿赫塔顿的废弃而被遗弃，图坦卡蒙陵墓中发现的许多物品都融入了设计的自由和对王室亲密关系的表现，而这正是阿玛尔纳艺术的特色。让我们再次回到黄金宝座及其靠背镶板，上面的场景完全是埃赫那顿统治时期的风格。王后靠近国王时的亲密感显而易见，阿顿神是整个画面的主宰，神降下的光芒最底端是小手，其中一些小手持有意为"生命"的瓦斯（was）象形文字。

人们可能会认为，阿赫塔顿的生活是田园牧歌式的，毋庸置疑，这正是埃赫那顿希望达到的目标。不幸的是，无论他怀抱多么美好的愿望，作为上埃及和下埃及的国王，面对国家事务及小亚细亚（Asia

时的外交通用语言——阿卡迪亚语（Accadian）书写而成。附属国统治者抱怨埃及国王对他们的忽视，他们声明北方强大统治者如赫梯人（Hittites）施加的压力。埃及未能维持其在小亚细亚的地位，也滋生了其中一些附属国的战争意图，他们与小邻国重新恢复成过去的敌对状态。

大约公元前1336年，埃赫那顿去世，留下一个四分五裂、动荡不安的国家。国家这艘大船要平稳行驶需要强有力的手来掌舵，以重建埃及在东方的权威。为确保这场阿顿崇拜宗教改革的连续性，埃赫那顿曾在死前任命了一位共同摄政者。由于证据不足，无法确定这位共治者的身份。他的名字是纳芙纳芙鲁顿（Neferneferuaten），长期以来，人们

29　这张黑曜石的脸出自一个国王或神复合雕像的四分之三，出土于卡纳克，可能是阿蒙诺菲斯三世统治时期的作品。眉毛上可见钻孔的痕迹

一直认为此人是埃赫那顿同父异母的兄弟,名为斯蒙卡拉。最近有观点倾向认为,此人正是纳芙蒂蒂本人,在王名圈(cartouche)上她的王位名正好也是纳芙纳芙鲁顿。纳芙蒂蒂从阿玛尔纳的舞台上消失,埃赫那顿的统治走向终结,人们要么认为她死了,要么认为她因不明原因而蒙羞。如果没有进一步更为明确的证据,该问题就无法得到圆满解决。不过,可以明确的是,纳芙纳芙鲁顿在短暂的独立统治期间,率先采取了一些措施重修与底比斯和其他地方的旧官僚机构及被压制(但肯定没有被摧毁)的大祭司的关系。这种和解行为如果是在纳芙蒂蒂的统治下进行的,也许会让人感到惊讶。在推动阿顿崇拜的发展过程中,她似乎密切支持着埃赫那顿。然而,对由古迹获得的微薄证据进行解释总是存在不确定性,并可能导致错误。

纳芙纳芙鲁顿在位时间很短,约公元前1336年去世,图坦卡顿继位。

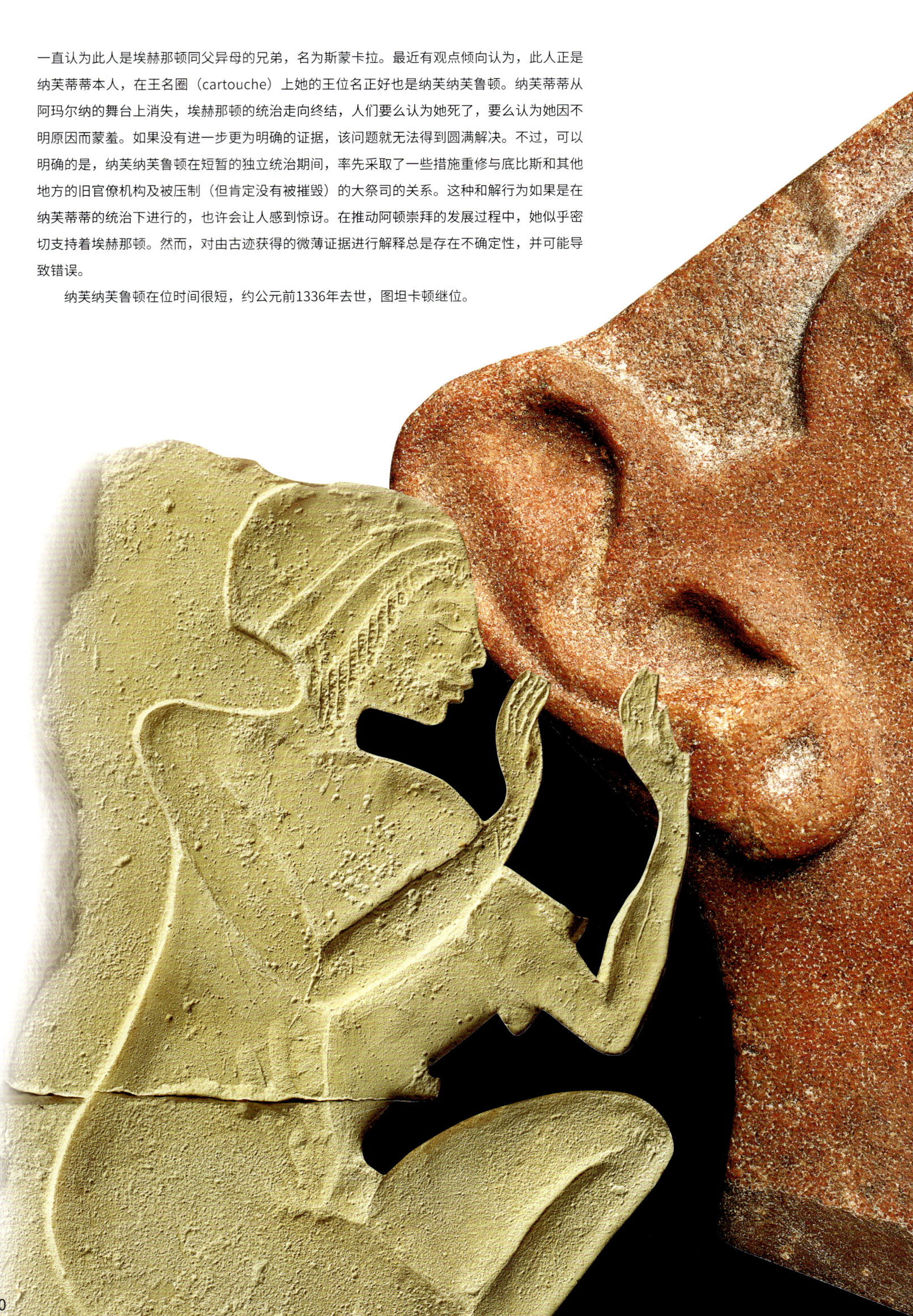

30　纳芙蒂蒂头像试验品背面的雕刻。这个人，甚至可能是王后，她正高举双臂虔诚跪拜。出土于阿玛尔纳地区

31　出土于阿玛尔纳地区的埃赫那顿石英岩脸部雕像，这是法老浮雕的一部分，由不同的材料镶嵌而成。眼睛和眉毛是单独镶嵌的

32—33　作为卡纳克神庙大型浮雕的试验品而雕刻的纳芙蒂蒂精美时尚的头像。她头戴特有的王冠，冠上饰有下垂的蛇形标记和飘带

图坦卡顿当时非常年轻,可能不超过八岁,但他有王室血统,具备继承王位所需的合法性。他很早就与埃赫那顿和纳芙蒂蒂的第三个女儿安卡莎帕安顿(Ankhesenpaaten)结婚,地位因此得以巩固。她是在父亲统治的第六年从底比斯迁往阿赫塔顿之前出生的。因此,她成为比她小得多的图坦卡顿的妻子时,也就十四五岁。尽管如此,她仍可以为年幼的丈夫提供有益的支持。后来,丈夫去世后,她所表现出的思想独立完全符合阿玛尔纳时期王室女性的特点。然而,在图坦卡顿统治初期,必须有比十几岁的妻子更为成熟的支持。阿伊成为摄政王,他至少自从迁都至阿赫塔顿时,就与王室关系密切。在埃赫那顿时期,他"掌管法老所有的马匹",在新的统治时期,他的头衔是"神的父亲"。他还被冠以"元老"(vizir)这一世俗头衔,该头衔出现在一块黄金碎片上,该碎片是从西奥多·戴维斯所认为的图坦卡蒙墓的留存物品中发现的。

由于证据通常比较缺乏,因此很难详细描绘出图坦卡顿即位后事态的发展情况。不过,在他统治初期,他和妻子大概听从了谋臣的建议,分别改名为图坦卡蒙和安克姗海娜蒙。阿顿的字眼被阿蒙

取而代之，在政治上就更易于与旧政权的代表达成和解。就底比斯而言，似乎存在一个特殊的问题。在底比斯这个古老的政治中心，阿顿崇拜宗教改革开始于此，底比斯拥有这个国家最宏伟的神庙，那就是阿蒙之城。在底比斯，对异端政权的怨恨毫无疑问是最强烈的。迁都阿玛尔纳地区无疑不仅在宗教上影响了底比斯，或许在经济上影响更大。因此，底比斯并不是为新统治建立王室官邸和宫廷的理想之地。于是，在图坦卡蒙执政第二年，王室迁至位于北方的孟斐斯。自第一王朝初年（约前3100年）美尼斯国王（King Menes）统一上埃及和下埃及并在此地建立了第一个首都以来，这座城市就一直是埃及的重要城市。孟斐斯一直是重要的商业城市，在第十八王朝时期，它已成为下埃及元老的大本营，也是发展中的行政和军事官僚机构中心。孟斐斯比底比斯更容易发动远征及控制小亚细亚的军事行动。孟斐斯还是大神普塔（Ptah）的崇拜中心，普塔是埃及最古老、最有影响力的神灵之一。在阿玛尔纳时期，普塔似乎避开了其他神灵所遭受的许多最严重的亵渎。孟斐斯是一座非常国际化的城市，在这里新的事物可以被接受，而不致引起反感。对于阿顿信仰，这里也处之泰然。在这里以及附近的太阳神拉的崇拜中心——赫里奥波里斯（Heliopolis），供奉阿顿神的庙宇得以建造。孟斐斯没有遭遇底比斯的创伤，因此，从多方面考量，孟斐斯显然是王室新驻地的不二之选。与此同时，阿赫塔顿这座辉煌的城市被遗弃了，多年来，它的石材被掠到其他地方用于建造房屋；它的宫殿、办公场所和宅邸也随之坍塌；遭受憎恨的阿顿神庙也被废弃。风沙掩盖了遗址，使其尘封了三千年。埃赫那顿作为"阿赫塔顿的罪人"受到了诅咒。

尽管后来阿玛尔纳法老们的有关记忆被抹去了，但图坦卡蒙在位期间所取得的成就还是有迹可循的。当然，任何举措都不是由年轻的国王主动发起的，而是由他的谋臣们提出的。至少从资历上看，最重要的大臣是摄政王阿伊。可能较为重要的还有那些手握重权的官员，如司库马亚（Maya），尤其是将军霍伦希布。这些人以国王的名义控制着政策制定及其执行。除了和解行动，还有如重建被破坏的圣殿等更为实际的事务要处理。最重要的证据来自卡纳克现存的一块碑文。该碑文年代不详，之所以能保存下来是因为霍伦希布在阿伊去世后成为国王，他将碑文占为己有，并在碑文出现图坦卡蒙名字的地方加入了自己的名字。幸运的是，图坦卡蒙名字现存的痕迹足以证实碑文属于他的统治时期。

碑文的主题是和解。在石碑顶部的半圆壁上，图坦卡蒙出现在卡纳克的阿蒙-拉和他的妻子姆特（Mut）面前。神将神力赐予国王。这些雕刻采用了阿玛尔纳晚期流畅的艺术风格。在主文的序言中，国王的王衔被完整地列出，随后是一长串的称谓，除其他表述外，他被称为以下神灵的挚爱：两地宝座之主阿蒙-拉、赫里奥波里斯的阿图姆（Atum）、拉-哈拉克提（Re-Herakhty）、普塔和托特神（Thoth）。这里没有宗教歧视。文本接着写道："国王即位之时，从[南方的]埃勒凡丁（Elephantine）到[北方的]三角洲（Delta）沼泽地，诸神的庙宇都已衰败，神龛荒芜、杂草丛生。他们的圣殿就像从未存在过一样，大殿变成了人行道。"

于是，国王想了很多办法来取悦阿蒙神和其他神灵。人们用黄金和宝石制作神像，修缮并重建了神庙，重新分配了土地和人口。因此，"居住在这片土地上的诸神都欢欣鼓舞，神龛的主人们心满意足，土地处于欢腾喜庆的状态，全国上下洋溢着欢乐，一个幸福的国度已经形成"。

34 孔苏神（Khonsu）的杂砂岩雕像，神像为木乃伊状，发型为侧边发辫。雕像的面部明显有图坦卡蒙年轻时的特征。来自卡纳克的孔苏神庙

35 为图坦卡蒙未完工且已废弃的丧葬庙（funerary temple）制作的红色石英石巨像。后来被阿伊和霍伦希布夺取，并安放在他们位于哈布城（Medinet Habu）的丧葬庙中

36—37 在神奇的虚构中，图坦卡蒙驾驶着奔腾的战车，冲进他的敌人努比亚混乱的人群中。在军犬和士兵的帮助下，他举起弓箭重创"这个可恶的古实王国（Cush）"

36下 在彩盒两端，图坦卡蒙的形象被细致描绘成具有破坏力的斯芬克斯（sphinx），代表埃及所向披靡。画面中，他踩踏亚细亚人和努比亚人

37 图坦卡蒙并不是一个人在战斗。这里描绘了一名埃及步兵刺伤了一名努比亚人。注意埃及盾牌和努比亚盾牌的区别，这里罕见地对溃败的敌人进行了全面描绘

他的名字随处可见,而在图坦卡蒙陵墓被发现之前,人们很难想象如此精美的作品出自一位无名国王的统治时期。后来,经过学者们对文本的仔细研究,人们越来越清楚地认识到是霍伦希布随意挪用图坦卡蒙的物品,用自己的名字代替了年轻前任的名字。这种情况在古埃及并不少见,在霍伦希布和图坦卡蒙的例子中,清晰地表明前者企图将后者从记录中抹去。

霍伦希布本人可能是在埃赫那顿统治时期首次担任要职,但直到图坦卡蒙即位后,他才开始手握大权。从他在萨卡拉(Saqqara)以平民身份修建的陵墓中所列的许多文职和军职头衔可以看出,他显然在政府的大部分领域都有控制权。他的整个职业生涯可能一直以孟斐斯为基地,这使他能够与阿赫塔顿政权保持距离。但在图坦卡蒙时期,他是大将军、国王副手、高级执事、国王所有工程的监督者、所有神职的监督者。霍伦希布位于萨卡拉的陵墓,高高耸立在靠近孟斐斯的沙漠峭壁上。陵墓装饰着最精美的浮雕,它们与霍华德·卡特复制的卢克索浮雕风格非常相似,但在表现人物个体和人物组合方面更胜一筹。

孟斐斯地区的工匠们一直擅长在优质石灰岩上雕刻精美的浮雕。孟斐斯的传统风格似乎在很大程度上没有受到早期阿玛尔纳艺术最粗糙的风格的影响,但它吸收了其后期艺术的流畅优美,从萨卡拉的霍伦希布及其同时代人的墓葬浮雕中可以明显看出这一点。

一些证据表明,这位年轻国王在位期间,在小亚细亚和努比亚曾有过小规模军事行动。尽管霍伦希布可能没有亲自监督这些行动,但能看出他对此提出了倡议。要改善埃及王朝的状况任重道远。

在阿蒙-拉神的中心区域——底比斯,一些工作也在开展,我们可以在卢克索神庙发现确凿证据。卢克索神庙是埃及最美的神庙之一,由阿蒙诺菲斯三世创建。在拥有巨大柱廊的大殿中,图坦卡蒙的神官安排完成一系列始建于阿蒙诺菲斯三世时期的精美浮雕,以庆祝奥皮特节(Feast of Opet)。每年这个节日都会举行阿蒙-拉和姆特的圣婚仪式。这些精美的凹浮雕描绘了将阿蒙-拉神像由陆路和水路从卡纳克移至卢克索的游行队伍。霍华德·卡特原本受托为艾伦·加德纳(Alan Gardiner)计划出版的书籍绘制这些浮雕,遗憾的是,该书从未完成。时值第一次世界大战期间,人们有理由认为这些浮雕和柱廊本身一样,都是在霍伦希布统治时期完成的。

38左上 帝王谷鸟瞰图，可以清晰地看到高耸的金字塔形山峰——库尔恩山（Qurn），传说神灵庇护着下面的陵墓

38右上 图坦卡蒙陵墓的入口，四周有矮墙环绕。它位于拉美西斯六世（Ramesses VI）陵墓的下方，这使其免遭劫掠

时值埃及王朝正从埃赫那顿统治造成的荒芜和物质破坏中恢复过来，因而不可能发动大规模的远征。虽然几乎没有什么直接证据表明图坦卡蒙为使国家恢复到阿玛尔纳之前的状态而采取了措施，但是，在霍伦希布及其继任者——第十九王朝的首批国王们的统治时期，国家的局势显然已经稳定下来，由此可证明，图坦卡蒙成功实现了这一目标。

1922年发现图坦卡蒙陵墓时，起初，人们期望墓中可能有纸莎草纸文件，这些文件将提供有关图坦卡蒙，甚至可能之前的统治时期的独特历史信息。卡纳冯伯爵甚至在发现古墓后立即写信给艾伦·加德纳声称已经看到了纸莎草纸。令人失望的是，所谓纸莎草纸被证明是亚麻布卷。期待找到有历史记录的纸莎草纸很可能本身就是缘木求鱼。这种文献通常不会成为随葬品的一部分。文本无论是在纸莎

草纸上，还是在墓室墙壁上，或者像图坦卡蒙的情况，出现在神龛上，都是为逝者的来世准备的。因此，墓葬中的物品并不能进一步揭示这位年轻国王的统治历史。不过，对于该陵墓本身，以及它葬回帝王谷的王室墓葬群是如何发生的，思考这些问题非常有趣。

阿蒙诺菲斯三世大约于公元前1352年被葬于帝王谷西谷。埃赫那顿为自己和家人准备了一座大墓，位于他选择的阿赫塔顿城以东的一个偏僻的谷地里。据推测，他，也许还有他的妻子纳芙蒂蒂（无论她是否以纳芙纳芙鲁顿之名成为继任者）约公元前1336年被埋葬在那里。不久之后，图坦卡顿成为国王。很快，他便以图坦卡蒙的名义与埃及古神，特别是阿蒙神和解。阿赫塔顿被废弃，宫廷迁往孟斐斯。

38左下　长长的南墙上描绘了国王为来世做好准备的场景。他在去世后化身为奥西里斯（Osiris）。他的继任者阿伊通过法器恢复他的能力

38—39　图坦卡蒙的墓室，用蛋彩画颜料描绘的场景。中间矗立着石英石石棺，里面放置着国王棺椁，棺椁最里面是国王木乃伊化的遗体

39上　墓室的西墙上：上方为太阳船，船上坐着代表黎明的太阳神——凯布利和跪着的奥西里斯；下方两只狒狒，代表国王必须穿越的黑夜十二个小时中的两小时

39下　墓室的东墙上描绘了国王的部分送葬队伍。国王的木乃伊躺在凉亭（kiosk）里，由"王宫的高官们"缓慢地拉动行进，其中包括埃及的两位元老（光头）。他们说："内布赫佩鲁（Nebkheperure，图坦卡蒙的王位名），安息吧！神啊，土地的保护神！"

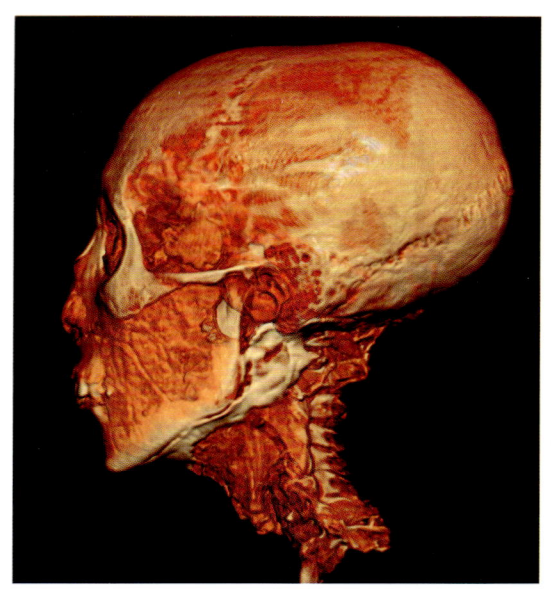 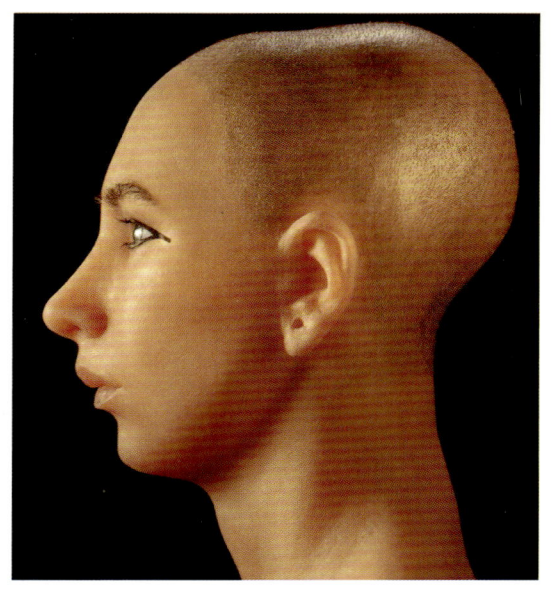

40左上 通过对图坦卡蒙的木乃伊进行超声波扫描,获取其头骨的三维图像。通过对数据进行分析,排除了这位年轻男子头部遭受过任何致命创伤的可能

40右上 通过对图坦卡蒙木乃伊进行超声波扫描获取的数据,对这位年轻法老的面部特征进行了假设性的重建。雕塑家伊丽莎白·达耶斯(Elisabeth Daynès)使用黏土复制人体组织,从而制作出头骨模型

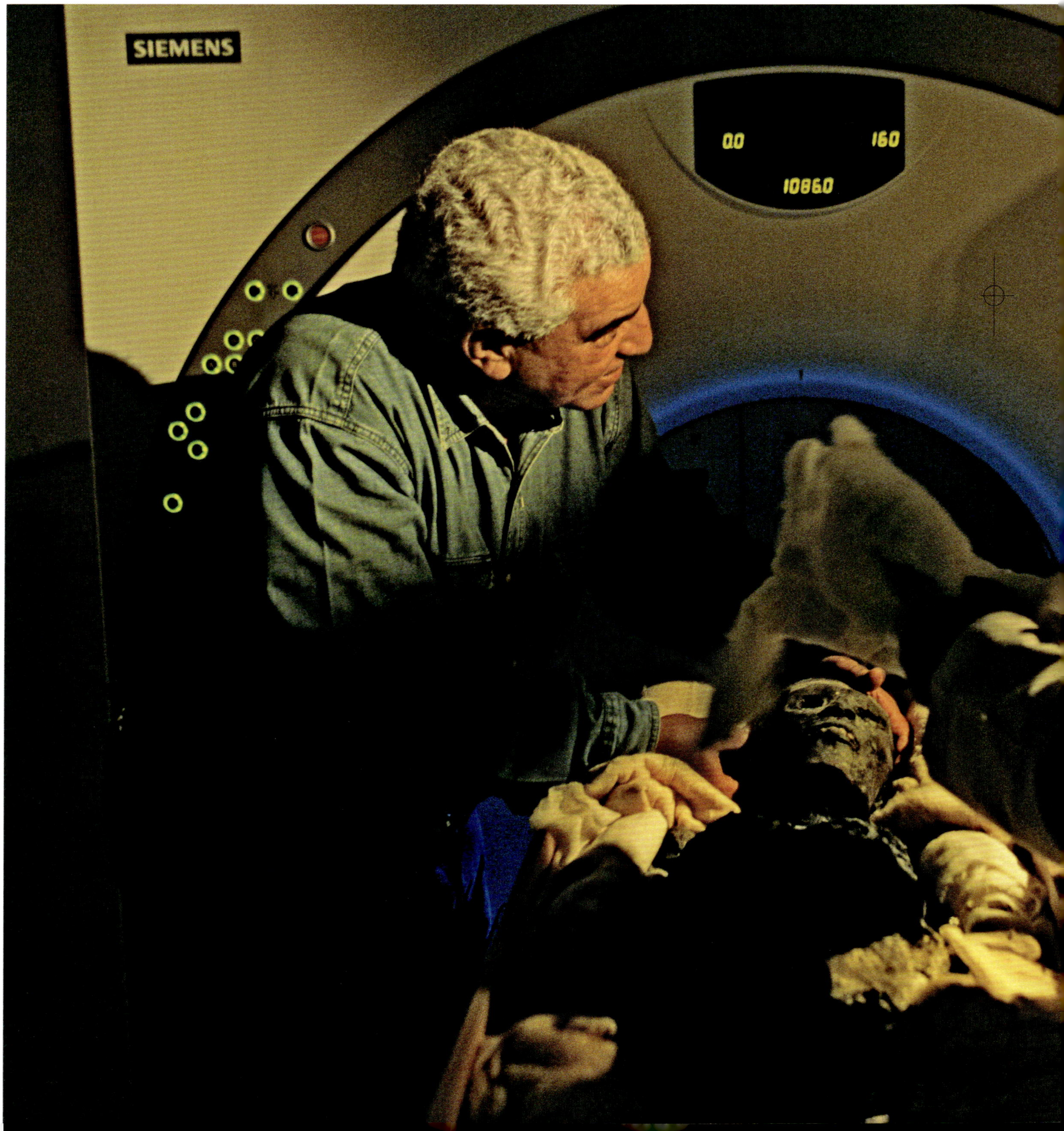

40—41及41右中　埃及最高文物委员会前秘书长扎西·哈瓦斯（Zahi Hawass）及一些技术人员护送图坦卡蒙木乃伊来到CAT扫描设备前。在那里，法老的遗体接受了首次超声波检查，该检查采用了计算机化X射线轴向分层造影（简称CAT）。屏幕显示图坦卡蒙头骨的三维图像，该图像是通过处理CAT扫描数据获取的。通过图像专家们可以确定，曾被认为可证明图坦卡蒙死于谋杀的颅骨创伤，实际是在其木乃伊制作过程中留下来的

那么，应该如何为国王未来的葬礼做准备呢？可以设想的是，这件事并不被认为是迫在眉睫的。他自幼信仰阿顿神，和解开始后，他便放弃了原来的宗教信仰。如果认为这些举动是通过与一个不到十岁的孩子协商后，甚至是在他的授意下进行的，那是很荒唐的。但是这一切还是发生了。和解过程结束后，回到底比斯和帝王谷，将其作为适当的埋葬地则是顺理成章。回到帝王谷可能首先要将阿玛尔纳王室的一些随葬品放置在名为KV55的窖藏墓（cache tombs）中。棺椁里至少有一具尸体；阿蒙诺菲斯三世的妻子、埃赫那顿的母亲——泰伊王后的墓葬中出土了一些材料；可能还有推定为图坦卡蒙的母亲基娅的部分随葬品。封印表明该墓葬属图坦卡蒙统治时期。十八王朝王室墓地已然开始回归传统。

之后，图坦卡蒙去世了，这可能是众人始料未及的。当然，埋葬他的陵墓并非专门为他修建。有人认为，这座陵墓最初是为他的摄政王阿伊准备的，但这一点并不确定。不过，阿伊监督了图坦卡蒙的葬礼。其中的许多物品是早期王室器具的一部分；还有一些来自早期统治时期常被称为传家宝（heirloom）的物品。这种做法可能被一直沿用下来。无论从何种角度看，都不能说这个葬礼的规格不够，其随葬品的堂皇与奢华已经不言自明。

2005年对图坦卡蒙木乃伊的遗骸进行了超声波扫描，调查结果表明了他的年龄、健康状况和死因。结果证实，法老去世时约19岁，当时总体健康状况良好。此外，关于法老死于谋杀的各种说法现已被推翻。

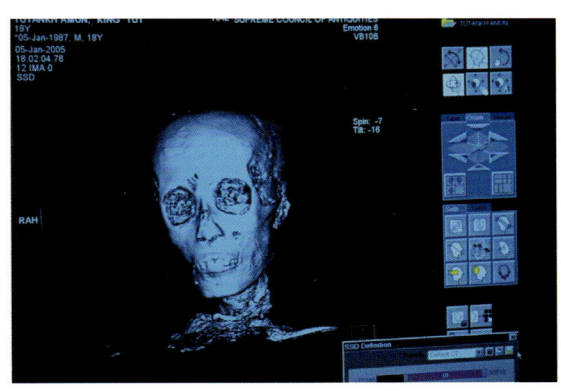

谁应该成为继任者？时年25岁的安克姗海娜蒙王后采取了先发制人的手段。她是埃赫那顿家族最后的幸存者。她对自己的未来感到迷茫，于是给赫梯国王苏皮鲁流马（Shuppiluliuma）写了一封信，信中她询问他，是否有儿子能娶她并成为下一任埃及国王。他的一个儿子被派去了，但从未到达埃及，很可能在途中被暗杀了。阿伊的继位之路从此畅通无阻。他在位期间（约前1327—前1323年）政绩平平，到一定时候，他也从历史记录中被抹去。他被埋葬在一座陵墓中，这座陵墓可能原本是用来安放图坦卡蒙的，位于帝王谷的西谷。之后，霍伦希布接掌王权，他虽非王室出身，但他以务实的态度解决埃及的内忧外患，克服出身的不利因素，以真正的权威实施统治。

阿玛尔纳时期结束了。阿赫塔顿的田园生活结束了。第十九王朝的勇士国王们已蓄势待发，准备追随霍伦希布的步伐，恢复埃及的安全，重建埃及王朝。

图坦卡蒙陵墓的发现

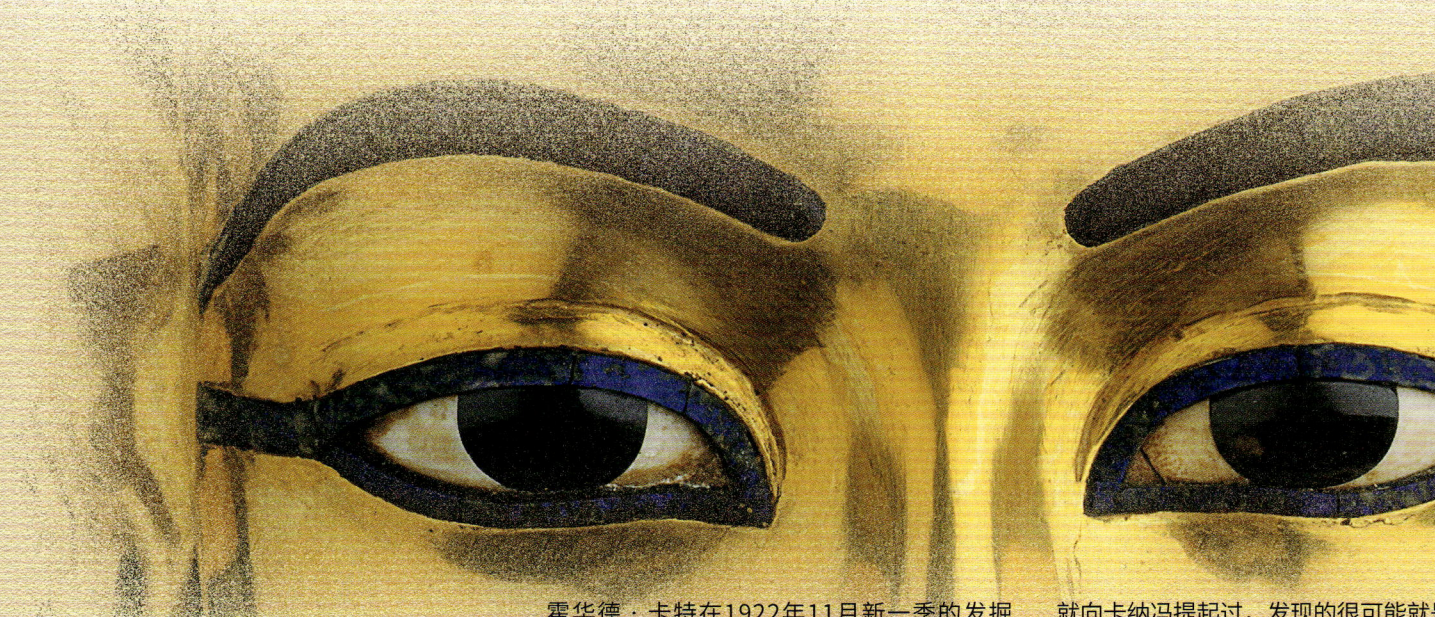

42—43 关键时刻：墓室中四个神龛的门终于被打开了。跪在前面的霍华德·卡特指着密封的石英岩石棺，不知道接下来会发生什么。他身后站着他的助手亚瑟·卡伦德（Arthur Callender）和一名埃及工人

霍华德·卡特在1922年11月新一季的发掘工作日记中，将发现的第一件文物列为"项目433"，延续了他从1915年2月开始的系列发现的编号。这个月的最后一天，他代表雇主卡纳冯第五代伯爵（the 5th Earl of Carnarvon）获得帝王谷的发掘特许权。第一件物品"项目1"是在国王阿蒙诺菲斯（也称阿蒙霍特普，Amenhotep）三世陵墓入口附近发现的泰伊王后夏勃梯（shabti）雕像的碎片。从1915年2月至1922年11月，因其中几年处于第一次世界大战期间，挖掘工作长期处于停滞状态，所获物品数量只有432件。项目433的简洁条目是"陵墓入口"，卡特在对页上写道："水道岩床（位于拉美西斯六世陵墓入口下方）。发现于1922年11月4日。"清理了通向被封住的墓穴入口的台阶之后，卡特给卡纳冯伯爵发电报："终于在帝王谷里有了惊人的发现。一座封印完好的宏伟陵墓。现将其恢复成最初的样子，恭候您的到来。恭喜您。"

这里没有提到图坦卡蒙。卡纳冯在11月晚些时候抵达卢克索后发掘工作恢复，直到被封入口下部的一些封印上出现了名字，新发现的陵墓墓主的身份才得以确认。卡特起初无法确定，但他可能怀疑甚至希望墓主正是图坦卡蒙。他很可能早些时候就向卡纳冯提起过，发现的很可能就是图坦卡蒙的陵墓。否则，如何解释卡纳冯在电报到达的第二天向艾伦·加德纳这位英国著名的古埃及语文法学者提出的一个问题——加德纳说："卡纳冯问我这是否可能是图坦卡蒙的陵墓。我回答说，我对帝王谷的历史不是很了解，我们应该拭目以待。"

稍后，将对卡特关于墓主的身份猜想进行研究。但现在让我们考虑一下，图坦卡蒙的统治标志着阿玛尔纳这一异端时期的转折，它让大多数古埃及人的生活回归正常，那阿玛尔纳时期如何从一开始就以奇怪的方式影响着霍华德·卡特的事业呢？

塞缪尔·约翰·卡特（Samuel John Carter）是维多利亚传统下一位非常出色的自然主义艺术家。他教他的孩子们绘画。霍华德是他最小的儿子，从小就立志成为艺术家，既非他哥哥威廉那样的成功的肖像画家，也非他父亲那样的风俗画家，而是成为一个能创作出优秀专业作品的人，做一个职业艺术家。

他在年轻时就表现出对线条的熟练掌握和极具潜力的水彩画能力。17岁时，他获得了一个微不足道的职位，并由此开始了他的事业。埃及探险基金是一家新近成立的英国私人组织，

44中　卡纳冯到达卢克索。通向陵墓最前面的台阶发现于1922年11月4日。卡特立即将这一好消息发电报给他在英格兰的赞助人。卡纳冯在女儿伊芙琳·赫伯特夫人（Lady Evelyn Herbert）的陪伴下，匆匆前往埃及。在那个悠闲从容的年代，他们花了好些天到达埃及，又过了几天到达卢克索。这里，在卢克索车站外迎接他们的是卡特和基纳省（Qena province）的总督。卡纳冯身体状态不太好，在埃及的11月，他穿得很暖和

45上　卡纳冯伯爵在西底比斯（Western Thebes）卡特家门廊处怡然自得的照片。在埃及，他更喜欢住在卢克索的奢华酒店——冬宫（Winter Palace）。卡特的房子是一个舒适的避风港，可以远离小报记者和缠绕不休的游客，在那里，他可以时不时放松一下，享受宁静

45中　由他哥哥威廉1924年所绘的霍华德·卡特肖像画细节。威廉是一位非常出色的肖像画家。领结是卡特的特色服饰之一。这里，他看似悠闲自在，但眼神却透露出某种深藏的焦虑。对他来说，那是一段艰难时期

45下　霍华德·卡特1922年11月24日工作日记的开头。卡纳冯一行已经抵达卢克索，卡特的工人们在亚瑟·卡伦德的监督下，开始彻底清理通往陵墓第一个被封入口的台阶。最后，可以看到整面抹灰墙，带有图坦卡蒙王位名的王名圈清晰可见

负责埃及的考古工作。该组织需要一名艺术家，协助记录中埃及（Middle Egypt）的贝尼-哈桑（Beni Hasan）和埃尔-贝尔沙（El-Bersha）陵墓中的场景和铭文。卡特曾被允许描画诺福克郡（Norfolk）的一位富有的土地所有者——威廉·阿姆赫斯特·泰森-阿默斯特（William Amhurst Tyssen-Amherst，后来的阿默斯特勋爵）的藏品，由此已经对埃及古物有了一定的了解。1891年秋，他被派往埃及，而此前他从未去过埃及，甚至几乎没有出过伦敦和诺福克。几周之内，他被派去协助弗林德斯·皮特里在阿玛尔纳地区进行发掘工作，皮特里后来成为20世纪初埃及最有名的田野工作者。

阿玛尔纳地区已被确定为阿赫塔顿的古城遗址，由国王埃赫那顿（约前1352—前1336年）建立，相关历史在上一章已有概述。1892年，人们对这一时期及其宗教知之甚少，但在该地区发现了风格独特的有趣物品。皮特里是第一位在这里进行发掘的考古学家。卡特与皮特里一起待了四个多月，这几个月对卡特的早期职业生涯具有重要意义。皮特里最早是这样描述卡特的："他是一个心地善良的小伙子，兴趣完全在绘画和自然历史上……我没有必要把他培养成一名挖掘者。"这也许是一个经验丰富的38岁的人对一个不成熟、缺乏经验的17岁少年为时过早的判断。在阿玛尔纳地区，卡特第一次了解了埃赫那顿和阿玛尔纳时期，并被发掘工作深深吸引。从工作和生活方式看，皮特里是一个严谨、不妥协、有条不紊的人。他教条主义，性格又古怪，年轻的卡特并不欣赏他的许多独特的省俭方式。尽管如此，他注视着这位前辈，倾听他说话，理解了他有一些怪癖的原因。皮特里在1923年评论道："我们只能说，一切都在卡特和卢卡斯的掌握中是多么幸运。"从皮特里的角度看，这确实是对他三十多年前的"学生"表现优异的认可，不过，这是在图坦卡蒙陵墓被发现两个月后说的话。

正是在与皮特里合作的这个季节，卡特第一次接触到王室陵墓，那是埃赫那顿的陵墓，他很可能是图坦卡蒙的父亲。如果说这段早期经历奠定了通向1922年重大发现的道路，则是牵强的，不过，卡特的兴趣范围正是由此开始的。1891年，有关埃赫那顿陵墓发现的流言已经盛传了几个月。埃及文物局于12月宣布了这一事件。1892年2月，皮特里带卡特去看古墓。他们沿着岩石峡谷或山谷行走了很多英里，然而，所看到的一切并没有让这位年轻人感到兴奋。他在给导师珀西·纽伯里的信中写道："这个陵墓……非常令人失望（虎头蛇尾）。它非常粗糙，半半拉拉……我为皮特里先生绘制了山谷和陵墓的图。"确实，乍一看，这座陵墓并不令人印象深刻，也不如卡特在贝尼-哈桑工作过的私人陵墓那样壮观。天色昏暗，几块浮雕也看不清楚。3月23日，皮特里为一家伦敦报纸《每日写真报》写了一篇文章，卡特绘制的图画作为配图一起发表。这是

46 霍华德·卡特绘制的帝王谷详细地图的一部分。这里显示的两部分彼此相邻。上部主要是拉美西斯六世和霍伦希布的陵墓，后者的陵墓线位于前者的下方。这表现出古代墓地开凿者的工作是多么细致。沿着最好的石灰岩的路线前进时，他们受到了早期墓葬的限制。在这种情况下，拉美西斯六世的陵墓被凿在较高的位置。下部，左下方可以看到在图坦卡蒙陵墓上建造的工匠小屋的遗迹。中间靠右是55号墓，即所谓的阿玛尔纳窖藏墓（Amarna cache），位于拉美西斯九世陵墓的入口附近

47 图坦卡蒙陵墓入口处的景象，拍摄于陵墓发现之后的某个时间。图片中间的大型墓穴入口是拉美西斯六世陵墓，在它前面是进入帝王谷的常规旅游路线，这条路阻碍了该区域的挖掘工作。新建的矮墙环绕着这块小区域，通向图坦卡蒙陵墓。右侧的箱子和木材是挖掘机设备的一部分。左侧小路向上通往阿蒙诺菲斯二世（Amenophis II）的陵墓，卡特在底比斯担任总督察时，该墓被盗。从这个点出发的另一条路向左转弯则是霍伦希布陵墓的很深的入口，它位于拉美西斯六世陵墓下方的悬崖上。帐篷上方的洞口标记着卡特所做的其他调查。他的搜索非常彻底，尽管曾一无所获，但最后成功了

这位初出茅庐的考古学家最早发表的图画。其中一幅画的是埃赫那顿和他的妻子纳芙蒂蒂哀悼他们死去的女儿梅克塔顿（Meketaten）。

在国王的头顶上，神圣的太阳圆盘——阿顿神洒下赐予生命的光芒。这种构图卡特还会遇见，最有名的就是在图坦卡蒙陵墓前厅发现的黄金宝座的背面。尽管墓室内光线不足，但对于一个没怎么经受过考古艺术家训练的卡特来说，其速写作品准确度极高。卡特于1892年5月底完成了与皮特里的合作。他的发掘兴趣已经建立，他曾与最好的导师一起工作，并坚持下来。到后来，皮特里会和他一起讨论发掘对象，有时甚至会尊重他的意见。卡特永远不会忘记在阿玛尔纳地区的那几个月，即使只是在潜意识里，他都记住了在埃赫那顿城阿顿大神庙（Great Temple of the Aten）区域的工作经历，图坦卡蒙在那里度过了童年。在那里，他第一次见到阿玛尔纳艺术，发现了许多阿玛尔纳雕塑，虽然很遗憾全都损坏了，但仍显示出这一时期艺术精品的工艺与精美线条。

1899年末，卡特被任命为上埃及文物总督察，基地设在底比斯，这使他朝最终的胜利迈进了一步。对他来说，这是一次意外的晋升。他并没有受到他许多英国同事的欢迎。这不足为奇。卡特还没有被英国考古界接受的原因有几点。他受教育程度很低，除了出色的绘画能力外，几乎没有其他明显的才能。与大多数同龄人不同，他没有上过好学校，也没有进过老牌大学。他似乎没有为系统学习古埃及知识做出过明显的努力。他的言谈举止也不如他在埃及的职业和社交交往中接触到的那些人。性格使然，他在埃及学同行中不容易交到朋友，他更愿意与艺术家和在埃及的外国游客为伴，以免暴露他在埃及学上的短板。尤其是他作为首席艺术家在戴尔巴哈里（Deir el-Bahri）度过的六年时光，成为负责哈特舍普苏特女王（Queen Hatshepsut）大神庙发掘和重建工作的爱德华·纳维尔（Edouard Naville）的副手，他已经证明了自己作为一名实际田野工作者的价值。他为纳维尔出色地处理各种实际事务，有可能是纳维尔将他推荐给埃及文物局局长加斯东·马斯佩罗（Gaston Maspero）的。

虽然霍华德·卡特没有受过书本上的训练，但他是一个善于观察、实事求是的人，他显然能很快从他人的知识和实践中吸取经验教训。他可能从未学习过复杂的古埃及语言，但他是一位出色的象形文字抄录者。纳维尔对于卡特和他的助手珀西·布朗（Percy Brown）在戴尔巴哈里对一系列浮雕所做的工作曾写道："（在古迹中）大多数复制的铭文曾被抹去，难以辨认，所幸艺术家们对戴尔巴哈里的象形文字非常熟悉，他们善于从几条断线或一小块彩色碎片中识别符号，他们不仅纠正了玛丽埃特和杜埃米亨之前的出版物，而且适时对那些学者之前破译的内容做了实质性的增补。"

到目前为止，卡特在埃及的职业生涯主要是作为埃及探险基金的雇员，执行分配给他的任务，偶尔才有独立行动的自由，但其独立性总是受到限制。最后，从1899年12月起，他终于可以独立自主，在远离开罗的地方开展工作。除了涉及大笔资金支出的事项外，他都能够自己确定优先事项。资金短缺一直是个问题。发掘是最吸引卡特的活动。底比斯沉寂多年未动工，1898年，马斯佩罗的前任局长维克多·洛雷特（Victor Loret）恢复了帝王谷的发掘工作。他最重要的发现是阿蒙诺菲斯二世（约前1427—前1400年）的陵墓，事实证明那是包含一组非常重要的王室墓葬的窖藏。

1900年1月，作为他第一批正式任务之一，卡特监督将王室木乃伊运往开罗，墓中只留下了阿蒙诺菲斯二世躺在石棺里。

48　通往图坦卡蒙陵墓的古老台阶的俯视图和仰视图。找到第一级台阶时就是期待的开始。帝王谷中的大部分王陵都是在岩壁侧面开凿的，大致与地面持平。卡特曾调查过几座坑墓，它们往往是为非王室成员建造的，通常令人失望。这里的情况不同寻常。他肯定是极不情愿地将台阶掩埋好，等待卡纳冯的到来

48—49　在卡特的时代，埃及发掘是一项非常耗人力的工作。有技术熟练的工人，他们可以胜任要求经验和细心的工作；有普通工人，他们承担了大部分的劳动；还有挑土工（basketboys），负责将挖掘出的废土运到别处倾倒。工作由一名工头监督，图片左边，可以看到他站在平台上；他负责控制、鼓励和管理挖掘队，挖掘者不在现场时，他负责挖掘工作

50—51　墓室第二个神龛的门被穿过铜钉的绳索系牢，并用泥封印好。卡特看到这些被封印保护好且紧闭的门时，意识到，自图坦卡蒙葬礼以来，里面的任何东西肯定是原封不动的。封印印模显示了九个跪着的囚犯形象上方，平卧着阿努比斯豺狼——这是大墓地封印的标准设计。豺狼的脑袋后方是刻有图坦卡蒙王位名的王名圈

52—55 霍华德·卡特为王陵中的四个内室命名。尽管这些名称并没有完全正确反映出这些房间的功能，但它们经过使用已确定下来。第一个房间是前厅，它不仅是通往卡纳冯所说的"圣殿"（Holy of Holies）的通道，还是一个存放杂物的储藏室。对着入口是三张巨大的祭祀长台（ritual couches），饰有引人注目的动物头像。长台上下摆放着各种家具，如黄金宝座、精美的椅子凳子、较小的床、装满亚麻布和衣物的箱子、盛放油膏（unguent）的方解石罐、涂白颜料的蛋形容器（里面盛放食物，供死去的国王食用）等。右边，在被堵住的墓室入口处矗立着守护神像，地上放着彩绘盒，这是墓中最珍贵的宝藏之一。房间的另一端主要摆放着葬礼时拆卸下来的战车部件。

图坦卡蒙陵墓简图：
a - 向下的楼梯
b - 下行走廊
c – 前厅
d - 附室（Annexe）
e - 墓室（Burial Chamber），带有石棺
f - 石棺（Sarcophagus）
g – 宝库

该部分穿过楼梯、下行走廊、前厅和附室（其地面低于前厅的地面）

附室的入口就在饰有河马头像的长台后面。它的地面比前厅的地面要低得多，里面的物品更加杂乱无章地堆放在一起，这可就不能完全归咎于盗墓者。这里有一些珍贵物品，如教会王座（Ecclesiastical Throne）、其他精美的家具、武器、船、装有夏勃梯雕像的箱子等珍贵物品，以及更多盛放食物的容器和供国王来世享用的"酒窖"

下一页将介绍墓室中神龛和棺木的奇特组合。只有这个墓室带具有祭祀用途的壁画。它还包含具有特殊丧葬意义的物件，另外，每面墙上都有一块神奇的砖

从墓室出来就是宝库。之所以称为宝库，是因为里面有很多珍贵的物品，其中最主要的是保护墓主经防腐处理后的内脏的卡诺皮克神龛（Canopic Shrine）。还有许多装着神像和国王雕像的箱子、装有夏勃梯雕像的箱子、一支驶向西方的船队，还有更多装有亚麻布和珠宝的箱子。在所有这些东西的上方，有一只令人印象深刻的阿努比斯豺狼盘踞在神龛形基座上

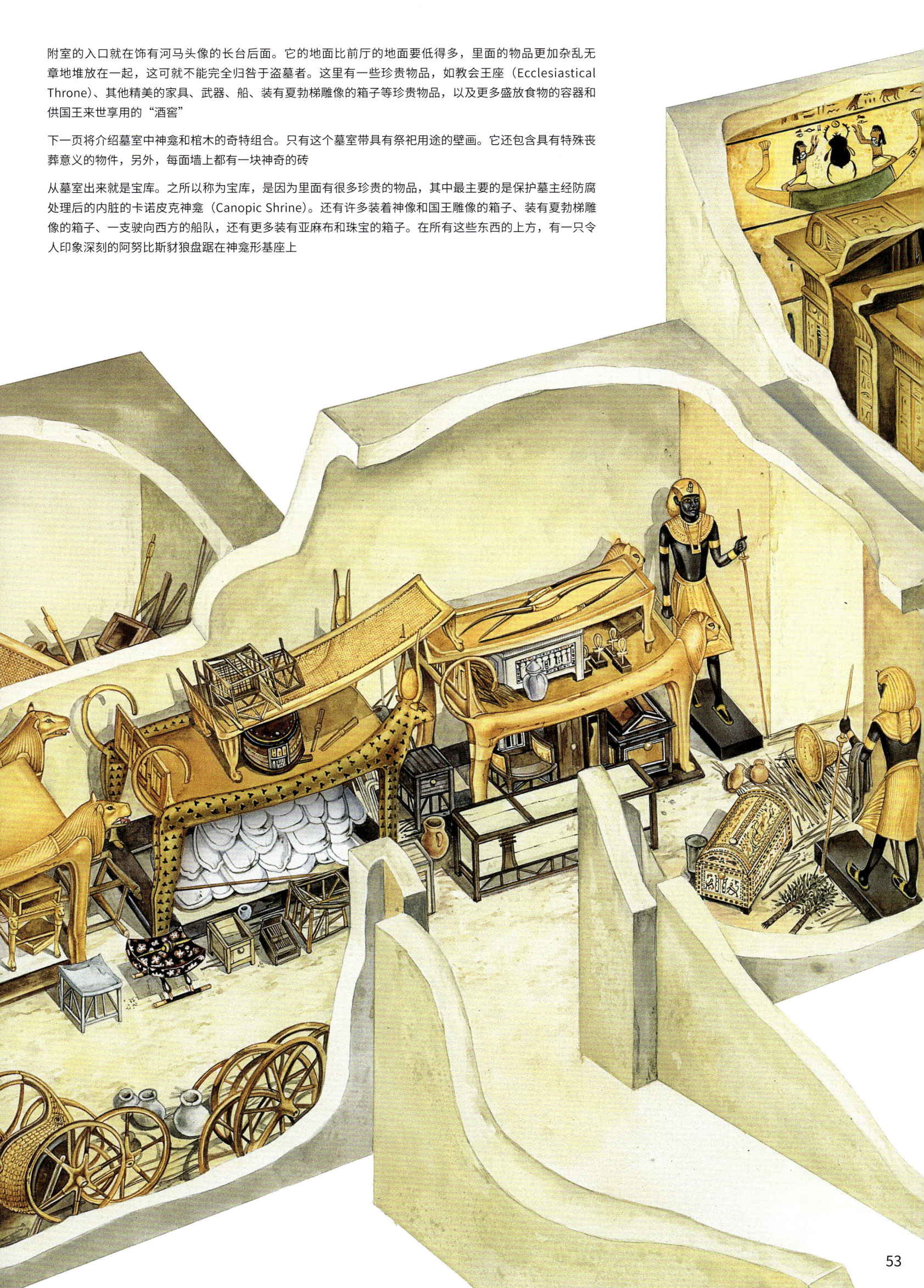

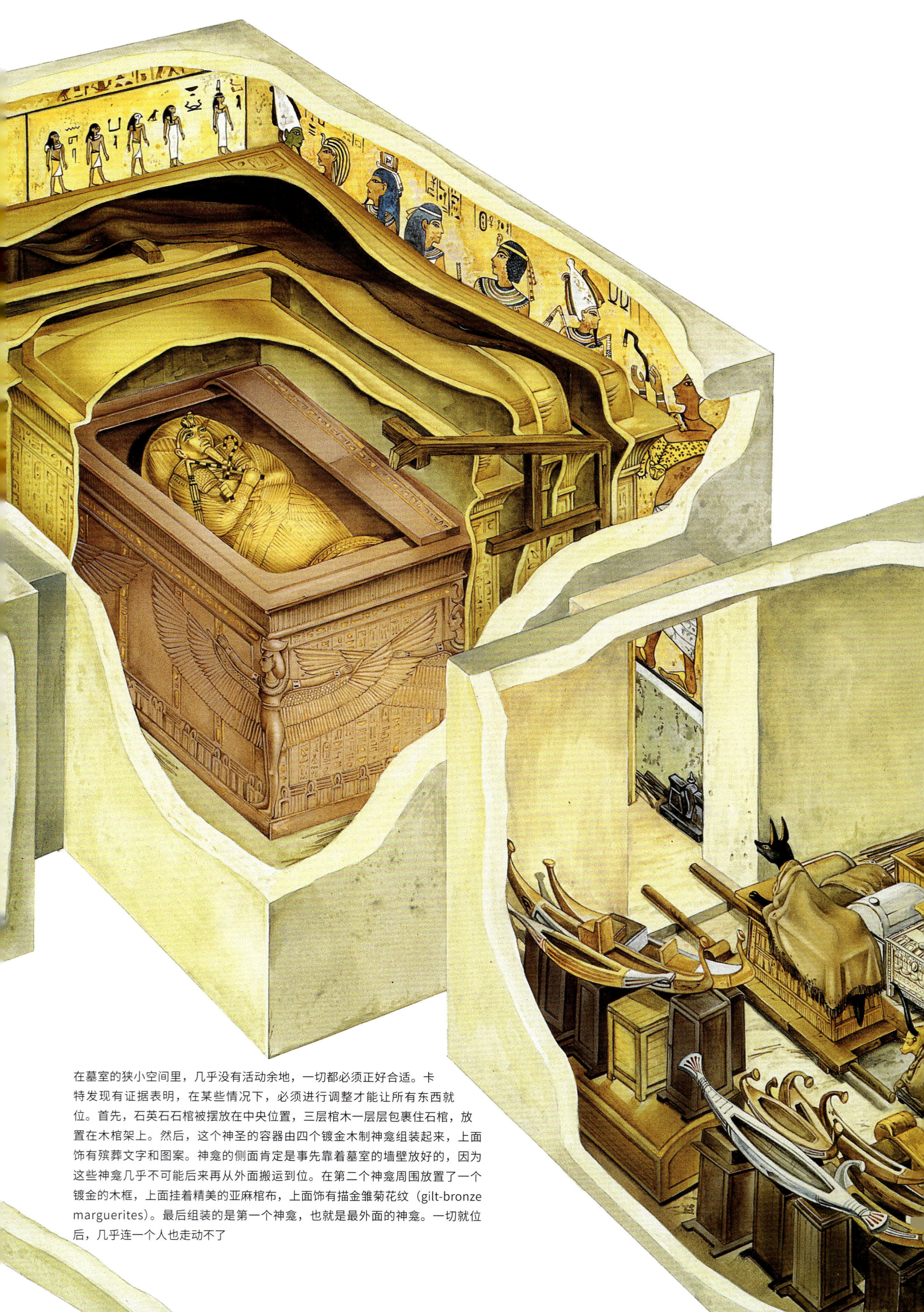

在墓室的狭小空间里，几乎没有活动余地，一切都必须正好合适。卡特发现有证据表明，在某些情况下，必须进行调整才能让所有东西就位。首先，石英石石棺被摆放在中央位置，三层棺木一层层包裹住石棺，放置在木棺架上。然后，这个神圣的容器由四个镀金木制神龛组装起来，上面饰有殡葬文字和图案。神龛的侧面肯定是事先靠着墓室的墙壁放好的，因为这些神龛几乎不可能后来再从外面搬运到位。在第二个神龛周围放置了一个镀金的木框，上面挂着精美的亚麻棺布，上面饰有描金雏菊花纹（gilt-bronze marguerites）。最后组装的是第一个神龛，也就是最外面的神龛。一切就位后，几乎连一个人也走动不了

第一个镀金神龛

第二个镀金神龛
（带有木框和亚麻棺布）

第二个
镀金神龛

第三个镀金神龛

第四个镀金神龛

石英石石棺

这是卡特首次涉足帝王谷，在他之后的职业生涯中，帝王谷不说是他日常活动的中心，也一直是他思想的中心。它的吸引力需要时间来形成，由于机缘巧合或命中注定，帝王谷在他的脑海中留下了深刻的印象，仿佛给这位年轻的、尚在成长的考古学家施了魔法。他对帝王谷的迷恋似乎带有一种强烈的浪漫色彩，这种迷恋多年后发展成了一种痴迷。怀着莫名的、不切实际的期待，卡特开始相信，有，一定有一座未被发现、未遭掠夺的古墓，他满怀希望，坚定的决心最终为热情所引领。起先，占据他想法的不太可能是一个特殊的墓葬。事实上，任何墓葬都可以。他是否有机会得到这样的发现？会不会被别人捷足先登？

在担任上埃及文物总督察的几年里，一些机会降临在他面前。他第一次独立发掘不是在帝王谷，而是在戴尔巴哈里前的平原。在那里，马斯佩罗允许他调查一个洞，一两年前他的马曾被这个洞绊倒。事实证明，这个后来为人所知的"马之墓"（Tomb of the Horse）或多或少与孟图霍特佩二世（Nebhepetre Mentuhotpe II，约前2055—前2004年）的神庙相关联，这座神庙也位于戴尔巴哈里，就在更为有名的哈特舍普苏特神庙的南面。卡特希望它是一座未被破坏的古墓，但结果并非如此。出土的一件重要物品，即一尊与真人大小相同的国王坐像，为参加塞德节（sed festival）或禧年庆典（jubilee festival）身着盛装。这尊引人注目的坐像，并不足以慰藉几乎空无一物的墓穴带来的失望。但这是他涉足的第一座王室陵墓，或者说是"衣冠冢"。

他接下来参与的一座王室陵墓工作让他又回到了帝王谷，而且是在更不愉快的情况下。1901年11月24日晚，卡特离开底比斯在外进行考察时，盗墓者闯入了新近发现的阿蒙诺菲斯二世陵墓。当地传言墓中还藏有珍贵的物品，国王的木乃伊仍躺在石棺中，为了寻找黄金珠宝，木乃伊被小心翼翼地剖开。尽管有确凿的法医证据表明是当地著名的库尔纳维（Qurnawi）家族成员所为，而这个家族在盗墓方面名声在外，但随后并没有被成功起诉。卡特绝对没有责任，但这一事件却给他的名声留下了污点，那些对他在卢克索的存在心怀怨恨的人之后可能会利用这一污点。

维克多·洛雷特在帝王谷的工作表明，这里仍有王室墓葬有待发掘。尽管卡特本人没有更多的挖掘资金，但他还是在帝王谷进行了大量必要的工作：清理墓葬，安装钢门和电灯。他尽其所能详细了解这个地方，并观察可能发现更多古墓的地方。这是一次调查和勘察的机会，为严肃工作做最好的准备。这段时期可以说是他与卡纳冯伯爵获得最后丰收的播种时期。在马斯佩罗的鼓励下，他找到了一位富有的赞助人，这位赞助人可以为帝王谷的发掘工作提供资金，由霍华德·卡特代表他进行发掘。卡特毫不费力地说服美国富商西奥多·戴维斯成为他的赞助人。1902年，戴维斯在帝王谷的发掘工作开始，一直持续到1915年。卡特一直负责这项工作，直到1904年底离开底比斯前往开罗。在此期间，他证明了还有更多的古墓有待发掘，也许更重要的是，对他本人的考古学发展来说，他已成长为一名在技能和气质上都非常适合从事此类工作的发掘者。

卡特与戴维斯合作最成功的一次是在1903年1月，他在帝王谷发现了他的第一座王室陵墓。

这座陵墓是为第十八王朝的图特摩斯四世（King Tuthmosis IV，约前1400—前1390年）准备的，可以说是未能幸免地，在古代就已被洗劫一空。然而，相当多令人印象深刻的彩绘墙壁浮雕得以保留，精美但大多已损坏的古董数量可观。卡特精心策划了正式开幕仪式，他本人也提前做了准备工作，在尽可能减少对古墓及其物品损坏的前提下，确保贵宾们能有一个相对舒适的参观体验。古墓里安装了电灯，这在新发掘的古墓中几乎是闻所未闻的奢侈品。艾玛·安德鲁斯夫人（Emma Andrews）是戴维斯的亲密伙伴和亲戚，也是他们每年尼罗河之旅的社会记录者，她描述了2月3日发生的事情。整个活动充满了艰难、危险和惊吓，有时还很滑稽。她同局长加斯东·马斯佩罗一起进去。里面有两条很长的斜坡，"马斯佩罗非常强壮，实际上不得不躺下来，有时他的脚还踩在卡特的肩膀上"。他们通过摇摇欲坠的吊桥穿过深井，这是第十八王朝古墓的一大特点。巨大的墓室里"散落着大量精美的碎片……卡特放置了木板，我们沿着木板行走，并被要求不要从木板上踩下去……从这里出去更是困难重重。我们很晚才吃午饭，之后，他们返回戴维斯的船屋，我们很高兴能喝到茶"。

然而，总督察职位的人事变动使卡特与戴维斯的合作就此结束。马斯佩罗原本打算四五年后将下埃及督察和上埃及督察调换一下。1904年，他决定做出改变。这让卡特很不高兴，作为一名政府官员，

56左　墓室被封的入口两侧放置的两个真人大小的守护神像或卡神像（ka-statues）之一。发现时，与墓室中的许多其他物品一样，它们也被亚麻布部分覆盖。黑漆木雕像配以镀金头饰、短褶裙（kilt）和木杖，产生了戏剧性效果

56—57及57上　"我的眼睛逐渐适应光线，房间里的细节慢慢从迷雾中浮现出来，奇怪的动物、雕像，还有金子——到处都闪烁着金子的光芒。"对于他的第一印象，卡特如是写道，"满屋子的物品——似乎有一个博物馆的体量。"左边是一大堆战车部件，前面是三张很大的祭祀长台，饰有巨大的头颅，下面是装有个人物品的箱子、蛋形食物供品箱及各种家具，有的设计非常简单，有的则华丽得超乎想象

57下　右侧，发掘者可以看到入口被堵住的明显痕迹。两侧是两个守护神像。地上放着一个华丽的彩绘盒，其色彩尤为明艳，但经过必要的保护后，颜色变得暗淡无光。靠墙有个圆筐，挡住了通往墓室的洞，透过这个洞，卡特、卡纳冯和伊夫林·赫伯特后来挤进洞中一览"圣殿"

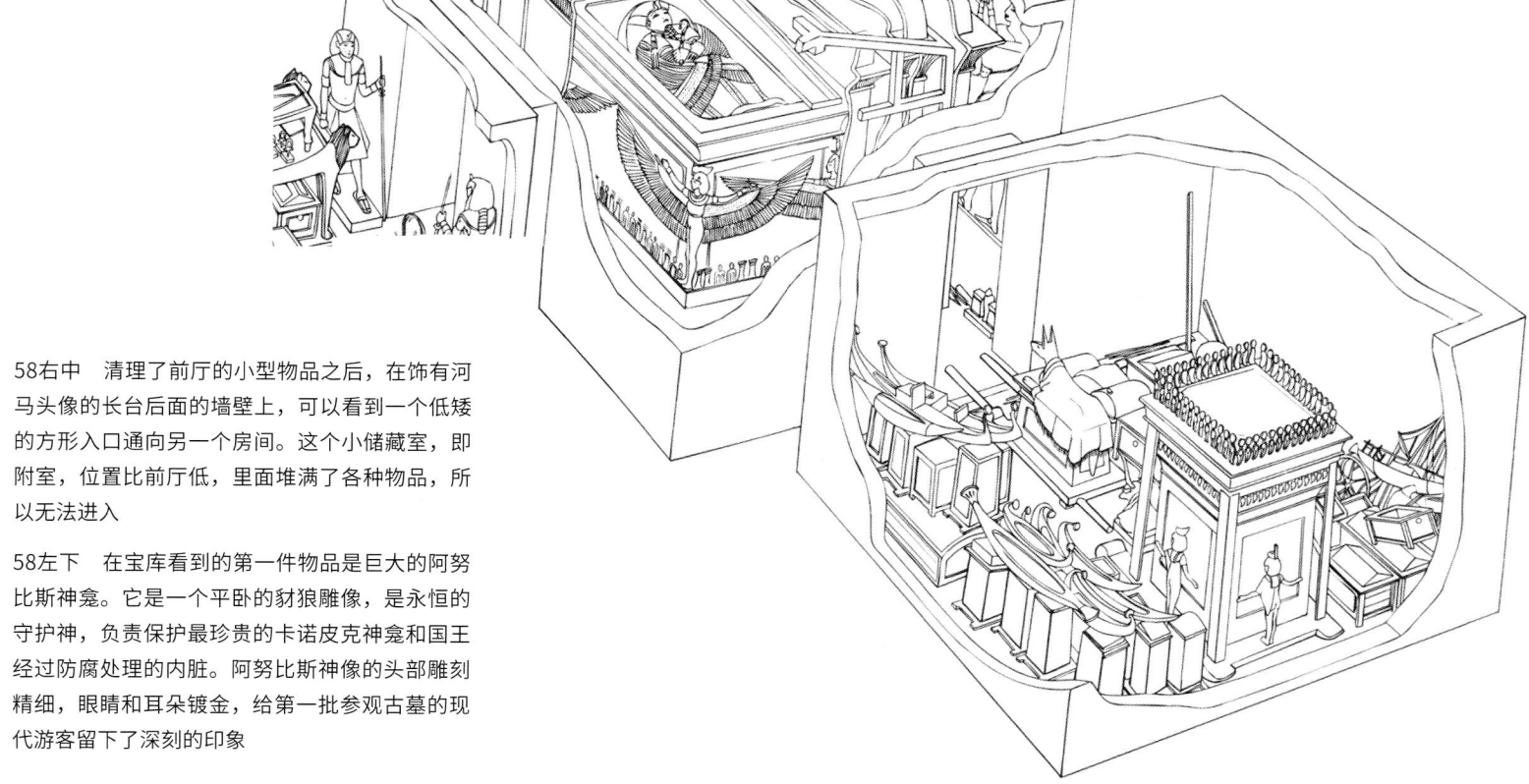

58右中 清理了前厅的小型物品之后，在饰有河马头像的长台后面的墙壁上，可以看到一个低矮的方形入口通向另一个房间。这个小储藏室，即附室，位置比前厅低，里面堆满了各种物品，所以无法进入

58左下 在宝库看到的第一件物品是巨大的阿努比斯神龛。它是一个平卧的豺狼雕像，是永恒的守护神，负责保护最珍贵的卡诺皮克神龛和国王经过防腐处理的内脏。阿努比斯神像的头部雕刻精细，眼睛和耳朵镀金，给第一批参观古墓的现代游客留下了深刻的印象

他必须听命于政府。但十年来，底比斯一直是他在埃及生活的中心，而且近些年来，他的专业兴趣一直集中在帝王谷。对于发现王室陵墓，他乐在其中，而北方可能没有王陵，金字塔调查是另一码事，而且无论如何也没有什么机会去做。如果说当时他脑海中有一座特殊的陵墓，那就是阿蒙诺菲斯一世（Amenophis I，约前1525—前1504年）的墓。根据古埃及纸莎草纸的记载，这座陵墓位于帝王谷外。因此，他可以在不影响西奥多·戴维斯在帝王谷特许权的情况下，以总督察的身份对它进行搜寻。为了筹集资金，卡特找到他的老主顾阿默斯特勋爵（Lord Amherst）说："今年夏天，我可以在动身前往下埃及之前做这件事。"结果，他只能在德拉阿布埃尔-纳加（Dra Abu'l Naga）的高地上艰难搜寻。这座小山俯瞰从戴尔巴哈里向东延伸的平原以及已知的第十七王朝小型王室陵墓遗址。找到阿蒙诺菲斯一世的陵墓成了卡特的执念（idée fixe）。在等待帝王谷特许权期间，这件事足以吸引卡纳冯伯爵参与其中。

1904年末，卡特虽不是很情愿，但还是接受了北上计划，不过，此行很快就带来了不幸。他当时还只有30岁，虽然经验丰富，但处事不拘小节。马斯佩罗说他执拗（entêté），顽固不化。他被叫去干预文物局警卫和一群参观萨卡拉的游客之间的争执。卡特未能解决此事，后来发生了斗殴和流血事件。由于卡特不愿妥协，事态进一步恶化，结果他被调到三角洲的坦塔（Tanta）。他很不高兴，1905年秋天，他从文物局辞职。

三年来，他成为考古界的弃儿。他靠向欧美游客出售水彩画维持生计，这些游客很多都很富有，他们乐意聘请拥有专业知识的他作为古遗址的向导。他回到底比斯后，据说有时靠他以前的埃及雇员接济过活。他得到了一些老伙伴比如西奥多·戴维斯的帮助，戴维斯在1905年2月，也就是卡特离开底比斯几个月后，在帝王谷里有了他最好的发现，那就是尤亚和特居伊（Yuia and Tjuiu）的坟墓，他们是泰伊王后的父母，泰伊王后是阿蒙诺菲斯三世最宠爱的妻子。墓中有迄今为止在帝王谷发现的数量最多、保存完好的随葬品，其中包括完好无损的棺木。戴维斯在适当的时候请卡特为墓中一些最令人惊叹的物品绘制水彩画。这些水彩画成为后来出版物的插图。毫无疑问，这一切对卡特来说是非常痛苦的，与这本来可能是他自己的成功相较而言，戴维斯的佣金只是微不足道的补偿。如果他在底比斯再多待三个月，他可能就会主持这一发现。但成功的机会落在了他的同事詹姆斯·奎贝尔（James Quibell）身上，后者曾与他交换了总督察的职位。因此，卡特目前所能做的就是留在底比斯，做一些边角料的工作，观察帝王谷的山丘上不时出现的胜利场面。戴维斯团队对王陵的每一处发现都意味着未来又少了一个发现。卡特还有机会再去那里工作吗？戴维斯的胜利接踵而至。1905年底，毫无疑问，由于接受了爱德华·艾尔顿（Edward Ayrton）的建议，戴维斯决定将他在帝王谷中的工作系统化。"穷尽每一座山和每一处山脚"——卡特本人在1917年后将更彻底地执行这一工作模式。艾尔顿比卡特小八岁，经验也不如卡特丰富，但他在卡特辞职之前就加入了戴维斯团队。令人深思的是，卡特对自己在坦塔的生活感到非常失望，如果那时知道戴维斯的委任，他可能会接受任命的职位。1905年底，西普塔国王（King Siptah，约前1194—前1188年）的陵墓被发现，但直到几年后才被完全清理完毕。1907年1月，一座被用作或重新用作存放陪葬家具和用具的窖藏墓被打开。这座有争议的墓葬以其帝王谷的编号KV55而闻名，里面的物品属于与埃赫那顿和阿玛尔纳宫廷关系密切的王室成员。1908年2月，艾尔顿发现了一座装饰华丽的陵墓，是第十八王朝的最后一位国王霍伦希布（约前1323—前1295年）的陵墓。新王国时期（New Kingdom）国王的陵墓一座接一座地被发现，但帝王谷对霍华德·卡特的吸引力并没有因此而减弱。他不太可能晚上躺在床上掰着手指细数隐藏的墓穴。几年后，他才开始研究帝王谷的历史，调查进一步发现的可能性。他不会忘记可能还有其他如尤亚和特居伊等非王室墓葬，这些墓葬可能出其不意地也在帝王谷里，但至今仍未被发现。

1909年1月，霍华德·卡特给波士顿的金斯米尔·马尔斯夫人（Mrs. Kingsmill Marrs）写信，她是他富有的美国客户之一，信中写道："戴维斯先生在国王陵墓发

59中　在宝库的卡诺皮克神龛前，矗立着一个镀金的牛头。女神哈索尔（goddess Hathor）位于西面；在高台上摆放着三个带盖的杯子（tazze），里面装有用于制作木乃伊的泡碱。左边的箱子装有珠宝和个人物品，它们都已被打开并被翻动过

59左下　宝库里的这个黑漆神龛装有四尊雕像，上面裹着亚麻布，其中三尊是镀金的。两座雕像展示了图坦卡蒙乘坐纸莎草小艇，用鱼叉捕猎河马；前面是国王的立像，手持连枷和长长的弯杖。第四尊人像漆成黑色，可能代表伊希神（god Ihy）

59右下　在前厅第一张和第二张大祭祀台之间，靠后墙堆放着一批卡特所称的"香水瓶"。这是何等精致的香水瓶！在这组瓶子中，有五个是最精致的，大部分都有装饰元素，包括百合花和纸莎草的花茎和花朵，代表上埃及和下埃及的统一。由于位置尴尬，它们被塞到其他材料后面，因此，被盗墓者忽略了。它们的盖子得以保留，而里面的东西就只剩下可怜的一点平淡无奇的残渣，令人惋惜。所有这些瓶子都是用方解石制成的，在埃及通常被称为雪花石膏

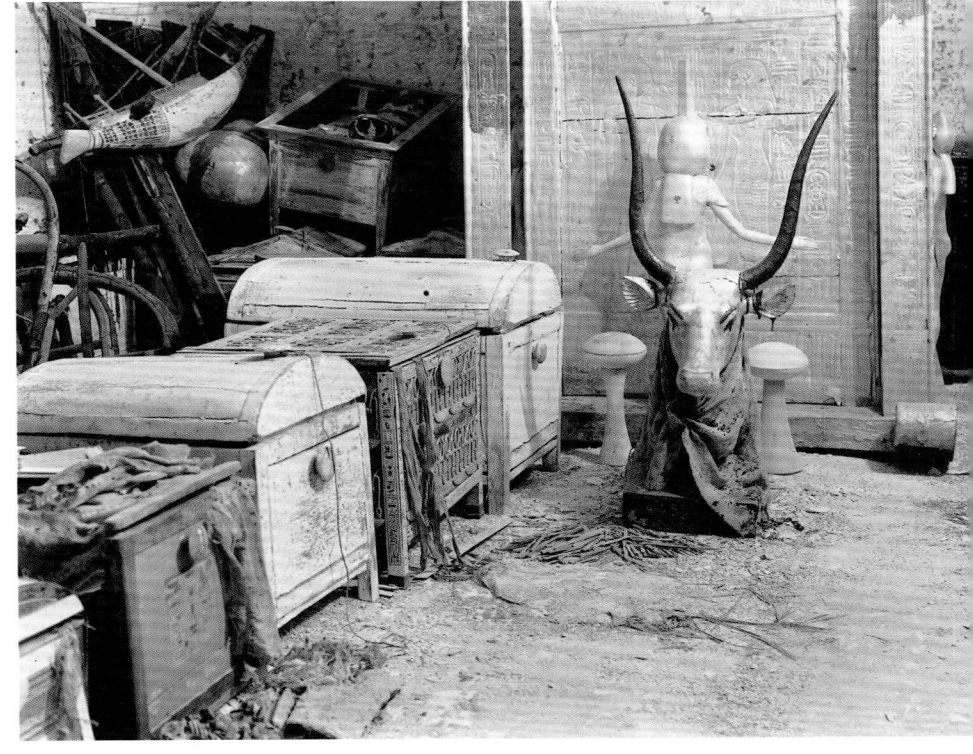

60—61 1923年2月17日，霍华德·卡特和亚瑟·梅斯（Arthur Mace）当着贵宾和官员的面，将前厅和墓室之间的密封隔断上打开了缺口。拍摄这张照片时，大部分隔断已被拆除。参观者面对的是最外层大神龛的壁，上面有杰德柱（djed，欧西里斯柱）和提耶特（tyet，伊希斯结）象形符号组成的镂空图案，象征忍耐和生命。背景由色彩纯度极高的蓝色费昂斯（faience）制成

61上和右 墓中的物品准备被打包送往塞都斯二世（Sethos II）陵墓进行保护，从这两幅图可以看到为了这次短途旅行所做的精心准备。但这次旅行涉及从古墓的出口处顺利通过，卡特要确保提供足够的包装材料和托盘，以保证万无一失。在这里，卡特和卡伦德在准备包装守护神像

现了一个小墓坑,但除了一些金箔外,里面没有其他有价值的东西。"

鉴于后来发生的事,或许卡特本应该对所发现的东西更感兴趣。当然,他在写这封信时很可能还没有看到这些发现。一些黄金碎片上有图坦卡蒙的名字,还有一些碎片上则有图坦卡蒙的继任者阿伊的名字,他在位时间短暂(约前1327—前1323年)。戴维斯和他的新挖掘者哈罗德·琼斯(Harold Jones)认定,这个非常简陋的墓坑就是图坦卡蒙的真正埋葬地。之后,也是如是发表,但证据并不支持这一认定,这一说法也没有得到普遍接受。不过,这至少使图坦卡蒙的名字被提了出来。然而,对于卡特近期的前途来说,他接下来在同一封信中对马尔斯夫人说的话具有特别重要的意义:"卡纳冯伯爵刚给我提供了一笔巨额酬金,让我在德拉阿布埃尔-纳加遗址发掘一个月(2月份),你一定还记得位于戴尔巴哈里和帝王谷口之间的这个地方。我要试图找到阿蒙霍特普一世(Amenhotep I)和雅赫摩斯·奈菲尔塔利(Aahmes Nefertari,第

十八王朝的建立者)的陵墓。《阿伯特纸莎草纸》(*Abbot Papyrus*)提及它们就在附近。条件如此优越,在工作之余可以做有趣的短暂休息。我接受了,并将全力以赴。"

可见,卡特显然很不情愿地表现出自己已经准备好重返发掘工作岗位,并着手进行五年前他向阿默斯特勋爵提议的项目。尽管他可能会因为过去作为政府官员的不愉快经历而有所顾虑,但他一定对再次发掘底比斯墓葬区(Necropolis)的前景感到激动不已。此外,他似乎很享受自己作为一名艺术家和高级向导的时光;他很大程度是自己的主人,通过与相当高级的客户打交道,他获得了许多社交自信。他已不再是那个举止粗俗、笨拙的年轻人;他完全俨然一名绅士。这样的他应该很适合卡纳冯伯爵所享受的那种生活,他可不想像皮特里那样生活在不舒适的环境中或过毫无意义的节衣缩食的生活。更何况有"巨额酬金"的吸引力。1911年,在写给珀西·纽伯里的一封信中,卡纳冯提到他"按月"向卡特支付200英镑。1909年,他的酬劳不可能比这低得多。

卡特是在加斯东·马斯佩罗的引荐下与卡纳冯合作的。1905年卡特辞职时,马斯佩罗非常失望,他竭力劝说卡特留下。因此,1908年卡纳冯找到马斯佩罗并要求帮忙找一个"学识渊博的人"来帮助其进行发掘时,给了马斯佩罗一个绝好的机会,让卡特重新成为一名考古学家。

自1907年以来,卡纳冯一直在底比斯墓葬进行小规模的发掘工作。他亲自监督工人的工作,但由现任上埃及总督察亚瑟·魏格尔(Arthur Weigall)进行全面管

62上 一支正式队伍从陵墓出发，前往帝王谷深处的保存地。一名埃及工人端着一个小托盘，里面装着图坦卡蒙的人体模型（manikin figure）。卡纳冯伯爵坐在矮墙上观察着这一行动。卡特身着正装，在一名武装警察的陪同下大步走在人像旁边。卡纳冯的右侧走着声名狼藉的考古学家亚瑟·魏格尔，现在他是报社记者——少数几个真正理解卡特成就的人之一。游客们闲散地站在旁边，准备用相机拍摄当天的镜头

理。魏格尔是个聪明人，也是一名优秀的古埃及学家，他不喜欢愚笨或无能的人。他并不能与卡纳冯共情，也很少帮助卡纳冯在可能有所发现的地方开展工作。他向当时英国著名的埃及学家弗朗西斯·卢埃林·格里菲斯（Francis Llewellyn Griffith）坦言："我把他安排在沙伊赫（Shekh abd' el Gurneh）毫无价值的土墩上。不出所料，他在那里工作了一个季度，结果什么也没找到，尽管我也曾希望他能找到一座上好的彩绘古墓，那将是有用的发现，且不要对它造成破坏。"1908年初，卡纳冯在工作的第二季度取得了更大的成功。他没有采纳魏格尔那些毫无益处的建议，找到了一个更具发掘前景的区域。他发现了大量有趣的古物和几座古墓，其中一座可以追溯到第十八王朝早期，是底比斯市市长特提基（Tetiky）的墓。卡纳冯的成功让魏格尔很恼火，因为魏格尔在某种程度上已经被排除在外。魏格尔向格里菲斯抱怨道："卡纳冯伯爵尽心尽力，兢兢业业，但这还不够……他是个好人，但完全不负责任。"魏格尔说得很有道理。有钱人不一定是好的挖掘者。卡纳冯本人也曾有疑虑。他知道自己在技术上完全不具备成功进行发掘的能力，没有文物局代表的适当支持，他必须找到自己的人。那个人就是卡特。

就这样，他们开始了长达14年的合作，最终促成了埃及考古史上最伟大的发现。事实证明卡特正是最合适的人选。他和卡纳冯来自截然不同的社会阶层，但卡特具备卡纳冯欣赏的能力和个人品质。卡特不但是一名出色的发掘者，还是技艺非凡的文物管理员、优秀的艺术家。他在底比斯墓葬区完全如鱼得水。他非常了解库尔纳维人（Qurnawis），深知他们的长处，理解他们的弱点，并得到他们的充分信任，使他能够提前了解到有价值的发现。因

此，他经常能在那些品质超凡的物品流入一般的古董市场之前，就获得它们，从而不断丰富卡纳冯的藏品。但卡特并没有像他希望的那样去寻找阿蒙诺菲斯一世（阿蒙霍特普）及其母亲雅赫摩斯·奈菲尔塔利王后的陵墓。

卡纳冯在底比斯墓葬区的特许权已经开始让他收获了非常有趣的材料，因此，他完全有理由继续在这一地区开展工作。在接下来的六年里，卡特一直在戴尔巴哈里神庙以东的地区工作。工作规模很大，但管控很严。在挖掘技

62中和63 地处偏远、防护良好的塞都斯二世陵墓已准备好，供卡特进行清理、保护和摄影工作。从这两张照片，可以看到亚瑟·梅斯（站着）和阿尔弗雷德·卢卡斯（Alfred Lucas）（坐着）正在处理一辆战车的一部分和一个守护神像。梅斯是一位经验丰富的发掘者，拥有处理复杂、受损文物的特殊技能。卢卡斯是文物局的化学家，他对古埃及的材料和技术进行了全面的研究，是一名卓有成就的文物保护专家

64上及64左 陵墓的清理工作仍在继续。霍华德·卡特和亚瑟·卡伦德一起将物品搬运至保护墓中。两人配合默契。卡特是无可争议的负责人,在田野活动的各个方面都富有经验;卡伦德是一名受过专业训练的工程师,是一个很好的实际助手,非常可靠。卡特不介意弄脏手,需要特别小心移动物件时,他会亲力亲为。这里,他和卡伦德轻轻地放低哈索尔(母牛)台子一边,放进准备好的托盘里;他们俩又亲自把一个箱子搬到塞都斯二世的墓中

64—65 从墓中搬出一个装有物品的敞口箱子。这些活动在一天当中井然有序地进行,与此同时,陵墓的清理工作也在继续。这些活动让聚集在古墓周围络绎不绝的游客激动不已,他们期待看到某件宝物,卡特和卡纳冯也不例外。他们的希望很少落空

术操作方面,他亦制定了出色的程序。卡特终于获得了他早年在帝王谷清理工作中未能掌握的专业挖掘经验。1912年,一本介绍1907—1911年发掘成果的精美书籍出版了。

该书由卡纳冯和卡特共同撰写,但可以肯定的是,它是卡特的杰作。到1912年,发现的一些重复性成果让卡纳冯开始认为有必要做出改变。他考虑了埃及其他地区的遗址。卡特一直在关注帝王谷,西奥多·戴维斯仍然持有那里的特许权。戴维斯已经年过七旬,身体状况也不太好。他几乎无法继续每年访问埃及。近年来,在帝王谷的发现微不足道。但他仍然坚持自己的特许权,仿佛他也相信那里会有重大发现。

1912年,为了分散注意力,卡特在三角洲中部的萨卡(Sakha)短暂地挖掘了一季,那里是克索伊斯(Xois)古城遗址。1913年,他考察了三角洲北部的一个大土丘巴拉蒙(Tell el-Balamun)。事实证明,这两个地方都没有什么收获,卡特也没有对它们进行进一步调查。卡纳冯与卡特的事业似乎变得漫无目的。其他非常理想的地点暂时无法获得。卡特是专业人士,为了自己的前途,必须遵从雇主的意愿。之后,机缘巧合,重新发现阿蒙诺菲斯一世陵墓又有了可能。卡特在20世纪30年代写的一篇文章中讲述了他如何从底比斯墓葬区最成功的盗墓家族之一的成员那儿得知古墓的确切位置,他自己也一直在寻找古墓的位置。他用自己最擅长的华丽语言,描述了自己坐在新房子外的长椅上的情景,这座房子是他在帝王谷入口附近建造的。那是1912年暮春的一个傍晚,"夕阳将强烈的黄色光束洒满大地……对面的阿拉伯沙漠,在肥沃的山谷之外,呈现出乳白色……夜幕很快就要降临……远处,在我的房子和肥沃的平原之间那片破碎的沙漠上,一个男人的身影正慢慢靠近。"加德·哈桑(Gad Hassan)给卡特带来一篮子的雪花石膏碎片,其中一些刻有阿蒙诺菲斯一世和雅赫摩斯·奈菲尔塔利王后的名字。从他的叙述中可以看出,卡特很清楚如何应对这种情况。他同对方协商购买这些碎片,并说服加德·哈桑带他去看发现碎片的地方。结果发现那是一座难以进入的古墓,位于德拉阿布埃尔-纳加的高处,其位置正好与大英博物馆藏《阿伯特纸莎草纸》中的古代描述相吻合。

陵墓破败不堪,"昔日的雄伟和神圣已荡然无存……墙壁被王朝的亵渎者点燃的大火熏得又黑又暗。烧焦的用具残骸不过是卑鄙小人对显赫逝者复仇的证据。"

65左下　卡特帮着将一个装有物品的大托盘从墓室的楼梯上谨慎地搬到相对安全的空地上。至关重要的是，每件物品都要牢牢地固定在托盘上，这样在搬运过程中，物品不至于滑落。托盘上最轻微的震动或移动都可能导致许多物品所覆盖的脆弱镀金石膏受损。它们历经三千多年，几乎完好无损。在运输过程中造成其损坏是不合适的

65右下　时不时，一批古物顺流而下运往开罗。卡特担心它们北上途中的状况，以及之后进入开罗博物馆（Cairo Museum）会被如何对待。但在卢克索终点站，他尽最大努力确保这些文物顺利抵达河岸，并受到全面监督。他借用了一条在挖掘和材料运输时经常使用的窄轨轻便铁路（Decauville light railway），将珍贵文物从帝王谷运往尼罗河

然而，它仍然值得仔细检查，在适当的时候，也似乎是正确的时间，卡特向卡纳冯提出了对它进行清理的建议。结果，这成为卡纳冯和卡特在第一次世界大战爆发前完成的最后一项工作。1914年2月底，一个短暂的施工季开始了。情况不容乐观，结果令人失望——大部分是更多的石质容器和夏勃梯雕像的碎片。无法明确鉴定，但卡特本人坚信，这是阿蒙诺菲斯一世和他母亲的墓地。

这项工作完成后，卡纳冯放弃了他在底比斯墓葬区的特许权，并计划将挖掘工作转移到往北更远的法尤姆盆地（Faiyum depression）入口处——哈瓦拉（Hawara）。但几乎与此同时，西奥多·戴维斯也放弃了他在帝王谷的特许权。他已经77岁高龄，最近的成果收获甚微。1912年，他写道："恐怕帝王谷现在已经枯竭了。"他附和了乔万尼·巴蒂斯塔·贝尔佐尼（Giovanni Battista Belzoni）近一个世纪前写的话："我坚信，帝王谷墓葬的数量不会超出我近期探索后，现有已知的发现。"马斯佩罗也认为该谷已被完全探明。霍华德·卡特凭什么指望取得进一步的成功？他可以说，贝尔佐尼错了，戴维斯和马斯佩罗怎么就不会错呢？他说服卡纳冯去申请许可证，卡纳冯于1914年6月获得了许可证。

可以想见卡特对这一进展既高兴又不安。要面对这个困难重重的区域，他该采取什么策略？他应该从哪里着手？他有确切的目标吗？事情进展到这一步，却不能立刻做出决定，由于战争在夏天爆发了，在敌对状态持续的情况下，显然不能开始任何有计划的行动。卡纳冯伯爵暂时不会返回埃及。卡特至少在名义上仍由卡纳冯聘用，他在埃及有自己舒适的房子。卡特决定留在这个国家，无论有什么战争工作，他都会去参与，只是他很少回英国。但是，为了把握住特许权，他似乎应该去阿蒙诺菲斯三世墓执行一项小任务，该墓并非位于帝王谷的主谷，而是在被称为西谷（West Valley）的侧谷。

1912年，戴维斯的手下在这座古墓的入口附近开展了一些工作。这座古墓自1799年拿破仑远征埃及时就已为人所知。戴维斯没有发现什么，但卡特随后在卢克索为卡纳冯伯爵购买到了三块精美的镂空饰板搭扣："它们是阿蒙霍特普三世时

66左 拆除密封墙后，两侧墙壁的其余部分必须拆除，以便腾出空间使神龛在不受损害的情况下被拆除和移走。从这张照片可清楚地看到，在拆除墙壁的过程中，工作人员使用木板将神龛保护起来。卡特在这里与埃及人和卡伦德一起工作

67左 卡特在担任总督察时，首次将电灯引入帝王谷。图坦卡蒙陵墓一打开，他就和卡伦德一起在新发现的陵墓中安装了电灯，他们发现电灯对于高效检查和清理文物至关重要。图为在灯光的照射下，他透过第二个神龛的门往里看，里面金碧辉煌的第三个神龛令他眼花缭乱

期的两个红玉髓（carnelian）、一个玛瑙（agate）饰物。我认为，毫无疑问，它们出自他在第二帝王谷的陵墓（如您所知，该陵墓无论内外，都从未进行过适当的清理。"于是他向卡纳冯汇报，并于1915年2月在这座古墓中进行了为期一个月的勘探。所做的工作可能有点敷衍了事，他只清理了墓穴的一部分，而非他后来声称的清理了全部墓穴。但他确实在墓穴入口前发现了地基沉积物，最有趣的是，他还发现了第四个搭扣的一部分。

这一个月的工作虽然总体上令人失望，但卡特敏锐地捕捉到戴维斯的挖掘者在工作时发生的情况，正如卡特所推测的那样，毫无疑问，这些搭扣出土于这座古墓，是戴维斯的工人偷走的。

在将近三年的时间里，卡特一直未能重新开始为卡纳冯伯爵工作。不过，从考古学的角度来看，他也并非完全无所事事。每当从开罗南下底比斯时，他在那里从事军事情报局（Military Intelligence）的工作，有很多空闲时间——"真高兴，可以安心绘画。"他的一些绘画作品源自其接受的委托，去临摹非常有趣、艺术精湛的卢克索神庙柱廊的浮雕。艾伦·加德纳计划出版一本精装书，这本书以卡特的绘画作品为主要内容。卡特全身心地投入工作中。虽然加德纳一直称这些绘画场景属于霍伦希布时期，事实上，它们始于阿蒙诺菲斯三世统治时期，完成于图坦卡蒙统治时期。

因此，如果不是按部就班，那就是机缘巧合，卡特发现自己已经涉入了这位年轻国王统治时期的相关材料中。遗憾的是，1917年底，卡特恢复为卡纳冯伯爵工作，这个项目一直没有完成。这些绘画是他创作过的最好的一批作品。

他住在底比斯的房子里时，能够注意到当地古物搜寻者的活动。战争年代管制松懈，给秘密考古采取实质性举措提供了绝好的机会。卡特利用他对当地情况的了解及与库尔纳维人的熟识，从非法盗墓造成的混乱中抢救出许多有用的考古资料。

更为不同寻常的是，他还开始了一项严肃的研究，这可能是他一生中的第一次，他编纂了一份关于帝王谷历史及其勘探的综合档案。在开罗，他去好的图书馆，并借助专家的帮忙，处理超出他能力范围的证据。因此，他向大都会博物馆埃及探险队（Metropolitan Museum Egyptian Expedition）寻求许可，请求他们的古典考古学家休·伊夫林·怀特（Hugh Evelyn-White）提供帮助。"以后在帝王谷的古典考古方面帮助我。我相信，我们在那里的工作报告将详尽无遗——或者说尽我们所能——我的目标是……分部分出版《底比斯王室墓葬区实录》（Record of the Royal Theban Necropolis）。"

卡特为恢复在帝王谷的工作所做的科学准备令人印象深刻。现在也许是时候考虑这一问题了：卡特在这一时期，即战争年代，是否认真考虑过图坦卡蒙的陵墓有可能被发现？在他发现那个陵墓的第一季，他在手册中写道："我冒着被指责为'马后炮'的风险，我要说的是，我们确实有希望找到一位国王的陵墓，那位国王就是图坦卡蒙。"然后，他列举了当时所掌握的考古证据，来证明这一说法。

所有相关发现都是西奥多·戴维斯的功劳。1905—1906年的考古季，艾尔顿发现了一个带有

67右 拆除前厅的封堵是一项棘手的工作,需要极为小心,既要避免损坏神龛,又要确保封堵的考古证据被妥善记录下来。从图中可以看到卡纳冯本人也参与其中,帮助卡特拆除部分封堵区域

图坦卡蒙名字的小蓝色费昂斯杯。它位于"距离地表12英尺(1英尺约30.48厘米)深的地方",在拉美西斯六世墓和阿蒙诺菲斯二世墓之间大约中间的位置。这在当时是一个孤立的发现。1907年12月21日,艾尔顿在塞都斯一世(Sethos I)陵墓上方的山上打开了一个小坑。坑里似乎有一些古代的废弃物——陶罐、成袋的泡碱、花项圈、装有食物残渣的泥盘、印章及亚麻布碎片。戴维斯对这些相当沉闷的物品不感兴趣(尽管其中一些罐子器形精美),他后来让大都会博物馆埃及探险队的资深成员赫伯特·温洛克(Herbert Winlock)将所有藏品运往纽约。温洛克适时发表了一份关于这些材料的研究报告,得出的结论是,这些确实是大量的古代废弃物,但这些废弃物是在图坦卡蒙埋葬过程中产生的。他的名字出现在许多物品上,而且许多材料,尤其是泡碱,无疑是为这位国王的尸体进行防腐所产生的废弃物。食物的痕迹是王室最后一次葬礼盛宴的残留物。温洛克认为,这个存放点离真正的陵墓有一段距离,以免污染后者。

第三个证据指向帝王谷存在图坦卡蒙墓的是窖藏墓中的物品,包括卡特1909年写给金斯米尔·马尔斯夫人的信中提到的金箔等,戴维斯曾误将窖藏墓公布为图坦卡蒙墓。

所有这些证据表明,图坦卡蒙的陵墓就在帝王谷中。但是,要说早在他们获得帝王谷挖

掘许可证后，卡特与卡纳冯一起在那里进行了第一次勘测，他就将两者正确地联系起来，这可信吗？就墓葬废弃物而言，温洛克在1941年的研究报告中指出，直到20世纪20年代初，他才完全理解这些物品的真正意义。"最后，我给霍华德·卡特提供了有关这次发现的进一步信息，他在《图坦卡蒙墓》（The Tomb of Tut.ankh.Amen）一书中使用了这些信息……"

卡特声称他知道温洛克的发现的时间比看起来可能的要早，这很有可能是不太准确的说法，但他知道其中一些物品上有图坦卡蒙的名字，它们与蓝色费昂斯杯及刻有文字的黄金碎片一样，都是图坦卡蒙陵墓存在的有力证据。他自己对帝王谷历史的研究同样也能揭示出图坦卡蒙陵墓是一座尚未被发现的陵墓。但他是一个相当微不足道的国王。美国著名古埃及史学家詹姆斯·亨利·布雷斯特德所著《埃及史》（History of Egypt，1905 年，1909年新版）中，几乎找不到任何关于他的记载。如果发现了他的陵墓，它是否可能与第十八王朝的前任法老们的陵墓属于同一

68左　神龛拆解过程的三幅画面。上图中最外层神龛的檐口，上面覆着饰有描金雏菊花纹的亚麻棺布。移走棺布，需将其卷到一个特制的木制滚轴上。它被移至塞都斯二世墓时，被摆放在墓前进行保存。1924年卡特被关在墓外时，它在那里受到了损坏。中图，可以看到石英石石棺的顶部，石棺位于最内层的神龛中，龛壁被衬垫小心翼翼地保护着

级别？它是否可能完好无损？关于霍华德·卡特早在1917年，甚至1914年产生认真开始搜寻工作的想法，我们有很多猜测的空间。但是，如果考虑到他的发现所取得的最终胜利，这些猜测就显得微不足道了。

他于1917年12月1日开启了第一次有计划的活动："从位于拉美西斯二世（Ramses II）墓和拉美西斯六世墓之间的横向小山谷开始，大约向西北—东南方向延伸。"这里离王陵集中的部分主谷的入口不远。通往这个"横向小山谷"的入口对面就是KV55，由戴维斯于 1907年发现，里面藏有阿玛尔纳时期非凡而神秘的随葬品。遗址南侧被通往帝王谷的常规游客通道中断，因此，这里的发掘工作受到严格限制，以避免给游客带来不便。在这里，卡特首次开始将他的计划付诸实施，即向下挖掘到基岩（bed-rock），他认为，只有这样才能确保不遗漏任何一个陵墓入口。

在拉美西斯六世陵墓入口下方的一个小三角形区域,他发现了一组石质结构遗迹,毫无疑问,它们是与邻近王陵开凿有关的工匠们的小屋。这时,他没有清理到基岩,他急于完成本季度的工作,以免给帝王谷的游客带来更多不便。直到1922年11月,他才回到那些小屋。总的来说,这一季的工作并不令人振奋,发现的物品很少。卡纳冯伯爵令人不安的消息让卡特更加忧心忡忡。后来,卡特在给大都会博物馆阿尔伯特·利斯戈(Albert Lythgoe)的信中写道:"可怜的卡纳冯伯爵,毫无疑问,您已经听说了,他的日子过得非常糟糕。今年春天,他差点死掉——因为化脓性阑尾炎立即做了手术,

才幸免于难。"我们也得记住卡纳冯伯爵的这次健康危机,1923年致命疾病夺走了他的生命。1903年,他第一次来到埃及养病。他总是需要注意自己的健康。他来埃及常有私人医生陪同。然而,疾病并没有减弱他对卡特工作的浓厚兴趣。战争尚未结束,但随着1918年的到来,最终胜利的迹象开始显现。卡纳冯仍然想在底比斯以外的地方进行发掘。战争持续期间,他申请并获得了在中埃及的美尔(Meir)进行发掘的特许权。

这里有古王国和中王国时期(Old and Middle Kingdoms)的石刻墓葬,值得一试。卡特提议在

68右　在墓室狭小的空间里移动状态不是特别好的物品需要极大的细致和耐心——卡特非常精于此道。拆解第一个神龛的顶部尤其困难。它长五米,宽三米多,由三部分组成,净空高度很小,很难操作。这里,卡特和卡伦德在监督操作。尽管木料当时还没有变形,但原先葬礼后的组装工作肯定同样困难重重

69上　第一层棺木的棺盖被打开,露出第二层棺木。从照片可以看到取下花环和覆盖物后棺木的样子。将这具棺木从第一层棺木中抬出的准备工作已就绪。从照片可清晰看出,固定棺盖的银针已部分拔出,脚手架上的铜线已连接固定。棺木就这样悬在空中,下面是第一层棺木的外壳。这体现了卡特的聪明才智

69下　卡特坐在墓室入口处做笔记,考虑下一步行动。拆解神龛使用的脚手架和木材表明,这里空间非常狭小,开展工作并不容易。他极大地依赖卡伦德作为工程师的实践经验。第二季的大部分时间都用来拆解神龛,可以看到神龛的一些部件被小心翼翼地包装好,以防损坏。它们并没有从陵墓移出,而是留在墓中,1932年进行最后处理时,它们经过整合,被运往开罗

70上和71 打开第三层金棺的系列状态。揭开覆盖着它的红布,黄金面具展现出来。围绕内梅什王巾(nemes)头饰的是卡特所称的"亚麻布方巾"。颈部和胸部饰有精致的珠子和真花项圈。取下这些东西后,可以看到金棺的盖子。棺盖被凝固的油膏弄得面目全非,但清理后应当可以看到绝妙的装饰

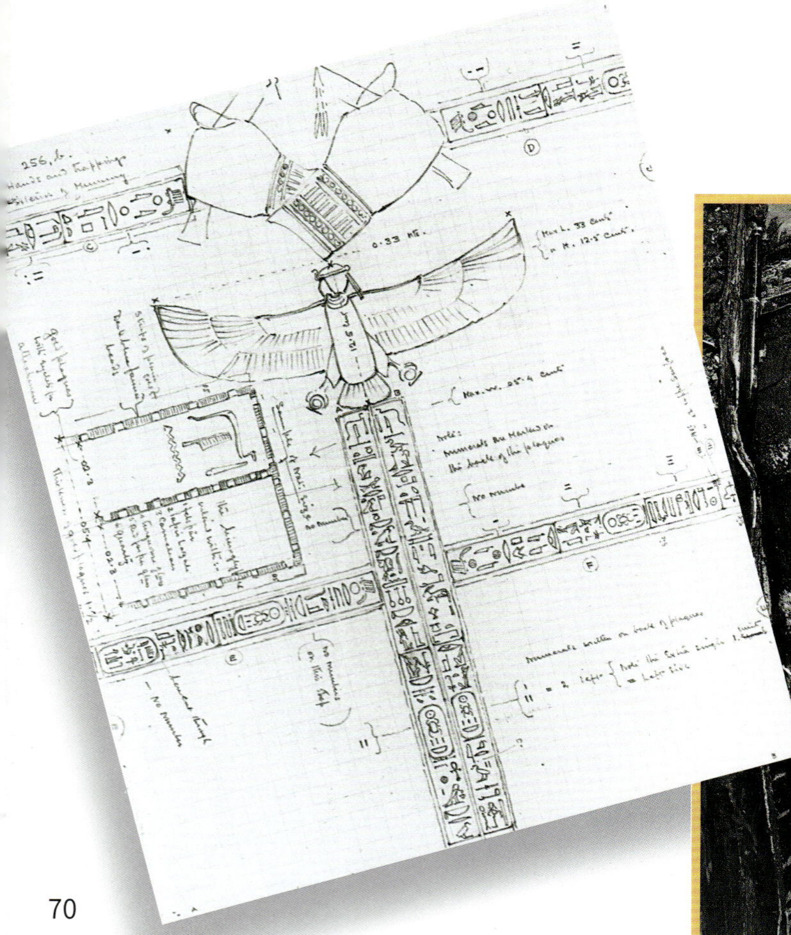

几周内进行一次有限的、经济的发掘——一次试掘。1918年11月下旬,他带着一小队工人在美尔开工。他一直工作到1月中旬。结果并不令人鼓舞,卡特很高兴能返回底比斯。2月19日,他在卡纳冯的主要特许发掘区再次开工,但仅持续了一周。他只清理了帝王谷深处图特摩西斯三世(Tuthmosis III)陵墓下方的一个区域。这一季的短暂似乎并不是因为发现太少,而是因为埃及全国爆发了内乱。卡特受聘担任位于卢克索北部纳格哈马迪(Nag Hamadi)地区的政治官员。

几周后,骚乱平息,卡特得以休假返回英国,这是他三年来第一次回家。秋天回到底比斯后,他于1920年1月5日重新开始了在帝王谷的工作。除了在图特摩西斯三世墓上方的"峡谷"(卡特称之为"峡谷")进行的短暂调查外,他还在帝王谷的远端,发现了一些痕迹,他认为它们是挖掘古墓时留下的碎片,需要进一步勘探。在这个为期十周的挖掘季里,工作主要集中在帝王谷入口附近。这里,拉美西斯二世和拉美西斯四世的陵墓之间有大量的碎片堆积,它们是早先发掘时被倾倒在那里的。需要一队数量庞大的工人,在窄轨轻便铁路和货车的协助下,将弃土运离要做调查的地方。卡特协助纳维尔清理哈特舍普苏特女王戴尔巴哈里神庙时,第一次接触到这种轻型铁路。事实证明,他在大批人员的帮助下运走大量沉积物的经验对于他在帝王谷开展的工作极具价值。他必须区别把握大规模清理和到达基岩后仔细检查有潜力的地方的工作节奏。

但是,通过他的策略,他发现了完整的拉美西斯四世时期的地基沉积物,以及在大多数地区发现的大量刻有字符的着墨陶片

（ostraca）——这些碎片用作草图、备忘录等。

2月中旬，健康状况大为好转的卡纳冯加入了卡特的队伍。令人惊讶的是，他住在卡特的家里，而卡纳冯夫人和他们的女儿——伊芙琳·赫伯特则住在冬宫酒店。卡特随后将工作重点转移到了第十九王朝梅伦普塔国王（King Merenptah）陵墓前的区域，这里同样有古老的、未经触碰的沉积物。在这里，他当着卡纳冯家族的面，进行了他所称的"迄今为止，在帝王谷所做的最接近真正的发现"。他发现了一批13件大型雪花石膏容器，上面墨书题刻梅伦普塔及其父亲拉美西斯二世的名字。这些容器盛有梅伦普塔葬礼仪式所使用的圣油。"我们自然很兴奋，我记得，卡纳冯夫人坚持要把这些罐子挖出来——它们是多么精美——她要亲手挖出来。"在挖掘方面，卡特并不太欢迎她们的到来，这不足为奇：急切但未经训练的双手极易造成损坏。

他这一季的部分计划是开始清理拉美西斯六世陵墓入口下方的工匠小屋。鉴于时间紧迫，他决定把这些小屋留到下一季再清理。他提议1920年秋季开始下一季的工作。12月初开工，他再次在拉美西斯二世和拉美西斯六世陵墓之间的横向山谷中进行基岩清理工作。他开始在包含小屋的三角遗址上施工。但命运并没有站在他这边。

他在1921年1月2日的发掘日记中写道："由于是旅游旺季，无法开凿T9（RVI）[即拉美西斯六世陵墓]前的道路，苏丹即将到访，（我）因此暂时将人员转移到帝王谷的另一处。"尽管出发点是好的，但他的挖掘季开始得太晚了，而那时，贵宾访问总是优先于普通的考古工作。在他取得了重大发现之后，他发现自己付出了代价，他被众多的贵宾挤得水泄不通。考古季于1921年3月3日结束，这一季剩余的大部分时间都花在了帝王谷远端，靠近图特摩西斯三世陵墓的一些遗址上。卡特对这一地区产生了浓厚的兴趣，他一次又一次地回到这里，但总是收获甚微。

1921年秋，因预见游客的到来，卡特再次打算早点开始工作，但这一计划很不幸被他自身不佳的健康状况打乱。10月，他写信给克利夫兰艺术博物馆馆长（Director of the Cleveland Museum of Art）弗雷

70下 打开第三具棺木的盖子，图坦卡蒙的木乃伊清晰可见——这是第一具被这样发现且未遭盗墓者破坏的埃及国王遗体。它就这样躺着，受圣物的层层保护。交叉手臂下方的遗体被刻有文字的金带和镶嵌饰板的饰带像束缚的绷带一样缠绕。金带下面是一只伸展着翅膀的巴鸟（babird），这是能进出陵墓的灵魂的形式，使死者能够自由行动。卡特一直怀有记录发现的愿望，他绘制了解开木乃伊的每一阶段的所见。70页左下是他所绘制的木乃伊身上的装饰，他画得不仅细心，而且很有风格。他是一位技艺精湛的绘图师，这些绘图构成了他挖掘和清理陵墓的记录文件中最重要的组成部分。即使承受着压力，他的专业精神也使他能够以最高标准进行记录

德里克·惠廷(Frederic Whiting),他当时担任惠廷的文物顾问。

信中说:"不幸的是,过去几周我一直身体不适,现在不得不接受一次严重的腹部手术。"手术将切除他的胆囊,由1918年为卡纳冯伯爵做阑尾手术的外科医生操刀。卡纳冯在大多数非考古方面都已成为卡特的榜样,他于1922年1月25日返回埃及前,在医院住了六周,又休养了六周。工作开始于2月8日,也就是卡纳冯伯爵与他会合的第二天。对于探索那些令人厌倦但又诱人的工匠小屋来说,为时已晚。于是,卡特带领他的人进一步深入帝王谷,来到"西普塔(Siptah)墓所在的山脚东侧"。西奥多·戴维斯曾于1905年在这里工作过,卡特指出:"这个地方大部分被挖掘西普塔墓时扔出的大堆垃圾所覆盖。"卡特还提到:"40个男人和120个男孩花了10天时间才清除完这些垃圾。"挖掘季于3月初结束,当时卡特仍处于胆囊手术后的恢复期,发掘成果甚微,再次令人感到失望。卡纳冯在卢克索逗留了两周,而卡特则去了开罗,在此期间,他有时间思考并忧虑着发掘工作的进展情况。情况一点也不容乐观。

这一年的晚些时候,回到英国的卡纳冯有更多的时间进行反思。卡特自1917年末开始在帝王谷工作,这几年大部分时候工作强度并不高,总共只有八个月在工地上。尽管如此,工作有时非常集中,雇用了大量人员,费用也相当可观。卡纳冯本人并不老,1922年6月才56岁,但他的健康状况不容乐观,在经历了第一次世界大战的艰难岁月后,他的经济状况也不甚理想。最近这几年获得的精品相比战前在德拉阿布埃尔-纳加山下工作时的收获要少得多。是时候停下来了。卡特被召唤到海克利尔城堡(Highclere Castle)。有关1922年夏天这次重要会面的唯一证据载于查尔斯·布雷斯特德(Charles Breasted)1948年的传记中,这部传记是他为父亲詹姆斯·亨利·布雷斯特德写的,名为《过去的先驱》(Pioneer to the Past)。老布雷斯特德在图坦卡蒙墓中发现的铭文方面曾给予卡特很多帮助。他在埃及期间,他的儿子担任他的秘书,有很多机会与卡特交谈。他所写的有关海克利尔会见的内容,他声称是从卡特本人那里听到的。卡特事先知道问题所在,也了解可能出现的结果。

可以理解的是，直到他确信那些小屋下面没有任何东西，他才会停止工作，而因为种种原因，他还没能对它们进行调查。他与卡纳冯讨论了计划，根据布雷斯特德的说法，他主动提出自己支付最后一季的费用。卡纳冯无法接受这个慷慨的提议，他同意资助这项工作，可能并不像常说的那样昂贵。1918年，卡特在美尔每天只需花费约五埃及镑就能雇用一小部分劳动力。他在底比斯的最后一季，劳动力成本不可能高出太多；生活费用极低，设备已经运到帝王谷。

10月11日，卡特抵达埃及，他代表卡纳冯和他自己花了两周时间在开罗的古董店里搜寻古物。可见任务的紧迫！10月27日，他抵达卢克索，并于11月1日在拉美西斯六世的陵墓前——那块命运攸关、未经开发的三角地，开启了挖掘季。首先是规划，随后，拆除那些工匠小屋，到11月3日晚完工。

卡特可以信任他那些经验丰富的当地工人，让他们完成下一阶段的工作，无需最初的监督。在工头艾哈迈德·杰里格尔（Ahmed Gerigar）的带领下，他们于第二天开始清除小屋下面的废弃物，一直挖到基岩。卡特加入挖掘工作时，一种期待的情绪表明，有事情已经发生了。通往古墓的第一个台阶已被发现。以他对帝王谷古墓入口排布的了解，他完全有理由感到兴奋。一天的时间里，已经有足够多的台阶被发现，露出了抹灰封堵的顶部，毫无疑问，这是一个墓穴的入口。那时候，卡特还无法从泥灰（mud plaster）上的大印章中辨认出任何王室的名字，但他能认出王室墓地印章上的豺狼和九个被捆绑的囚犯。他的坚持和信念终于得到了回报，卡纳冯的支持也得到了回报。现在，他必须抑制住自己的好奇心，于是，他填平了台阶，渡河来到卢克索，发出了本章开头引用的那封决定命运的电报。

卡纳冯伯爵和他的女儿伊芙琳·赫伯特于11月23日抵达卢克索。卡特和他的新助手亚瑟·卡伦德已经准备好继续清理了。到24日下午，整个封堵的入口已清晰可见，底部的印章清晰地显示出图坦卡蒙的名字。拆除封堵后，可以看到一条非常陡峭的下行走廊，里面堆满了碎石。有令人不安的证据表明，这些碎石至少有两次被凿穿。挖掘人员在清理碎石时，发现了一些古物碎片。

其中一些还带有王室的名字，这就意味着无论前方是什么都曾被盗过，里面的东西可能出土于非王室墓葬，很可能是另一个窖藏。大约八米之后，就到了又一个用泥灰封堵的地方，上面有印章的痕迹。时间是11月27日。

卡特写道："决定性的时刻到了。我双手颤抖着在左上角打开了一个小缺口。在测试铁棒所能触及的范围内，黑漆漆，空洞洞，这表明，不管后面是什么都是空的……为了防止秽气体，用蜡烛进行了测试。然后，我把洞口扩大了一点，将蜡烛伸了进去，我仔细朝里看……起初，我什么也看不见……但现在，随着我的眼睛逐渐适应了光线，室内的细节慢慢从迷雾中浮现出来，奇怪的动物、雕像和金子——到处金光闪闪。刹那间……我被惊得目瞪口呆。卡纳冯伯爵再也忍不住了，焦急地问道：'你能看到什么吗？'我只能蹦出几个词：'是的，奇妙之物。'"现在，伟大的调查和清理工作可以开始了。

72—73 在狭小墓室的有限空间内工作，通风条件也不好，这给霍华德·卡特和他的同事们持续增加体力负担。可以看到卡特没有穿西装，也没有戴帽子，穿着随意地工作会让人不习惯。但是，在古墓方面，卡特所做的一切都是专业的，只要有需要，他总是愿意脱掉衣服，加入工作中。他是一位"亲力亲为"的考古学家，拥有无限的耐心。他从不急于求成，总是在每一个环节上都小心翼翼，以确保一切顺利进行。他正在用软毛刷小心翼翼地为第二具棺木表面除尘。面对这样的物件，常有碎片丢失的风险，尤其是玻璃镶嵌物，需要最轻微的触碰。他的工作如同外科医生一样精细

73右 在下葬仪式中，木乃伊被浇上了一层油膏固定在棺木中，不可能将它取出来解开。因此，卡特不得不在棺木的狭小空间内对木乃伊进行检查。这是一个缓慢、紧张而又艰苦的过程，对卡特的技术和耐心都是极大的考验。他画出了拆解过程的各个阶段，同事们惊叹于他的灵巧和他画作的精妙。他一层一层解开遗体上的绷带。在每一层绷带之间，他都发现了奇妙的物品、意想不到的珍宝，放置这些东西很多是意在保护国王遗体，使其在国王来世免受不利的影响。总共有150多件物品。卡特在连续绘制的图纸基础上，编制了一份分层的调查记录。在这幅图中，可以看到金匕首的柄部圆头

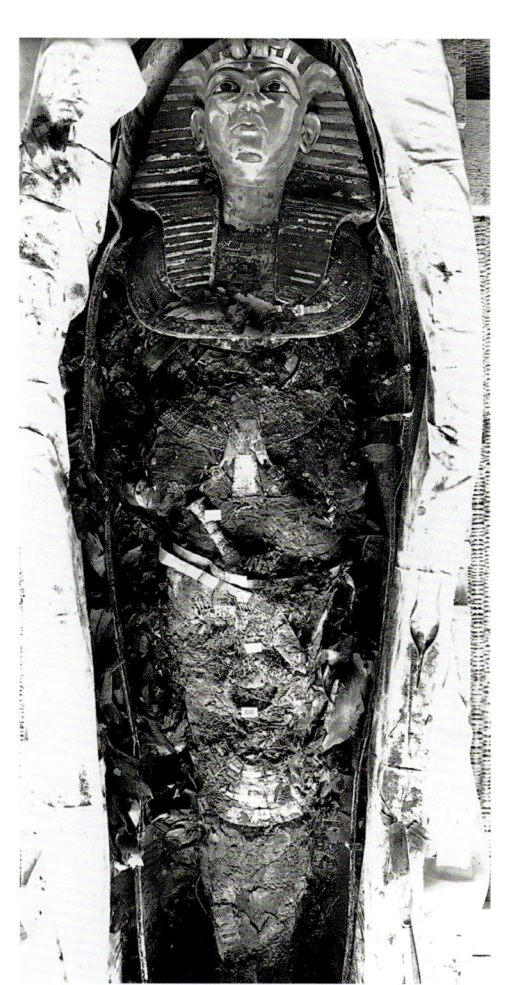

非凡的珍宝

74—75 宝库珠宝箱中的一枚胸饰。其主要形式是一只带翅圣甲虫，上面有图坦卡蒙王位名。掐丝珐琅（cloisonné）镶嵌的是半宝石（semiprecious stone）和彩色玻璃，圣甲虫本身是一块精美的青金石（lapis-lazuli）

76 卡诺皮克箱上的方解石瓶塞。这个国王头像肯定不是图坦卡蒙的，很可能最初是为埋葬他的前任——纳芙纳芙鲁顿所准备的

77下 一只红玉髓鸟，它是一只燕子或褐雨燕，背上有一个太阳圆盘。它被镶嵌在一只金手镯上，该手镯被放置于国王木乃伊的包裹布料中。这只鸟可能代表太阳神的变体（transformation）

　　卡纳冯伯爵问霍华德·卡特，透过墓穴被堵入口上开凿的洞能看到什么时，卡特的回答是："奇妙之物。"这可能并不是他当时的原话，但却代表了他可能说过的话。这些话无论如何都非常适用于这一发现。陵墓的状况与国王葬礼时的状态并不一致。对于卡特和卡纳冯来说，这意味着它并非完好无损。根据发掘许可证的有关条款，卡纳冯可以从墓中获得可观的份额。毋庸置疑，卡特从未有过其他想法，他从一开始就认为，整座陵墓的物品应该归开罗博物馆所有，但他是卡纳冯的雇员，他只能建议而不能做决定。

　　他检查了前厅中的许多箱子，它们曾被墓地守卫撬开、翻动过，又被草率地重新包装，这使他确信大量精美珍贵的物品已被盗。他来到宝库检查时，他的看法更加坚定了。这里也一样，几乎没有一个箱子未被破坏封条，未被洗劫过。陵墓中，只有最里面的神龛、石棺、棺木、国王木乃伊本身及卡诺皮克神龛的位置和状况与葬礼那天的一致。

　　因此，卡特得出结论，大部分的精美物品，包括大多数顶级珠宝，都已经不见了，他只能留下来处理残留物了。多好的残留物啊！卡特对于他和同事们不得不处理的"贫乏"材料从未抱怨过。确实是残留物，但仍然丰富无比！这些文物的清理、清洁、保存和记录工作花费了十年时间，其中有许多个月由于官方阻挠，无法在底比斯开展工作。令人怀疑的是，当时的其他考古学家是否会有这样的毅力和耐心将这项工作持续如此之久：弗林德斯·皮特里爵士肯定不会，他才华横溢但缺乏耐心；来自哈佛大学-波士顿美术博物馆的乔治·莱斯纳（George Reisner）也不行，他一丝不苟却焦躁不安。卡特是一位熟练使用铅笔绘画、善于处理精细材料的艺术家，是一位能发现最微小细节并将其记录下来的近距离观察者，他也是一位坚持不懈者，会将任务进行到底。

78—79 墓室中发现的狩猎鸵鸟扇扇心的一面。图坦卡蒙在这里被描绘成英雄形象。他独自站在战车上，在东部沙漠（Eastern Desert）中带领马队全速前进，追逐鸵鸟。两只鸟被国王的箭射中，他的猎犬向前奔跑着将它们取回来。设计中一个很好的象征意义是拟人化的瓦斯符号扛着鸵鸟扇走在战车后面

从一开始,卡特就组建了一支得力的助手团队,他们非常乐意参与这一最美妙的发现。这些重要的助手尽量紧随着他,他们忍受着他的喜怒无常,但从未怀疑过他的能力和正直:尤其是从纽约大都会艺术博物馆(Metropolitan Museum of Art)借调来的考古学家兼摄影师亚瑟·梅斯和哈里·伯顿(Harry Burton)、退休的法医化学家阿尔弗雷德·卢卡斯,后者为埃及政府工作。这些都是最棘手的工作,很大程度正是由于他们的努力,古墓中的物品才得以被妥善地发掘、记录、科学检验及拍照,而卡特则是关键和始终如一的存在。

由古墓取得的考古及艺术成果不可估量。出土了以前从未发现过的,或者只在陵墓和神庙的绘画中出现过的物品——大神龛、棺木、木乃伊、卡诺皮克神龛及里面的珍贵物品、祭祀长台、镀金神像和图坦卡蒙本人的雕像。尤其是木乃伊,对其进行操作本身就是一种发掘活动。包括《亡灵书》部分内容在内的丧葬习俗(burial practice)经文(texts)中,有许多关于遗体上应该放置什么护身符和其他保护物品的提示。中王国时期大木棺的物品楣饰(frieze)上所呈现的精致项圈和其他物品表明,这是一具高规格装殓的木乃伊。

霍华德·卡特解开国王遗体上的绷带时，发现了一层又一层的保护物品——充满神力的代表性物件，这些护身符旨在通过适当的经文赋予神奇的力量。这是第一次对经文内涵的实践展示。即使是现在，人们还没有充分认识或研究木乃伊配件（accoutrement）的全部意义。

从许多方面看，墓中的物品给人的印象是来自宫殿和王室储藏室的一堆杂乱无章的物品。王室墓葬是否提供了一次机会，用于处理那些不再有用但又不能随意丢弃的王室用品？例如，为什么会有一个可以追溯到阿蒙诺菲斯三世统治时期的酒坛？放入陵墓时，这个酒坛是否装满了酒？这些酒可以饮用吗？这是否只是处理一坛已过保质期的王室美酒的一个机会？

问题是多方面的，对墓葬内容的分析和研究尚有很大的空间。但不可否认的是，如此众多的物品其范围之广，状况之好，它们由最好的工匠使用最好的材料制作而成，为技术工艺的阐明、风格甚至品位的研究提供了巨大的机会。让我们来看看用于盛放油膏和香水的方解石容器。多年来，这些非凡的容器一直被挑出来作为品位低下的典型。它们华丽、装饰过度、繁复，超出了实用的需求。简而言之，它们体现了第十八王朝末期艺术欣赏的颓废。它们缺乏形式的纯粹性（purity of form），而这似乎是中王国时期和第十八王朝早期埃及设计的典型特点。现在，我们更容易将这些物品看作时代的产物，根据时代审美原则，为实现特定功能而制作。为什么我们的审美品位就应该与古埃及人的一样？有些人可能不喜欢它们，但它们就是它们，是能工巧匠的杰作，这些匠人了解材料的性能，并将其发挥到极致。

古墓中的物品具有无穷的教益，让人惊奇，使人陶醉。神圣抑或世俗，构成了一座丰富的宝库。它们是当之无愧的"奇妙之物"。

80　石榴形状是新王国时期埃及容器制作者的最爱，玻璃、方解石和象牙制品中石榴造型屡见不鲜。这个小花瓶由银和大量黄金制成，墓中有两个这样的花瓶，这是其中之一，另一个由象牙制成。花瓶上镂刻（chase）有花纹装饰带，饰有矢车菊和藤叶图案

81　一只名为格美秀（Gemehsu）的镀金木制神鹰。它与索普杜（Sopdu）一起存放在宝库的一个黑漆木箱中。该格美秀神鹰呈木乃伊状，背上插着王室用的连枷，可能是埃及众神之一的变体。多处细节由玻璃镶嵌而成

个人随葬品

82—83 图坦卡蒙黄金面具的侧视图,这件出自工匠大师的作品体现了王室肖像之生动

陵墓中最重要的物件是逝者的木乃伊。墓葬最重要的目的是确保木乃伊得以保存,这样,逝去的人能够进入来世,并为来世做好准备。因此,为保护木乃伊会极尽小心。

较之已有墓葬,在图坦卡蒙墓中,发现了一整套最为完整的保护措施。木乃伊被装在三具棺木里,所有棺木放置在一个石棺中,这个石棺又被围在四个神龛里。卡特和艾伦·加德纳曾在都灵博物馆(Turin Museum)一张纸莎草纸上的墓葬平面图中发现过这种布局的线索,他们于1917年发表了这项研究。在这张图纸中,石棺被六个长方形围绕,他们初步认为那些是台阶。现在回想起来,他们看到的石棺和神龛布局同为图坦卡蒙提供的一样。图坦卡蒙这一整套物件正好合适地摆放在狭小的墓室中,由此得出结论,几乎可以肯定的是,这些神龛是在国王去世后制作的,当时已经知道了墓室的布局。

个人随葬品的第二部分是逝者被制成木乃伊的内脏。这些器官通常被放置在四个名为卡诺皮克罐的容器中。在图坦卡蒙的例子中,器官被放置在四个微型棺木中,再放进一个方解石箱子里。箱子装在一个镀金的木制神龛中,神龛由带有精致飞檐(cornice)的开放式顶篷保护。整个神龛受到四位守护女神——伊希斯、奈芙提斯、塞尔凯特(Selkis)和奈特(Neith)的镀金神像的保护,它们是在埃及或其他古代文化中发现的最迷人、最具诱惑力的雕像之一。

由于墓室空间不足,卡诺皮克神龛被放置在相邻的房间,卡特称之为"宝库"。

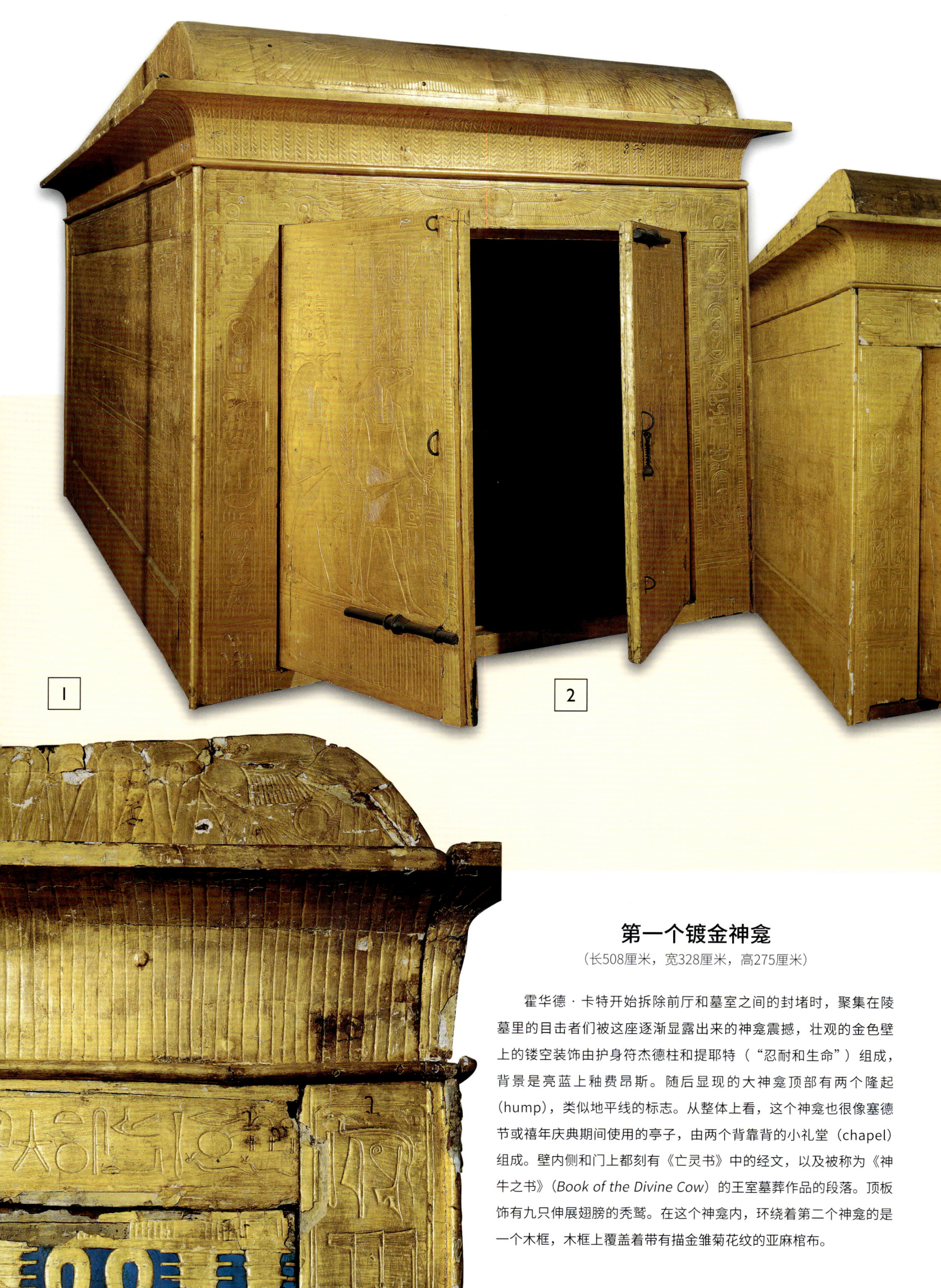

第一个镀金神龛
（长508厘米，宽328厘米，高275厘米）

霍华德·卡特开始拆除前厅和墓室之间的封堵时，聚集在陵墓里的目击者们被这座逐渐显露出来的神龛震撼，壮观的金色壁上的镂空装饰由护身符杰德柱和提耶特（"忍耐和生命"）组成，背景是亮蓝上釉费昂斯。随后显现的大神龛顶部有两个隆起（hump），类似地平线的标志。从整体上看，这个神龛也很像塞德节或禧年庆典期间使用的亭子，由两个背靠背的小礼堂（chapel）组成。壁内侧和门上都刻有《亡灵书》中的经文，以及被称为《神牛之书》（Book of the Divine Cow）的王室墓葬作品的段落。顶板饰有九只伸展翅膀的秃鹫。在这个神龛内，环绕着第二个神龛的是一个木框，木框上覆盖着带有描金雏菊花纹的亚麻棺布。

第二个镀金神龛
（长374厘米，宽235厘米，高225厘米）

在最外侧的第一个神龛和第二个神龛之间，是一个木框，木框上覆盖着带有描金雏菊花纹的亚麻棺布。神龛本身带有倾斜的顶，是传统上埃及神龛的样式。木结构上覆盖着石膏灰泥，上面雕刻着精美浮雕和铭文，然后镀金。内侧和外侧的经文取自传统王室作品，如古王国时期（Old Kingdom）的《金字塔文》（Pyramid Texts），也有更近的作品如《亡灵书》。还有些经文使用了神秘的象形文字，这些文字进行了难以理解的符号转换，大概是为了迷惑国王在来世的旅途中可能遇到的敌对势力。卡特发现了王名圈的变化，他认为这些变化表明是阿玛尔纳时期材料的再利用。但是，那些图案不是阿玛尔纳风格。

第三个镀金神龛
（长340厘米，宽192厘米，高215厘米）

和第二个神龛一样，这个神龛也是上埃及宫殿神龛的形式。在第十八王朝通常的王室陵墓中，各个房间和走廊的墙壁上都有装饰，并刻有选自新设计的王室作品中的绘画和文本，以便让去世的国王在夜间穿越冥界（Underworld），在黎明时分与太阳神结合。图坦卡蒙的陵墓很狭窄，唯一进行了装饰的空间就是墓室，似乎是临时找来给这位早逝国王安葬用的。因此，一些有关神圣穿越的重要经文被刻在大神龛上。在第三个神龛的外壁上，刻有《冥界有什么》（What is in the Underworld）一文中两部分的简写版，其中一小部分绘制在墓室的西墙上。此外，还有《亡灵书》中的一段话，为逝者的卡（ka，死者灵魂的三种形态之一）在冥界提供食物。

第四个镀金神龛
（长290厘米，宽148厘米，高190厘米）

这座神龛有一个拱形顶，采用了前王朝下埃及宫殿神龛的形式。它与石棺紧紧贴合，立在墓室中。石棺的位置并不精确，因此必须对它进行修整，才能将其竖立起来。龛壁上刻有浮雕，浮雕上的神灵密切保护国王的来世及他被制成木乃伊的内脏器官。所有卡诺皮克神像都在其中：伊希斯、奈芙提斯、塞尔凯特和奈特，以及内脏守护神：伊姆塞蒂（Amsety）、杜阿穆特夫（Duamutef）、哈皮（Hapy）和克赫贝瑟努夫（Qebhsenuef）；还有那些王室石棺侧面发现的神灵：两种形态的托特神、盖布神（Geb）、阿努比斯和荷鲁斯（Horus）。主要经文是《亡灵书》中的第17篇训令，这是一篇关于太阳神及其教义的长篇大论，其中有诸多关于太阳神和逝者的评述。

86　卡特和他同事们在图坦卡蒙的墓室中的发现是没有先例的。尽管艾伦·加德纳和卡特曾于1917年发表研究成果，表明第二十王朝拉美西斯四世墓的平面图，强烈暗示出王室墓葬的构成，但是，图坦卡蒙遗体被一系列棺木、一个石棺和四个木制神龛所包围，这完全出乎他们意料。都灵博物馆的纸莎草纸上的标示不清晰，神龛的轮廓让人以为那是石棺的阶梯式平台。第十八王朝和第十九王朝的其他非王室成员墓葬中已经出现了这种嵌套式棺木，其中包括西奥多·戴维斯于1905年发现的泰伊王后的父母尤亚和特居伊的坟墓。然而，卡特没有想到的是，最里面的棺椁竟然是用纯金打造的。他将第二具棺木从第一具棺木中取出，发现剩下的用具异常沉重时，他第一次感觉到其中有什么特别之处。另一个引人注目的发现是，其中一具棺木和石棺很可能本是为早先的墓葬制作的，之后为适合图坦卡蒙而进行了调整

中棺

（长204厘米，最大高度78.5厘米，最大宽度68厘米）

图坦卡蒙精美的外棺由镀金和镶嵌木制成，现安放在帝王谷国王陵墓的石棺中，里面装着国王的木乃伊。

1925年秋天，卡特回到底比斯，他的首要任务是打开棺木，取出并检查木乃伊。令他没想到的是，三具棺木相互嵌套。掀开最外层棺木的盖子时，他发现中间的棺木覆盖着亚麻棺布和花环，它由橄榄、莲花、矢车菊插在纸莎草纸条上做成。经过移除和清洗，棺木呈现出壮观的模样。

棺木是木制的，上面覆盖着金箔。棺身的装饰采用了掐丝珐琅工艺，它是在棺木主体上焊接细长的金条，形成小格子或掐丝板，将彩色玻璃和半宝石镶嵌其上。这些镶嵌物是单独切割以嵌入掐丝板中。深蓝玻璃、浅蓝玻璃和红色玻璃分别代表青金石、绿松石（turquoise）和红碧玉（red jasper）或红玉髓。主要装饰图案是羽毛图案，称为"里希"（rishi），在这里看起来像楔形。在棺木的上部，镶嵌着眼镜蛇（圣蛇）和秃鹫神像，它们伸展翅膀，保护着棺内的躯体。

棺盖上，国王穿着王室服饰，佩戴被称为"内梅什王巾"的头饰，这一头饰在现实中可能是用折叠布制成的。眉心处是两个王室保护神——眼镜蛇和秃鹫的头部。辫状胡须尖部向上翘起，这与死神奥西里斯密切相关。

这里，外棺的国王特征与最内层棺椁的国王特征明显不同，这表明这具棺木最初可能不是为图坦卡蒙制作的。

最内层的棺木

(长187厘米，高51厘米，宽51.3厘米，重110.4千克)

　　从石棺中取出棺木时，发掘人员对棺木的巨大重量感到十分困惑。揭开中棺盖子时，他们发现了第三具用纯金打造的棺椁，谜团得以解开。取出棺内物品并进行清理之后，发现它重110.4千克。这是迄今为止发现的最令人印象深刻的棺椁，除了它的金银价值外，它还是一件杰出的工艺品。头部做工尤其精细，五官明显具备年轻国王的特征。同样，他的眉心处有圣蛇和秃鹫，手握象征着王权的弯钩和连枷。脖子上分别挂着金珠和彩玻璃项链。胸前是一个精致项圈，由11排管状彩色玻璃珠组成。

　　这具棺木放入中棺时，棺木上浇注了大量的沥青树脂，及时地将其牢牢地固定。卡特和他的助手们花费了大量时间来软化和剥离这种材料，以将两具棺木分开。热沥青损坏了一些镶嵌物，弄坏了一些装饰元素，包括作为眼睛的白色方解石。

　　棺椁主体的装饰也是里希风格，但这里采用的是雕镂而非镶嵌的形式。胸部饰有精美的眼镜蛇（瓦吉特，Wadjyt）和秃鹫（内克贝特，Nekhbet）雕像，它们伸展保护性的翅膀。继续往下，腿部两侧是伊希斯和奈芙提斯的精美浮雕像，传统上，她们是死者的守护神、哀悼之神，她们也有保护性的翅膀。在棺木的底部还有一个伊希斯女神的浮雕像，她伸展着翅膀，设计精美，适合现有空间。她跪在代表"金"的符号上，被描述为"伟大的伊希斯，众神之母"。

黄金面具
（高54厘米，重11千克）

古墓中最能激发人们对这位年轻国王产生悲壮与辉煌感受的物件，莫过于这件黄金面具。毫无疑问，它是肖像画的杰作，也是埃及金匠工艺的最高典范。金棺打开时，发掘人员看到的是一具涂满了大量油膏的木乃伊。但是"与涂抹了油膏造成整体阴暗沉闷效果不同的是，国王的头部和肩部覆盖着一个光彩夺目，可以说是富丽堂皇、闪闪发光的黄金面具……"

将面具从国王的躯体上取下来花费了一段时间，由于所有东西都被油膏牢牢固定在棺木中，卡特决定在取出木乃伊之前先对其进行检查。这就需要解开层层包裹，小心翼翼地绘制并取出包裹住的许多珠宝和其他物品。检查时，发现面具主要是将两片金凸起成形后，再经锤击拼接在一起的。面具表面有镂刻细节，并经过抛光处理。面具展现了国王戴着内梅什王巾头饰，上面的条纹镶嵌着蓝色玻璃。眉心处有保护神秃鹫和圣蛇，均为纯金打造，镶嵌玻璃、红玉髓和青金石。

胸前戴着猎鹰饰品的宽项圈上有十二圈珠子，嵌有半宝石和玻璃。逼真的眼睛由白石英和黑曜石构成，眼缘和眉毛镶嵌有青金石。耳垂上穿有耳环，被发现时，耳垂上还覆盖着金箔。

面具的后盖上刻有咒语，旨在保护面具上的各个部位，这些部位与特定的神灵对应：因此，"你的前额是阿努比斯；你的右眼是（太阳神拉的）黑夜之船；你的左眼是白昼之船；你的眉毛是九神之伴"。

卡诺皮克神龛

(高198厘米,长153厘米,宽122厘米)

这个神龛的作用是保护去世国王经过防腐处理的内脏。神龛本身被置于木橇上,位于一个敞开的顶篷下方。所有部件都是木制并镀金的。顶篷的角柱里外都刻有图坦卡蒙完整的称号。柱子支撑着厚重的飞檐,飞檐上有蛇形标记(uraei,uraeus的名词复数)和太阳圆盘组成的楣饰,镶嵌着蓝色、红色和绿色的玻璃。视觉效果蔚为壮观。

每侧的柱子之间各有一个女神像,负责保护内脏容器:伊希斯的标志是她头上的座椅,奈芙提斯的标志是围栏上的篮子,塞尔凯特的标志是一只蝎子,奈特的标志是两把弓。这些雕像构成埃及雕塑中最吸引人的部分。每个女神身体纤细、略显修长,其设计所依据的比例与阿玛尔纳时期的艺术密切相关。每个女神身着紧身短袖褶皱服装,头被一块布遮住,头发垂在后背,在脖子下方被束在一起。最特别的是,每个人的头都向左转,很有吸引力,但很不像埃及人。眉眼处有明显的黑色标记。

神龛本身也有飞檐和蛇形标记楣饰。每一面描绘了一个神(或女神)向对应不同器官的卡诺皮克守护神伸手的场景:伊希斯对伊姆塞蒂,盖布神(大地之神)对杜阿穆特夫,普塔-索卡尔-奥西里斯(Ptah-Sokar-Osiris)对克赫贝瑟努夫,奈芙提斯对哈皮。从这些神像中能再次看到阿玛尔纳风格的影响。尤为显著的是,他们的头部尺寸被夸大了。

102 为保护去世国王的木乃伊而使用的棺木和神龛，其布局类似"中国套盒"或"俄罗斯套娃"——这些容器一个套一个，层层递进。为了保护国王遗体中无法放入棺椁的部分，还有一种类似但不那么复杂的布局。这里的图解清楚地显示了保护元素的顺序。神龛有一个敞开的顶篷，由四位卡诺皮克女神守护，她们的姿势迷人而灵敏。神龛内有一个带盖的卡诺皮克箱，由两块精心分区的方解石制成。打开盖子后，可以看到四个头像。方解石箱中凿有四个圆柱形凹洞，这些头像是凹洞的瓶塞。每一个凹洞都有一个采用掐丝珐琅工艺进行装饰的微型金棺，里面装有制成木乃伊的国王内脏

卡诺皮克箱

（总高85.5厘米，底座每侧各宽54厘米）

已知最早的卡诺皮克箱是为赫特菲勒斯王后（Queen Hetepheres）制作的，她是大金字塔（the Great Pyramid）的建造者契奥普斯（Cheops）的母亲，比图坦卡蒙早一千多年。它由方解石制成，设计非常简单。图坦卡蒙的卡诺皮克箱同样由方解石制成，但设计更为复杂。它放置于卡诺皮克神龛中，被发现时上面盖着一块亚麻布。

在第十八王朝，大多数卡诺皮克箱都有分隔，放置装有内脏的罐子，每个罐子都配一个人头形瓶塞。国王的这个卡诺皮克箱有四个圆柱形的凹洞，用于放置卡诺皮克金棺，每个金棺的顶部都有一个人头形瓶塞。这些头像雕刻精细，用黑色颜料勾勒出一些细节，嘴唇也涂上了胭脂。这些头像似乎是肖像，但属于谁呢？我们有充分的理由相信，这些头像表现的不是图坦卡蒙，但或许是他的前任。这一问题将结合卡诺皮克金棺做进一步探讨。

这个卡诺皮克箱由一块带有纹理的精美方解石雕刻成神龛的样式。它有一个倾斜的箱盖，盖子用绳子穿过钉子固定在箱子上并密封好。箱子立在一个镀金木橇上，下部有镀金台座，上面雕刻着与奥西里斯和伊希斯有关的护身符符号杰德柱和提耶特。箱子的四角以高浮雕的形式雕刻着四位保护女神的形象：伊希斯、奈芙提斯、奈特和塞尔凯特。每个雕像都很特别，折叠在墙角，单臂伸展于箱子相邻的两侧。每个雕像显然几乎是裸体，四肢纤细修长，没有常见的保护性翅膀。箱子每侧雕刻的铭文填满蓝色的颜料，与方解石的蜡黄色形成鲜明对比。这些铭文祈求着四位神灵的保护。

110左 该纯木制夏勃梯戴着宽项圈和金箔臂环,头戴努比亚假发(Nubian wig),上面饰有青铜圣蛇头和秃鹫头

110右 该镀金木制夏勃梯头戴上埃及白色王冠,手持青铜弯钩。身体特征表明这一雕像是女性

111 该蓝绿色的上釉夏勃梯细节用黑色勾勒出来。这是一个监工或工头的雕像,手持特有的连枷和折叠的布

109

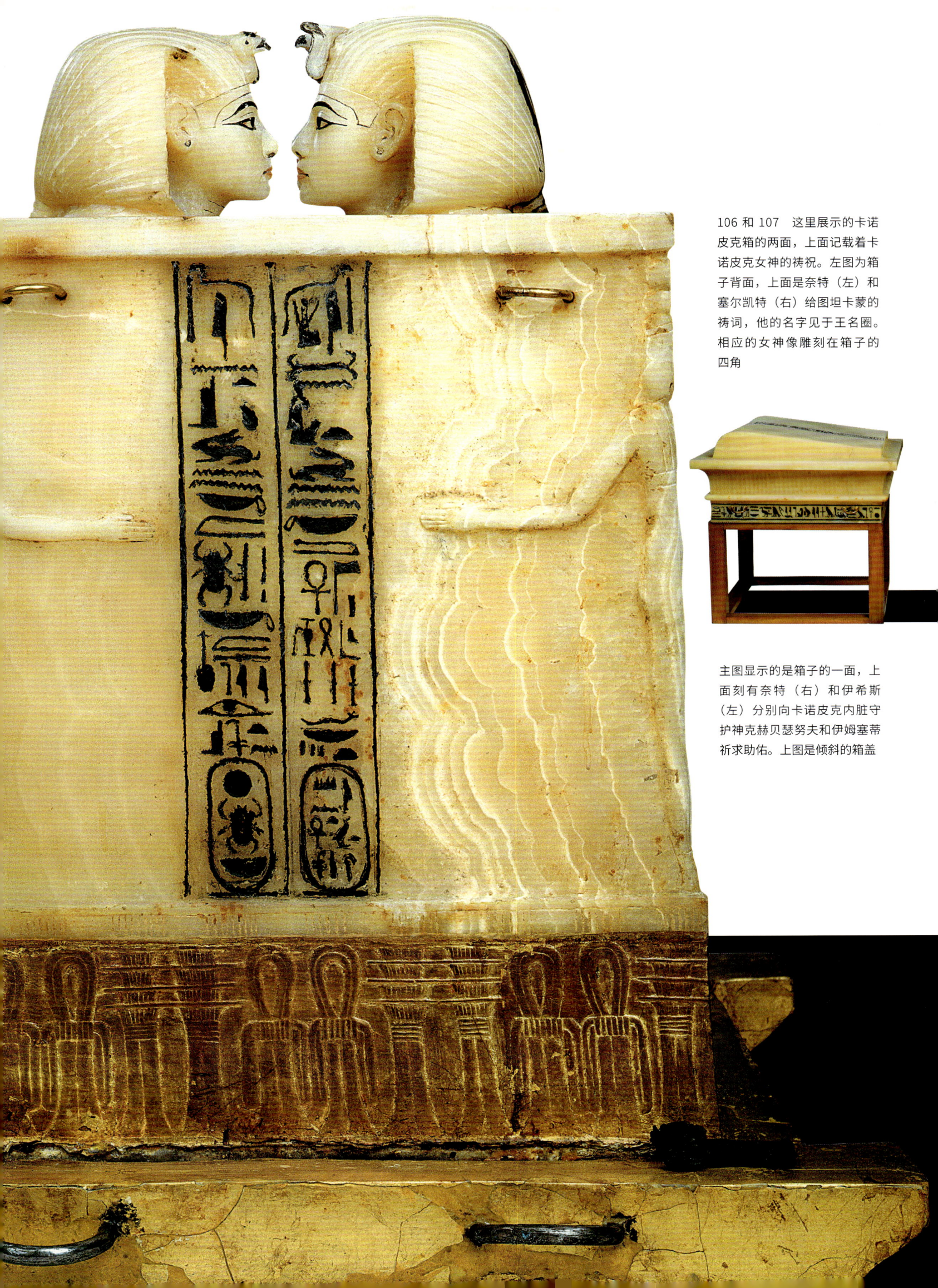

106 和 107 这里展示的卡诺皮克箱的两面，上面记载着卡诺皮克女神的祷祝。左图为箱子背面，上面是奈特（左）和塞尔凯特（右）给图坦卡蒙的祷词，他的名字见于王名圈。相应的女神像雕刻在箱子的四角

主图显示的是箱子的一面，上面刻有奈特（右）和伊希斯（左）分别向卡诺皮克内脏守护神克赫贝瑟努夫和伊姆塞蒂祈求助佑。上图是倾斜的箱盖

卡诺皮克金棺

（高39厘米，宽11厘米，深12厘米）

　　严格来说，卡诺皮克罐一词是不准确的。早期学者将这些人头形罐子与古代神话中一个叫作卡诺珀斯（Canopus）的人联系起来，他是斯巴达王墨涅拉俄斯（Menelaus）船队领航员，后被葬于卡诺坡斯（Canopus），并以人头形罐的形式在当地受到崇拜。然而，图坦卡蒙的内脏并非装入罐子中，而是装入了微型金棺里。这里展示的金棺受到奈芙提斯和奈特的庇佑，里面装着国王的肺，由哈皮守护；国王的胃，由杜阿穆特夫守护。

　　每个小金棺均体现了埃及金匠高超的技艺。它们由纯金打造，大部分棺身覆盖着里希羽毛图案，采用掐丝珐琅技术，在细小的掐丝上镶嵌了独立切割的彩色玻璃。棺身上半部分被两只秃鹫的翅膀包裹着，头顶上方一只的头像是秃鹫内克贝特，另一只的头像是圣蛇瓦吉特。盖子上的一行经文包含了相应神灵的祷祝："我用双臂拥抱体内的一切，我保护我体内的哈皮（或杜阿穆特夫），奥西里斯-王-内布赫佩鲁的哈皮（或杜阿穆特夫），以伟大的神为证。"盖子内侧有相应的神像，呈保护姿态。棺身上有代表国王的长篇咒语。

　　仔细研究发现，棺椁内的王名圈被改动过。修改的痕迹清晰地表明王名圈中的王位名本来是克赫佩鲁雷（Was-kheperure），是图坦卡蒙前任纳芙纳芙鲁顿的王位名。卡诺皮克箱和微型金棺显然最初是为这位前任制作的。它们要么从未使用过，要么是给年轻国王再利用。人头形瓶塞和小金棺上显示出的相貌，与他最内层和最外层棺木及陵墓中许多其他图像所展现出的图坦卡蒙的面貌截然不同，这为再利用的说法提供了有力的证明。

役使雕像

但凡有些财力的埃及人，其葬礼都会有一个木乃伊状雕像，传说它能神奇地协助逝者在来世完成某些体力劳动。在第十八王朝，许多墓葬中都有各种材料制成的精美夏勃梯。在王朝后期，它们开始被称为夏瓦勃梯（shawabtis）。它们通常手持锄头、镢头和篮子等劳动工具。

极少存世的第十八王朝国王的夏瓦勃梯都是精良制作的典范。但在图坦卡蒙陵墓中发现的夏勃梯数量之大，让发掘者们始料不及：总计413件，大部分存放在黑色漆箱中，11套在宝库（176件），14套在附室（236件），还有一件从附室"逃出"的雕像在前厅被发现。凡有名称的雕像都被称为夏勃梯。对413这个数字的普遍分析认为，365人负责单日值班，36人负责监督十人以上的组，12人负责每月值班。然而，要将这一分配运用于雕像本身并不容易。这些雕像在材质、尺寸、肖像和铭文方面存在巨大差异。有些是纯木制的，用黑色颜料强调了一些细节；有些使用金叶（gold leaf）点缀，以突出其他部分；有些是木制的，但全部镀金。还有许多不同色釉的费昂斯作品；有些是石雕——采用方解石、石灰石、花岗岩等。还有许多头饰，在所有主要王室冠饰上都有体现。有些带有王室徽章，但通常没有劳动工具。但在宝库和附室中也发现了大量金属制、陶制和木制的锄头、镢头、轭和篮子模型。

最精美的雕像是大型木雕，包括将军、王室抄书吏纳克特敏（Nakhtmin）或称明纳克特（Minnakhte）（五个）和司库马亚（一个），这些雕像在国王的葬礼上象征其属下献上的生死不渝的忠诚。

戴蓝色王冠的夏勃梯

(高48厘米)

　　这尊夏勃梯雕像并不普通。它本身就是一件精美的小雕塑，用一种纹理紧密的木材制成。大体无装饰，但在宽项圈、头带、蛇形标记及连枷上使用了金叶进行点缀。雕像为木乃伊状，头戴蓝色王冠（Khepresh）。眼睛和眉毛用黑色画出，瞳孔上涂有白色颜料。他手持象征王权的弯钩和连枷，身体上的两行文字包含部分常见的夏勃梯经文，在经文中，夏勃梯受逝者控制，如果逝者在来世被征召从事田间劳作，夏勃梯要代他负责相关事务。特别有趣的是雕像脚下简短的文字："仆人所制，其主所爱，将军明纳克特，敬献。"有五尊夏勃梯上有类似铭文，这是其中之一，表明它们是为图坦卡蒙的葬礼而制作的，以表示明纳克特的敬意，这也解释了它们为什么被雕刻得如此精美。

戴努比亚假发的夏勃梯
（高54厘米）

手持两个连枷的夏勃梯
（高52厘米）

从某些方面看，陵墓出土的夏勃梯纯木制或是适当镀金的木制品，比那些大量镀金的夏勃梯在艺术上更有吸引力。这件雕像尤为精妙，传递出一种非凡的尊贵感。它是一尊简单的木制木乃伊状雕像，雕刻精美，适当的镀金突出了整体效果。有细的金头带、非常显眼的金箔项圈和一个金手镯。头饰很有趣。这是一种假发，有时也被称为努比亚假发，带有一些王室的意味，男女都可戴。例如，在金神龛上描绘的场景里，一些非正式场合中，如国王带着王后在长满纸莎草的沼泽射鸟，图坦卡蒙就戴着这样的假发。通常被称为阿玛尔纳窖藏墓的帝王谷55号墓中，一组卡诺皮克罐的瓶塞上就有这样的假发，它们可能属于一位女性。该窖藏墓中的棺木也有这样的假发。这成了一个谜。该夏勃梯的眉心处不是只有蛇形标记，而是出现了秃鹫和圣蛇的双重标记。一段相当完整的夏勃梯经文占据四列，覆盖整个雕像。

这个纯木制夏勃梯带点镀金，它与同类雕塑在很多方面都有所不同。首先，它双手持有镀金青铜连枷。无法确定它放置在墓中时是否如此配备，因为至少可预期其中一个连枷本应该是青铜弯钩。这样，这尊雕像才真正配备了王室标记。然而，戴在头上的努比亚假发却没有任何王室标记——圣蛇，或在许多较大的图坦卡蒙夏勃梯中同时出现的秃鹫头与圣蛇标记。除了镀金连枷，黄金还用于胸前的多珠项圈及手腕上的手镯。假发和眉毛之间用一条细细的金带隔开。与其他一些大型木制夏勃梯一样，这一雕像上有四列纵向文字，包含相当完整的第十八王朝夏勃梯经文，如果亡王被召唤去做苦役，雕像将会被召唤代替亡王行事。

由明纳克特呈献的夏勃梯

（高52厘米）

这尊夏勃梯是由大将军明纳克特为国王葬礼献上的五尊夏勃梯中的另一件。这些献礼表现了对年轻国王真正的忠诚和深情的虔敬，这位国王英年早逝，未曾招致敌手刃难他。与其他敬献的夏勃梯类似，它也是简单地由木头制成，只用了少量的金饰：这里是一条细细的头带和一个镀金的青铜圣蛇。所携带的两件王权象征物中，弯钩是铜制的，而连枷则是镀金青铜制作。这件作品的雕刻者是一位真正的雕刻家。国王的特征被刻画得非常细腻和精准，因此，有充分理由认为古代工匠的目的不仅仅是展示国王的头像，而是要刻画图坦卡蒙的肖像。图坦卡蒙头戴带有蓝色条纹的内梅什王巾。他的胸前有一个宽大的项圈，交叉的手臂部分挡住了浅雕的一只伸出翅膀的巴鸟，这只巴鸟是入土后灵魂可以进出陵墓的形态。完整的夏勃梯经文占据了躯干上六个竖列。

来自前厅的夏勃梯

（高51.6厘米）

发现于图坦卡蒙墓中的大量夏勃梯雕像被放置在两个房间，即宝库和附室，大多成组地存放在涂有黑漆的神龛形状的箱子里。不过，有一个被发现散落在前厅，它很可能是从附室的箱子里搬来的，没有被古墓盗贼拿走，大概是因为上面没有什么值钱的东西。尽管如此，这是一件带有很好镀金效果的精美木制作品。内梅什王巾头饰是整个法老时期国王最常佩戴的一种半王冠，在这件作品中，它是镀金的，但眉心处的秃鹫头和圣蛇头则是未镀金的青铜。通常情况下，埃及国王只在眉心佩戴蛇形标记，那是下埃及保护神瓦吉特的化身。不过，图坦卡蒙同时佩戴秃鹫头的情况并不少见，那是上埃及的保护神内克贝特的化身。图坦卡蒙的右拳握有一根精心制作的镀金连枷；可能原先有一根弯钩，现在已经不复存在了。整个躯干刻有四列经文，涂有黄漆的文字包含了相当完整的夏勃梯经文。

戴努比亚假发的镀金夏勃梯

（高54厘米）

在宝库一个涂有白漆的箱子里，找到了15个风格各异的夏勃梯，这是其中一个。这件作品是这组完整带有《亡灵书》第6篇训令夏勃梯经文的代表。雕像本身是木制的木乃伊状。除了这种形制下未被绷带覆盖的身体部位，即面部、颈部和手部，通体镀金。面部雕刻细腻，眼部细节用黑色画出，眼白涂成白色，嘴唇淡淡地涂上了胭脂。它戴着一顶乌木制紧贴的努比亚短假发，紧致的卷发上有清晰的标记；一条金色发带环绕顶部。眉毛上的饰带也是金的。胸前和肩上有显眼的宽项圈。左手持有略显不协调、非常普通的铜弯钩。没有连枷，但墓中散放了许多弯钩和连枷，其中一些属于像这样的夏勃梯。上面有四列夏勃梯式经文。

戴红色王冠的夏勃梯
（高63厘米）

　　该雕像是在宝库的箱子里发现的最后一尊夏勃梯，是陵墓出土的王室代表作之一。这里，图坦卡蒙即使死后也是国王；他头戴所谓的红色王冠，这是埃及最古老的王冠之一。普遍认为它用薄铜制成，泛着淡红色，可算作"红色"。这种王冠一般从后部垂直的突起部伸出带有弯曲末端的延长细线。但由于难以雕刻，在石材的三维表现中，往往被省略。在木制作品中，可以添加上金属，但在这里没有。没有也似乎不是问题。这里，眉心处有圣蛇标记。国王的五官以黑色勾勒，嘴唇涂上了胭脂。它右手持镀金青铜连枷，左手持青铜弯钩。整尊雕像除脸部和手部外，通体镀金。身体往下有两列缩略版的夏勃梯经文。

戴白色王冠的夏勃梯
（高61.5厘米）

　　这是一尊精美的夏勃梯雕像，雕像中的图坦卡蒙非常年轻，头戴白色王冠，几乎与上一尊雕像成一对，均出自宝库的同一个箱子。不过，两者之间有一个明显的区别：上一尊雕像眉心处只有一个圣蛇标记，而这尊则有青铜制的圣蛇和秃鹫头。我们无法确定这两尊带有单个和双重保护神的国王雕像之间是否有明显的区别。这一问题似乎不太可能解释为制作工匠的一时兴起，但目前也没有其他解释。与出自同一箱子的其他夏勃梯一样，除了脸部和手部保留了天然木质之外，通体镀金。一个与众不同的特征是，雕像右侧扬起的眉毛，使其脸部呈现出有些诧异的表情。王室标记物中只有弯钩保留下来。躯干刻有四列夏勃梯经文。

传统形式的夏勃梯

（高26厘米）

在附室其中一个涂着黑漆的箱子里，发现了22件镀金木制夏勃梯。这件作品是第十八王朝夏勃梯的常见形式，身体呈木乃伊状，头戴埃及考古学所称的"三边假发"（tripartite wig）：这种造型中，两部分厚重的长发垂在脸部两侧，直至胸部上方，第三部分垂在后背。它多用于丧葬场合，并且经常作为头饰出现在棺木上。整尊雕像包括脸部和手部在内都镀了金，脸部的一些细节用黑色勾画。同样，胡须也是如此，并且特别长。它手持锄头和篮子，受召唤从事农业劳动，这应该是一个用于劳作的夏勃梯。上面没有夏勃梯经文，只有一列文字，写着国王是"拉的肉身之子"，"防腐室中的这个人，是阿努比斯之爱"。

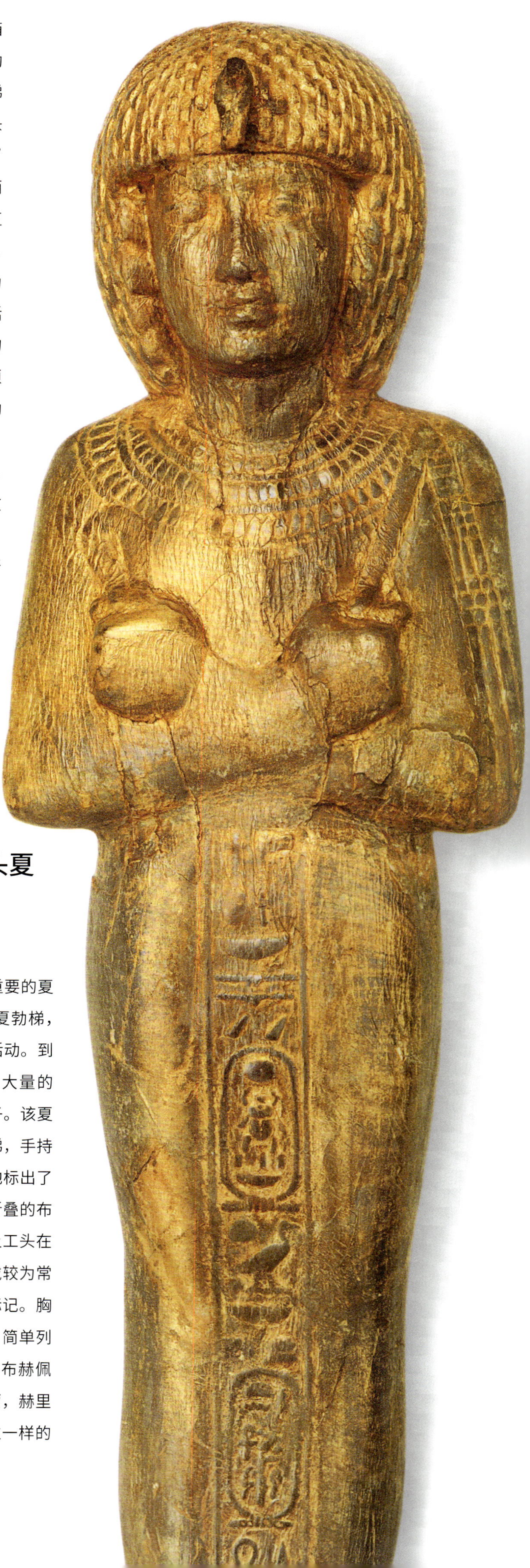

戴努比亚假发的工头夏勃梯

（高32厘米）

这是一个在丧葬雕像中较为重要的夏勃梯之一。它是一个工头或监工夏勃梯，其任务是监督普通夏勃梯的劳动活动。到了后来，即使私人墓葬也常出现大量的夏勃梯，那时的工头雕像手持鞭子。该夏勃梯及陵墓出土的其他工头夏勃梯，手持的工具是鞭子或连枷，这里仔细地标出了鞭子的各股。另一只手持有一块折叠的布条，用途不详——很可能是为了让工头在不小心弄脏手时擦手用！雕像头戴较为常见的努比亚假发，眉心处有圣蛇标记。胸前有宽珠项圈。身体有一列文字，简单列举了王衔："善神，两地之主，内布赫佩鲁，拉之子，冠冕之主，图坦卡蒙，赫里奥波里斯南部统治者，被赐予像拉一样的生命。"

有王室胡须的夏勃梯
（高25厘米）

夏勃梯的惯常形态是木乃伊状。它是奥西里斯的亡灵，因此，它一般没有胡须，或者有胡须的话，是长辫子状胡须，胡须尖上翘，这是奥西里斯特有的胡须。这尊夏勃梯在其他方面并不特别，不过，胡须是直的，上面画有横线，这种胡须通常是国王的装扮。这样的胡须在图坦卡蒙的夏勃梯中并不罕见。这尊劳作夏勃梯是木制的，通体镀金，并用黑色颜料做了一些勾勒，如三边假发上的条纹、眼睛、眉毛以及胡须上的横线标记。身体上的细节轻描淡写，但可以看出有宽项圈，双手持锄，没有篮子。身体有一列文字，在刻框的顶部有代表"天"的符号："善神，两地之主，内布赫佩鲁，拉之子，冠冕之主，图坦卡蒙，赫里奥波里斯南部统治者，被赐予生命。"

镀金工头夏勃梯
（高32厘米）

另一个工头或监工夏勃梯，木制，镀金程度相当高。这里，他呈现国王的形象，眉心处的圣蛇标记附在另一种头巾——卡塔（khat）上，这似乎是王室专用的头饰。从形式上看，它不是严格意义上的王冠，而是某种头巾，紧紧套在或许是特制的假发上。它是否布制不得而知。它很整洁，外观与众不同，但它并不是明显的权威象征。脸部的细节在一定程度上被镀金所掩盖，即便如此，它还是给人传递出极为平静的感觉。没有胡须。脖子上戴着宽珠项圈，手持折叠布条和连枷或鞭子，这些都是图坦卡蒙的监工夏勃梯所握权力的象征。在一列文字中，图坦卡蒙被称为"善神，两地之主"及"拉之子"，他"被赐予像拉一样的生命"。

戴蓝色假发的夏勃梯
(高23厘米)

在宝库中发现的富丽堂皇、精雕细琢的夏勃梯中,还有许多简单得多的雕像。他们构成了劳动力的主体,在被召唤时,他们会执行死者要求的任务。即使是国王,死后似乎也无法避开这些日常杂活。这尊夏勃梯来自宝库的一个箱子中,是一组23个夏勃梯之一。它由木头制成,装饰非常简朴:三边假发涂成蓝色,前面垂下的两边假发末端涂成白色。国王生前留有的那种长长的铲形胡须是黑色的,眼纹也是黑色的。宽项圈的表面用白色示意,没有细节描画。显然,在上乘之作中,假发和衣领的白漆区域会被镀金。单列文字描述国王为"善神,冠冕之主"及"索卡尔-奥西里斯之爱"。索卡尔是孟斐斯地区的亡灵神。

戴绿色假发的夏勃梯
(高22厘米)

该夏勃梯是在宝库的一个黑漆箱子里发现的,是一组15个夏勃梯之一,这是一个简单的劳动力雕像。由相当普通的木头制成,涂了漆。它首先被涂上了一层白漆,之后用其他颜色添加细节和文字。头上戴着涂成浅绿色的三边假发,上面有深绿色的条纹。脸部特征用黑色勾画,长长的王室胡须也是黑色。夏勃梯的装饰和工具细节用红色颜料绘制:胸前有多重项圈,其外侧有一排水滴形珠子;手腕上画有手镯或手链;手持锄头和篮子,准备做杂活。躯干前方有单列文字,写于顶部有"天"符号的框线内:"善神,内布赫佩鲁,防腐室中的这个人,是阿努比斯之爱。"

无工具的夏勃梯
（高22厘米）

这尊木制夏勃梯雕像造型普通，上了极少量的彩绘。三边假发本身并没有像其他简单的雕像那样上色：只在裸露的木头上用蓝色勾勒出条纹。眼睛、眉毛及带有边带的胡须都涂成黑色。竖排文字也直接用蓝色涂在木头上，这些相当标准的语句置于顶部有"天"符号的框线内，上面写着："善神，两地之主，内布赫佩鲁，永远被赐予像拉一样的生命。"手部没有绘制任何工具，但这尊夏勃梯同墓中其他许多没有工具的夏勃梯一样，在来世清理沟渠、搬运沙子时不会不带工具。在宝库和附室的夏勃梯箱中，发掘者发现了散放于墓室供夏勃梯使用的1866件微型工具——有锄头、镢头或镐、带轭的篮子等，这些工具由青铜、费昂斯和木头制成。宝库有793件，附室有1073件。

极简装饰的夏勃梯
（高23.4厘米）

纯木制的朴素往往比金碧辉煌的奢华更能满足人们的审美需求。这件雕像表面看似朴实无华，实际上却是木雕艺术的典范。这里，只有一些基本细节，却栩栩如生。它与另外19件木制夏勃梯一起发现于附室的一个箱中。头上的三边假发没有上色，也没有细节；脸部的眼睛和眉毛以黑色勾画出，胡须侧边的带子固定着国王生前留有的黑色长铲形胡须。腕上的手镯和手中拿着的锄头和篮子都是用细细的红色彩线绘制的。躯干前方往下有蓝色颜料绘制的单列文字，带有框线，顶部有"天"符号。图坦卡蒙的王名圈上都有文字，他是"善神，两地之主，快乐的拥有者"，他是"拉之子""被赐予生命"。装有这尊夏勃梯的箱子里还装有100件微型工具，为那些没有任何工具的雕像提供装备。

戴镀金假发的夏勃梯
（高26.2厘米）

一些简单的劳动力夏勃梯因雕刻的某些细节和特征而与众不同。这件出自宝库的作品展示了从一件相对普通的物品中产生的趣味。它是木制的，用颜料突出了一些特征。首先，它的脸部轮廓非常鲜明；它与图坦卡蒙的外貌只有一点点相似，眼睛的细节用黑色勾勒。胡须很长，是王室胡须的样式，胡须底端涂成白色。镀金的三边假发，其条纹涂成黑色。没有宽项圈。双手持有涂成黑色的锄头和篮子。它们被描画得非常特别，尤其是篮子的结构，它们的手柄串在手腕上。无框的单列白色彩绘文字，写着："拉之子，图坦卡蒙，赫里奥波里斯南部统治者，被赐予像拉一样的生命。"

头部镀金的花岗岩夏勃梯
（高15.5厘米）

图坦卡蒙陵墓中发现的大部分夏勃梯都是木制的，有些完全镀金，有些部分镀金。石雕像并不常见，其中，这件黑色花岗岩雕像很特别。它比木制夏勃梯比例更匀称，身体的细节更多的是暗示，而不是清晰的雕刻。毫无疑问，这是因为石质坚硬。头饰为镀金的卡塔头巾，眉心处有一个青铜圣蛇标记，内嵌蓝色和红色。眼睛和眉毛用蓝色颜料勾勒，内部细节使用白色和黑色。简单的国王称号轻刻于该夏勃梯的正面。思考这一时期王室夏勃梯所使用的材料，是一个有趣的话题：为阿蒙诺菲斯三世制作的夏勃梯很多都是蛇纹石（serpentine）；从埃赫那顿墓中出土的许多残缺不全的古物可以看到，为阿肯纳顿制作的夏勃梯使用了许多不同的石头。图坦卡蒙突然去世，可能意外激增了快速生产的需求，而木制夏勃梯可以被更快地制作出来。

戴白色王冠的石灰岩夏勃梯
（高20.7厘米）

这尊夏勃梯由硬质密纹的淡黄石灰岩制作而成。这是在附室的一个盒子里被发现的，是两件夏勃梯中的一件，那里还有其他12件夏勃梯和27件铜制或青铜制微型工具。所有雕像都用石头制作而成，从软质石灰石到坚硬的花岗岩，共五种不同的石材。黄色石灰岩在埃及的东部和西部沙漠都有发现，但这种矿藏无法用于建筑。这件相当朴素的雕像展示了木乃伊状的国王，他的双手从裹布中伸出来，没有任何王室服饰（regalia）。他头戴埃及的白色王冠，该冠恰如其分地被涂成白色。眉心处的圣蛇标记有最为新奇的标记：眼镜蛇扁颈的细节处有一些用蓝色和红色颜料填满的小凹陷。眼睛和眉毛用黑色进行勾勒，嘴唇上也有红色的痕迹。非常简单的黑色文字写着："善神，两地之主，图坦卡蒙，赫里奥波里斯南部统治者，被赐予生命。"

石灰岩夏勃梯

(高28厘米)

装有该件夏勃梯的箱子盖上写有一段简短的象形文字:"里面装有光滑的黄金和木制夏瓦勃梯(mry-wood shawabtis)"。箱子里发现了15件夏勃梯,其中八件是镀金的,三件纯木制品,四件石制品,还有75件模型工具。有趣的是,在这些手写体文字中,雕像被称为夏瓦勃梯,形式上取代了更古老的夏勃梯形式。图坦卡蒙的雕像本身通常使用这个词。这里的象形文字书写者相当新潮。这件精美的雕像头戴三边假发,眉心处有圣蛇标记。手持高浮雕雕刻的弯钩和连枷。细节部分用黑色颜料进行了少量装饰:圣蛇上的盘圈(coil)和扁颈(hood)处、眼睛、眉毛、耳朵以及头带的线条。嘴唇淡淡地涂上了胭脂,胡须和胡须边带为黑色。在简单的铭文中,列出了国王的王位名和通常的起始王衔,他被描述为"奥西里斯之爱,伟大的神"。

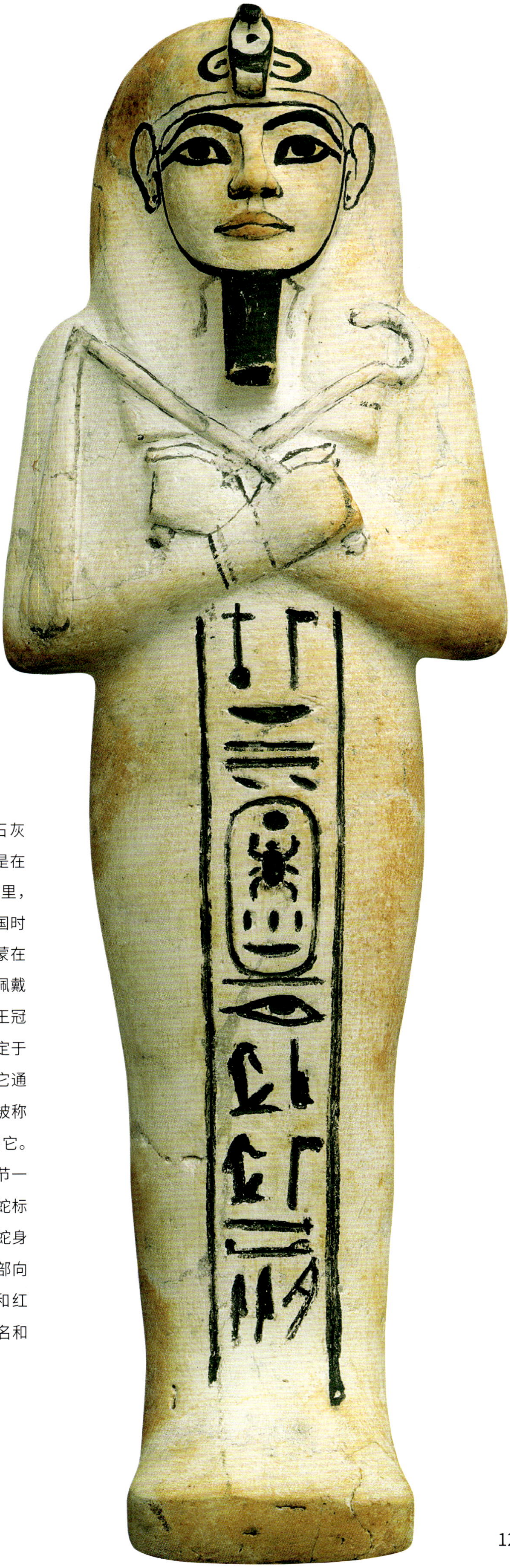

戴蓝色王冠的石灰岩夏勃梯

(高22.5厘米)

这尊夏勃梯使用的是黄色石灰岩;和前一件夏勃梯一样,它也是在附室中的一个箱子里发现的。这里,国王头戴蓝色王冠,这是在新王国时期新出现的王室头饰。从图坦卡蒙在彩绘盒和镀金神龛上的场景中所佩戴的头饰,可看到它的最新形式,王冠饰有可能是金属制的小圆圈,固定于可能由皮革制成的王冠主体上。它通常显示为蓝色,由此得名。它也被称为战冠,因为国王在战场上戴着它。在这尊夏勃梯中,王冠和脸部细节一样被涂成黑色。蓝色王冠上的圣蛇标记通常展现为眼镜蛇扁颈后方的蛇身盘成好些圈,尾部沿着王冠的前部向上延伸。这里,扁颈内嵌蓝色和红色。简单的文字列出国王的王位名和王衔"善神,两地之主"。

绿松石上釉工头夏勃梯
（高30厘米）

附室中的一个箱子里装有16件费昂斯夏勃梯，其中六件是工头或监工，这比与之相邻的卑微劳动力所需要的监工数量多得多。显然，在劳动力中平均分配工头的人数没被特别注意。到一定时候，他们都会通过神奇的方式知道冥界的秩序，并按照要求列队出现。这是一件特别精美的工头夏勃梯，显示出引人注目的尊严；人们甚至可以从他的神情中察觉到威严，他手持象征着权力的连枷，人们能想象出他自如挥舞连枷的样子。他另一只手持着折叠的布。他戴着有圣蛇标记的卡塔头巾，脖子上戴着宽项圈，最外侧一排是水滴形珠子。细节用黑色描画，包含图坦卡蒙王名圈的简单铭文也是黑色，写有：他是"善神，两地之主"和"拉之子，冠冕之主"。该夏勃梯的材质为优质高密度费昂斯，上面淡淡上了一层绿松石蓝釉。

浅蓝费昂斯夏勃梯
（高17厘米）

费昂斯这种材料更准确来说应为上釉石英砂（quartz frit），古埃及人从最早的历史时期就开始使用。小型模制物品非常适合这种制造工艺，而夏勃梯雕像就是这类物品，从第十八王朝起开始生产。在后期，大多数夏勃梯是用费昂斯制作的，通常使用的釉料与图坦卡蒙墓中的这件及其他许多件作品所使用的釉料非常相似。在阿蒙诺菲斯三世和埃赫那顿统治时期，优质玻璃及上釉物品的生产质量达到了顶峰，并发展出各种颜色。这件夏勃梯的颜色并不特别，但它仍然是少量上釉的典范。雕像头戴三边假发，细节用黑色勾勒。胡须长，是王室胡须的样式，手中没有任何工具。文字列出了简单的国王称号及王位名，"被赐永生"。

非王室夏勃梯
（高17.5厘米）

在这些夏勃梯雕像上刻的常规文字中，雕像与有名字的逝者之间会进行身份确认。当逝者被召唤服苦役，夏勃梯就会替逝者高呼："我在这里。"那么，匿名夏勃梯又是什么呢？图坦卡蒙墓中发现了六件这样的雕像，其中三件在宝库，三件在附室。它们都与本件夏勃梯相似，浅蓝色釉，头戴三边假发，没有工具，在八九条横线中用黑色书写了完整的夏勃梯经文。没有指明逝者的名字。这些雕像造型精美，但似乎不是阿玛尔纳晚期或图坦卡蒙统治时期的风格。看来它们有可能制作于阿玛尔纳早期，或者甚至是阿蒙诺菲斯三世统治时期，作为应急使用的库存雕像。但是，为图坦卡蒙的葬礼已经制作了几百件夏勃梯，为什么还要把它们用在图坦卡蒙身上呢？谁知道呢？

戴努比亚假发工头夏勃梯

（高30厘米）

这尊工头雕像使用了两种色调的蓝釉，黑色用于细节处理。它是工头夏勃梯之一，与那件绿松石上釉夏勃梯一样，被发现于附室中的同一个箱子里。虽然两者有很多相同之处，但它并非对另一件的复制。这尊雕像头戴努比亚假发，假发上有成排紧密的小卷。眉心处有圣蛇标记。胸前有一个五排珠子的项圈，手持其职务的标志——连枷和折叠布。虽然从木乃伊包裹中伸出的手和手臂的造型都很细致，但这两件工具描画得很粗浅。浅蓝色釉面上单列文字包含的铭文与其他工头的相似。与该墓的许多夏勃梯一样，文字非常简单，没有祈求在冥界执行必要的任务。

带文字错误的夏勃梯
（高15.5厘米）

附室中的一个箱子里装有八个木制工头雕像，其中一些镀了金，还有31个劳工身份的紫釉费昂斯夏勃梯，及32件微型铜制工具。这件夏勃梯在这组中很典型，但也具有一些与众不同之处。三边假发上的条纹是浅蓝色釉制，文字也使用了同样的颜色，是在图坦卡蒙夏勃梯上所发现最短的那种。内容包括他的王位名、王衔"善神、两地之主"及"被赐予生命"。王名圈中的王位名有一处书写有误。符号应为从上到下，一个太阳圆盘、一只带三道笔画的圣甲虫，"三"意味着复数，底部是一个篮子。这里省略了代表复数的三道笔画，巧妙地将王位名从"众神之主（拥有者）是拉"改变为"神之主是拉"，这种微妙的神学区别可能会在来世引起争论。

带安卡（ANKH）符号的夏勃梯
（高16.4厘米）

无论是在肖像还是铭文方面，王室夏勃梯不一定遵循夏勃梯传统的简单规则。为埃赫那顿制作的夏勃梯，上面的文字非常简短，目前还没有发现哪件作品上带有摘自《亡灵书》的传统夏勃梯经文。埃赫那顿避免使用奥西里斯式的夏勃梯观念，这并不奇怪；他甚至考虑过使用夏勃梯，这才令人吃惊，不过它们的功能被转用于太阳神相关。到图坦卡蒙这里，夏勃梯又恢复了它的冥界功能；奥西里斯不再受到憎恶。这件朴素的紫釉夏勃梯带有简短的文字，可以认为是埃赫那顿传统，紧握的双手出现瓦斯符号，更能支持这一观点。这一特征在许多埃赫那顿的夏勃梯身上都能找到。底比斯的阿蒙神祭司注意到这点了吗？

个人祭祀用品

图坦卡蒙陵墓中的物品非同寻常地庞杂，对其进行简单的分析是远远不够的。许多物品似乎与埋葬一位王室神圣人物的主要目的关系不大。有些物品似乎是为了扩大原本看起来可能"微不足道"的随葬品规模而放置的。为什么会有这么多家具，这么多普通的床，这么多装满亚麻布、衣服和珠宝的箱子？感觉像是搬运者被告知要把宫殿储藏室里所有不需要的东西都清走一样。是不是依照习俗，所有的物品都应该带有逝者的名字？遗憾的是，我们对埃及人在这方面的丧葬礼仪知之甚少。不过，墓葬中的其他物品对于去世的国王来说一定具有重要的个人意义，有些甚至可能具有现在还无法理解的仪式意义。嵌套式棺木就是这样一个例子，除了其他物品，其中还包括一具小棺木，上面写着埃赫那顿的母亲泰伊王后的名字，里面装着一绺头发。这只是一个纪念品还是传家宝，抑或具有更大的意义？类似的问题也适用于下面要说明的其他物品。

其他未在此配图说明的物品会让人禁不住问这是涉及丧葬礼仪，还是个人虔敬？例如，有两套微型棺木被放置在宝库的纯木制箱子里，这又是为什么呢？里

面有两具木乃伊胎儿,都是女性早产儿。这些可怜的小尸体虽未完全变成木乃伊,但已被小心翼翼、虔诚地准备好安葬。普遍认为他们是图坦卡蒙和安克姗海娜蒙的孩子,但亲子关系尚未得到令人满意的证实。他们之间的关系一定非常密切,因此,有理由将他们的尸体放置在陵墓中最神圣、最重要的地方。在这座非凡的古墓中,具有不为人知的意义的物品何其多也!

128—129 图坦卡蒙躺在他的灵柩上,这具木乃伊被猎鹰和巴鸟的翅膀护卫着,巴鸟是他死后可以自由出入的灵魂。这件木雕的制作者巧妙地利用了木材的天然纹理

国王蹲坐金像

（高5.4厘米，链长54厘米）

这件迷人的国王小雕像是在稍后介绍的微型棺木中发现的。它是用纯金铸造的国王蹲坐的形象。他头戴蓝色王冠，一只手持有王室标记连枷和弯钩。该金像体现不出一丝年轻的痕迹，因此，很难不认为它所呈现的是一个成熟的人。遗憾的是，没有铭文可以确定它表现的是哪位国王。由于它是与泰伊王后的一绺头发一起被发现的，卡特认为它是阿蒙诺菲斯三世，雕像和那绺头发都是作为"传家宝"被放入墓中的。就这尊雕像而言，支持这一观点的证据并不多。有观点指出，这尊雕像的耳朵上穿有耳环，这在埃赫那顿统治之前的王室耳饰中是没有的。该雕像被设计成吊坠佩戴，背面的环穿有金链用于悬挂；金链的两端没有搭扣，但有带穗亚麻绳用作系绳。雕像的颈部挂着一条细小的玻璃珠项链。似乎没有理由认为这里表现的是图坦卡蒙以外的其他人，除了装饰作用外，这件物品的意义并不容易确定。

蓝玻璃国王像

（高5.8厘米）

在前厅发现的一箱物品中，除其他物品外，还有图坦卡蒙部分胸甲（corselet）及这件小雕像。与墓中的许多其他物品一样，它在陵墓随葬品中没有明显的位置。它展示的是一个王室人物，头戴蓝色王冠，就像左边的金像一样蹲坐着。他的右手指放在嘴边，这种姿势在古埃及通常与年轻人，特别是年轻的荷鲁斯相联系，那是埃及国王生前所信奉的神。那么，这件小雕像可能是孩提荷鲁斯的形象（后世称为哈波克拉底，Harpocrates）或是国王小时候的形象，很可能就是图坦卡蒙，但卡特认为可能是埃赫那顿。这是一件罕见的第十八王朝的玻璃雕像，圆雕人物，几乎可以肯定是模制的，再用研磨材料加工而成。玻璃本身是半透明的，而非透明，该陵墓中的许多镶嵌物、珠子、护身符等玻璃几乎都是不透明的玻璃，这件雕像体现了与之不同的成分。埃及蓝玻璃的颜色主要通过铜化合物获得，但也有一些例子显示出钴作为着色剂的痕迹。

灵柩上的国王

(长42.2厘米,宽12厘米,柩高4.3厘米)

该雕像的雕刻风格和艺术手法与图坦卡蒙最好的木制夏勃梯相同,这件雕像被发现装在宝库的一个小木箱中,四周垫有亚麻布。它展示了国王作为一具木乃伊躺在殡葬床上,床形是两只拉长的狮子状,狮头立在国王旁边。国王呈木乃伊状,戴内梅什王巾头饰,头饰上的条纹为黑色,上面有镀金圣蛇标记。这是雕像上唯一的镀金部件,因此,效果非常醒目。躯干轻刻宽珠项圈,可以看到它被猎鹰和象征着自由出入灵魂的人头巴鸟的翅膀护卫着。写有文字的条带按照木乃伊绑带的纹路,上面写有天空女神努特(Nut)的传统长篇神谕及简短的祷祝,表达国王受四位卡诺皮克守护神,以及阿努比斯、奥西里斯和荷鲁斯的"崇敬"。灵柩侧面的文字说明这件雕像由王室司库马亚为国王制作,他自己的陵墓就在萨卡拉。他还敬献了一件精美的木制夏勃梯雕像作为陪葬品。

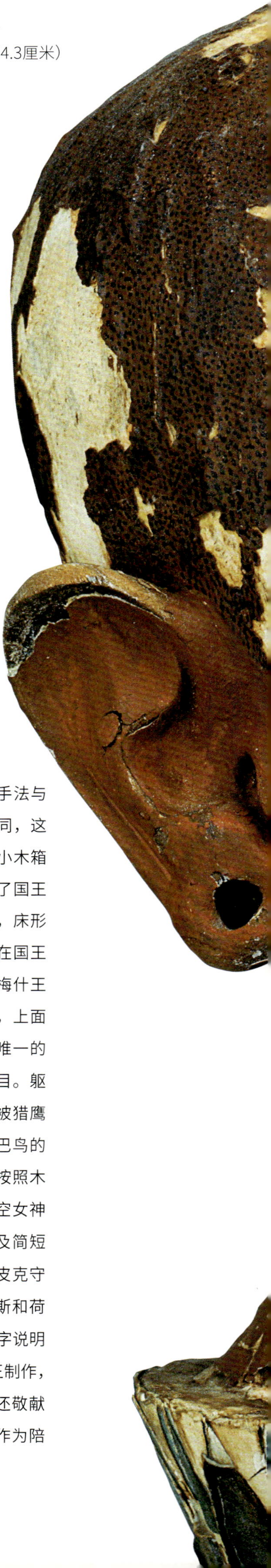

莲花上的头像
（高30厘米）

这件头像是图坦卡蒙墓中最吸引人的作品之一，是木雕的杰作。它构思简单，或许具有较为复杂的宗教意义，但作为一件艺术品亦极具吸引力。它在陵墓中具有什么功能、放置在哪里，已不得而知。发掘者在进入陵墓通道的碎石下发现了它，估计是古代盗墓者丢弃的，因为他们认为它没有价值。古埃及并不存在非法的艺术品交易。在这件木雕中，一个孩童的头像从盛开的莲花中露出来，一般认为，它代表了年轻的太阳神在时间之初的诞生，之后，一座高丘从被称为"努恩"（Nun）的混沌之水中升起，莲花在此萌发。由此，它可以追溯至地球成形、太阳神诞生的遥远时代。在这种微妙的表现形式中，太阳神被赋予了图坦卡蒙的特征，采用了非常符合阿玛尔纳传统的造型艺术，他也具有埃赫那顿和纳芙蒂蒂的孩子们拉长的头骨特征。这件木雕上覆盖着一层薄薄的棕色石膏灰浆，眉毛和眼睛周围是蓝色的。

微型棺木和微型棺盖

（棺木：长78厘米，宽26.5厘米；棺盖：长74厘米）

在宝库中发现的嵌套式微型棺木，是图坦卡蒙随葬品的一大谜团。外棺涂有黑漆，上面刻有金带和其他镀金部分。下文将对它及棺内物品所引发的谜团予以介绍。第二具棺木被凝固的油膏牢牢地固定在外棺上，密不可分。不过，棺盖可以取下，如图所示。这很容易让人联想到装有图坦卡蒙木乃伊的纯金棺椁，但它的细节和华丽程度却不及相应的全尺寸棺椁。国王呈木乃伊状，戴内梅什王巾头饰，但眉心处没有圣蛇标记。这件作品是木制的，在石膏灰泥上镀金，只眼部和眉毛使用的黑色轮廓衬托出金色。两只秃鹫的保护翅膀环绕着雕像的躯干，它们可能代表两位哀悼女神——伊希斯和奈芙提斯。与全尺寸棺椁一样，躯干下方的文字是国王的祷词："哦，我的母亲努特！你铺盖在我身上，将我放入你体内不朽的星辰中，让我不再死去。"

上文描述的微型棺木采用了第十八王朝棺木的标准形式，而不一定是王室成员的专属形式。它的脖子上有一个精致的宽项圈，手臂下方有一只展翅的秃鹫。躯干前方往下是给努特的部分传统祷词。这套微型棺木最引人关注的是棺中的发现。首先有一个亚麻布包，里面装着一尊纯金的国王像，正如上文提到，很可能是图坦卡蒙的雕像。其次，里面还有第三个普通的小木棺，内有第四个小木棺，它裹着亚麻布，上面涂满了油膏。而这最后一具棺木里有一绺头发——卡特浪漫地将它描述为赤褐色的头发。这具小棺木长约12.5厘米，上面的文字写着"伟大的王妻泰伊"，她的名字刻在王名圈上，并祈祷三位一体的丧葬之神普塔-索卡尔-奥西里斯提供食物、饮品等一切好处。因此，可以合理地推断出这根头发属于泰伊，出于虔敬被放入图坦卡蒙的墓葬中。但这并不一定表明泰伊就是他的母亲。这个问题太耐人寻味了！

135

祭祀家具及物品

136 梅赫特-韦雷特（Meht-weret）祭祀长台上其中一只狮子的头像。木质底座上覆盖着镀金石膏粉，鼻子和眼泪的蓝色细节由蓝色玻璃制成。眼睛精巧地使用半透明的石英石来展现

137 亡灵的吞噬者阿穆特（Ammut）祭祀长台上两只河马之一的头像。牙齿由象牙制成，舌头由染了粉红色的象牙制成。眼睛使用了半透明石英石和黑色玻璃

卡特进入古墓时，眼前是一片混乱，主要是古代入侵者造成的。并非所有的混乱都是由盗墓者造成的。葬礼过后，墓室被封时，各房间似乎也并没有保持整洁有序的状态。但是，在这些乱七八糟的箱子、家具和战车中，矗立着三个巨大的镀金木制长台，显然未被移动和损坏。这些长台离地面很高，由坚固的长方形底座牢牢支撑着。它们是镀金的，不可能用作真正的床而未受损坏。在帝王谷其他墓葬的墙壁上也可以看到类似的长台，在被盗墓葬的残骸中也发现了长台的碎片。它们肯定在国王的来世活动中扮演了重要角色，可能是国王木乃伊前往极乐世界（heavenly destination）的交通工具。每张长台上都简单铭刻着"奥西里斯·内布赫佩鲁"字样，这一名称证实了它们是为已故国王制作的，而不是在其生前使用的。

在墓室中还发现了两件奇怪但明显具有仪式感的物品。在早期，它们与丧葬之神伊姆尤特（Imyut）——"裹在绷带里的人"相关，后来，如这里所述，则与木乃伊制作的神圣监督者——阿努比斯有关。它们显然具有强大的魔力。

墓中发现的其他重要物品，很可能也是必备物品，包括一套魔法砖和一张奥西里斯床。这些未经烧制的泥砖上刻有魔法咒语，被放置在墓室四壁隐秘的壁龛中。每块砖上都固定有一个指定的护身符。宝库里的奥西里斯床等待着王的复活。它由一个近两米长的框架组成，是奥西里斯的形状，里面填满了尼罗河的泥土，并种上了谷物，种子的发芽将标志着国王作为奥西里斯的复活。

伊希斯-迈赫特（ISIS-MEHTET）祭祀长台

（高188厘米，长208厘米，宽128厘米）

两头拉长的牛雕像构成了这张华丽长台的两侧。后腿和前腿分别插入涂有黑色油漆的普通底座的孔中。牛身之间长台的垫子通过钩子固定，这些钩子嵌入动物身体内侧的青铜钉中。牛头上的角和圆盘与伊希斯女神的常规头饰非常相似。牛尾部镶嵌的竖板上有护身符，它们由护身符符号杰德柱和提耶特组成，代表忍耐和生命。动物尾巴摆动成几乎完整的圆形。除底座外，整个长台覆盖着石膏灰泥并镀了金。台身的三叶形装饰由深蓝色人造宝石（paste）制成，眼睛由半透明石英制成，细节处有彩绘，轮廓用蓝色玻璃勾勒。垫子横板上的铭文包含在一个拉长的王名圈中，旨在确定这些牛所代表的神灵。

内容如下："愿善神永生，愿他永存，两地之主，他影响奥西里斯的王权，上埃及之王，内布赫佩鲁，伊希斯-迈赫特之爱，以此为证。"这里有些混乱。这个神圣的名字可能属于一个狮子女神，然而有一个名叫迈赫特的牛神经常与伊希斯联系在一起。但是，铭文中的"伊希斯-迈赫特"这一名称是由一个象形文字确定的，该象形文字显示了一个坐姿、带牛头的神。这可能是古代撰写铭文的抄书吏弄错了。但似乎可以肯定的是，这里的神灵是牛，而不是狮子。

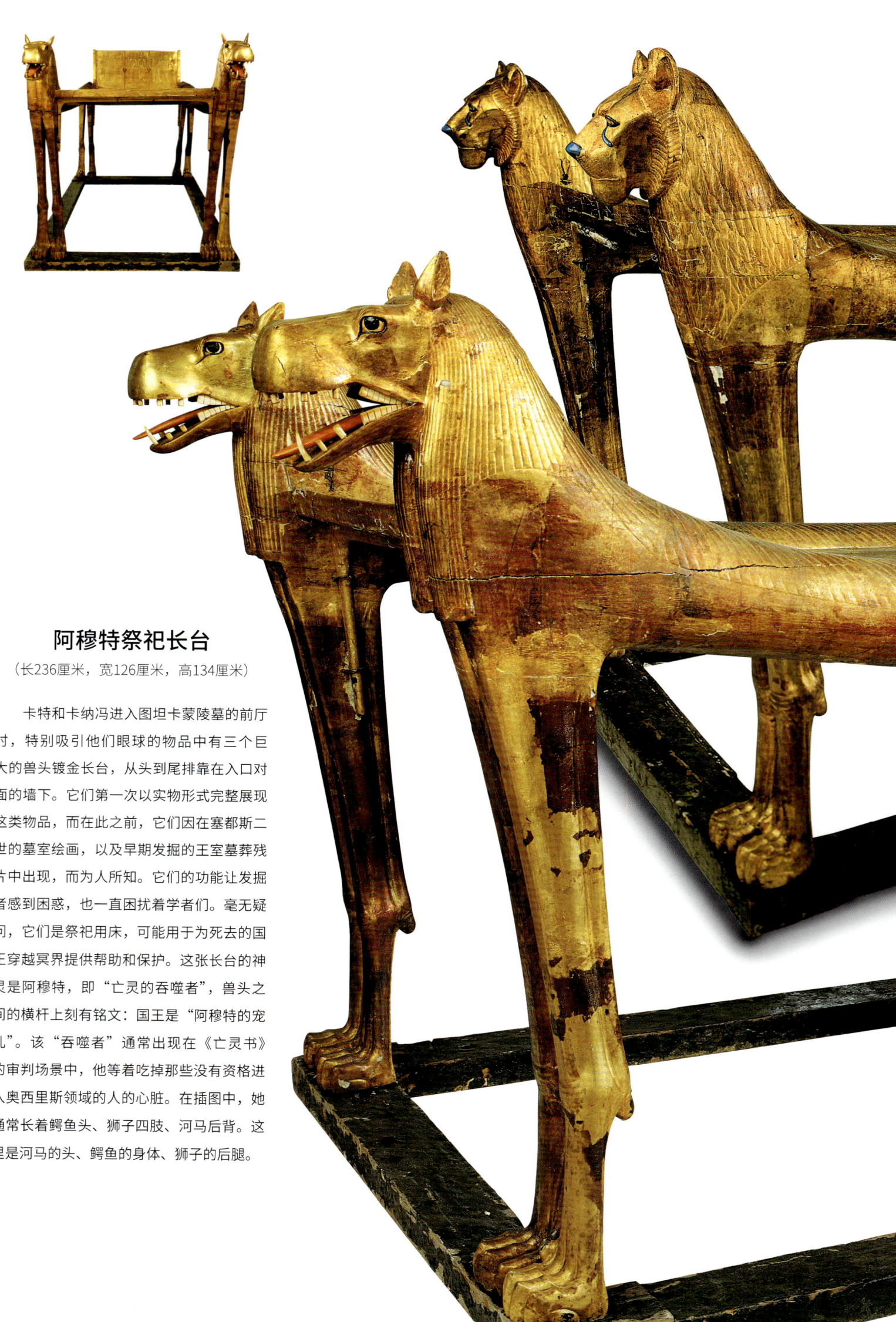

阿穆特祭祀长台

（长236厘米，宽126厘米，高134厘米）

卡特和卡纳冯进入图坦卡蒙陵墓的前厅时，特别吸引他们眼球的物品中有三个巨大的兽头镀金长台，从头到尾排靠在入口对面的墙下。它们第一次以实物形式完整展现这类物品，而在此之前，它们因在塞都斯二世的墓室绘画，以及早期发掘的王室墓葬残片中出现，而为人所知。它们的功能让发掘者感到困惑，也一直困扰着学者们。毫无疑问，它们是祭祀用床，可能用于为死去的国王穿越冥界提供帮助和保护。这张长台的神灵是阿穆特，即"亡灵的吞噬者"，兽头之间的横杆上刻有铭文：国王是"阿穆特的宠儿"。该"吞噬者"通常出现在《亡灵书》的审判场景中，他等着吃掉那些没有资格进入奥西里斯领域的人的心脏。在插图中，她通常长着鳄鱼头、狮子四肢、河马后背。这里是河马的头、鳄鱼的身体、狮子的后腿。

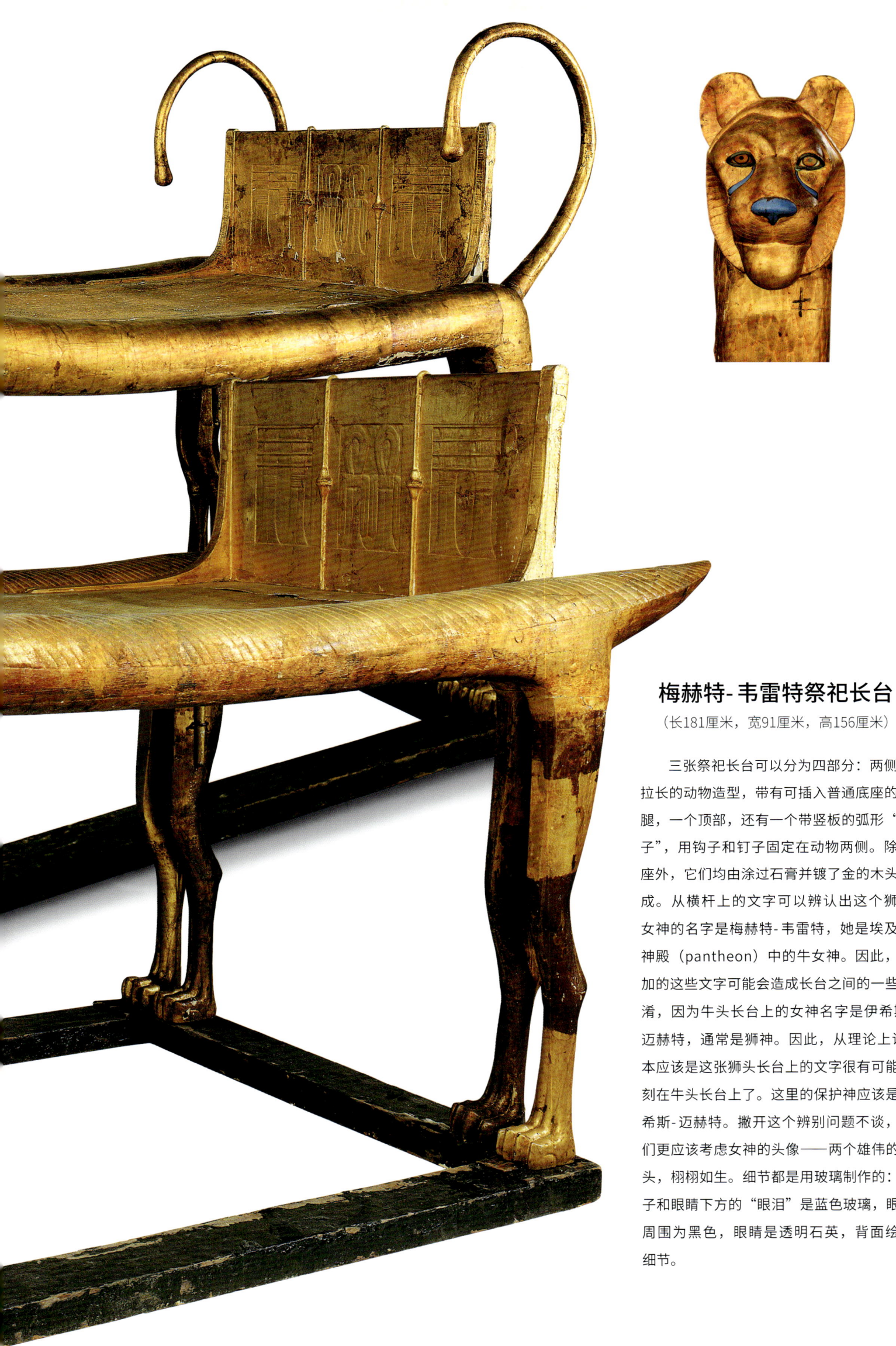

梅赫特-韦雷特祭祀长台

（长181厘米，宽91厘米，高156厘米）

三张祭祀长台可以分为四部分：两侧是拉长的动物造型，带有可插入普通底座的长腿，一个顶部，还有一个带竖板的弧形"垫子"，用钩子和钉子固定在动物两侧。除底座外，它们均由涂过石膏并镀了金的木头制成。从横杆上的文字可以辨认出这个狮子女神的名字是梅赫特-韦雷特，她是埃及众神殿（pantheon）中的牛女神。因此，添加的这些文字可能会造成长台之间的一些混淆，因为牛头长台上的女神名字是伊希斯-迈赫特，通常是狮神。因此，从理论上说，本应该是这张狮头长台上的文字很有可能被刻在牛头长台上了。这里的保护神应该是伊希斯-迈赫特。撇开这个辨别问题不谈，我们更应该考虑女神的头像——两个雄伟的狮头，栩栩如生。细节都是用玻璃制作的：鼻子和眼睛下方的"眼泪"是蓝色玻璃，眼睛周围为黑色，眼睛是透明石英，背面绘有细节。

装有雏鸟和鸟蛋的罐盖
（宽13.4厘米）

  这个罐盖的迷人之处，或许无需太多解释。它被发现于附室，可能属于附室或前厅发现的其中一个香水瓶。这件作品包括带碟子的扁平罐盖，象征鸟巢。同巢中的四个蛋一样，它们都是用方解石制成的。而小雏鸟则用木头制成，涂有淡淡的奶油棕色，细节部分用黑色绘制，包括雏鸟的羽毛。它的舌头是用染成粉色的象牙做成的。雏鸟刚从蛋里出来，伸了伸懒腰，拍了拍稚嫩的翅膀。这里是否可以引用阿顿颂歌来表达阿玛尔纳时期人们对自然的情感？"蛋中的雏鸟在喃喃低语；你给它空气，使它存活；你让它长大，使它能打破蛋壳；它破壳而出，讲述它的完成；它破壳而出，用双脚，继续行走。"

  学者和公众对埃赫那顿的宗教革命及其在一神教历史中的地位非常着迷，这表现在他们会从一些物品中寻找联系和推测的理由，这些物品也许只是对一些有趣题材的简单展示。正如这只雏鸟！

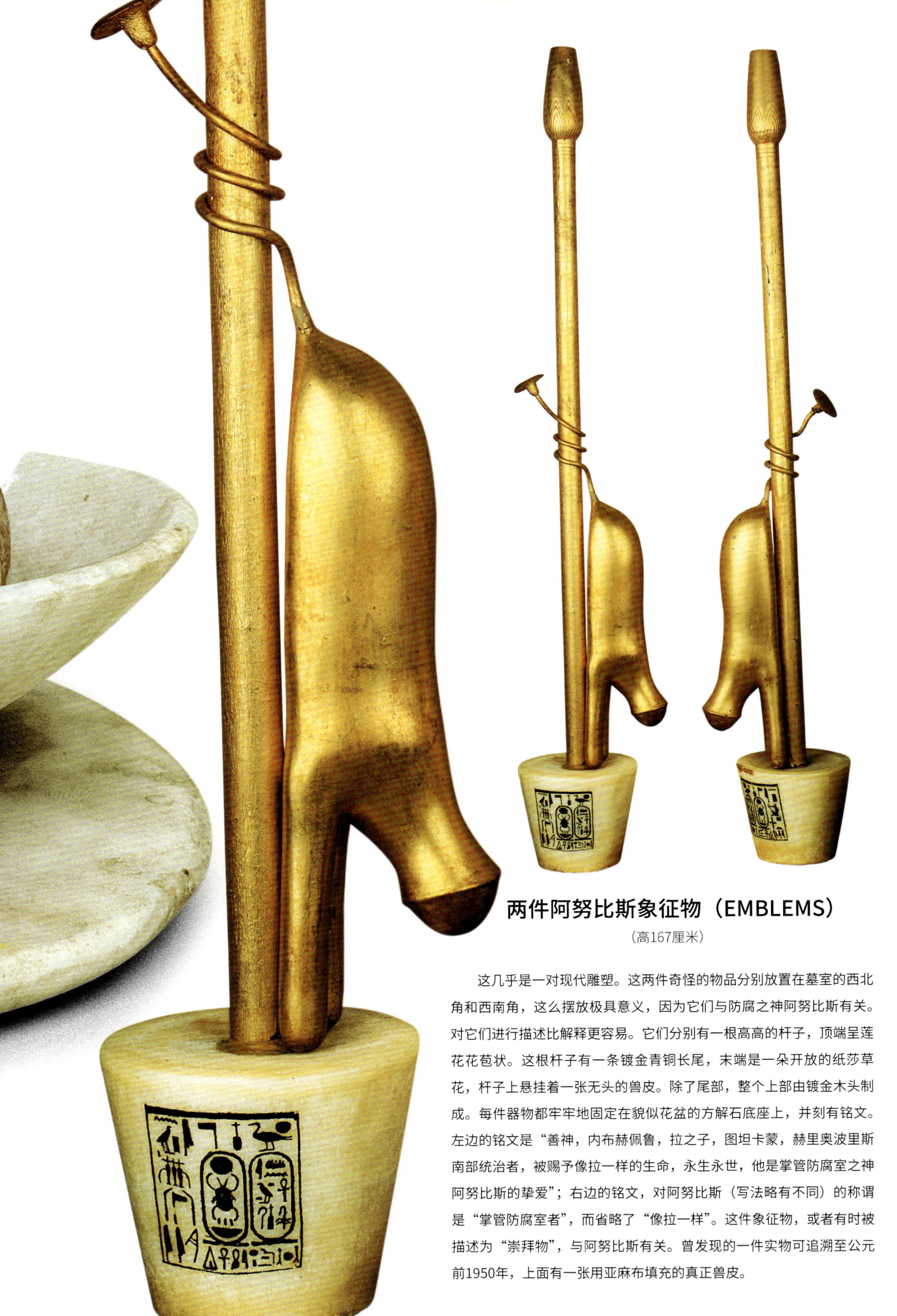

两件阿努比斯象征物（EMBLEMS）
（高167厘米）

　　这几乎是一对现代雕塑。这两件奇怪的物品分别放置在墓室的西北角和西南角，这么摆放极具意义，因为它们与防腐之神阿努比斯有关。对它们进行描述比解释更容易。它们分别有一根高高的杆子，顶端呈莲花花苞状。这根杆子有一条镀金青铜长尾，末端是一朵开放的纸莎草花，杆子上悬挂着一张无头的兽皮。除了尾部，整个上部由镀金木头制成。每件器物都牢牢地固定在貌似花盆的方解石底座上，并刻有铭文。左边的铭文是"善神，内布赫佩鲁，拉之子，图坦卡蒙，赫里奥波里斯南部统治者，被赐予像拉一样的生命，永生永世，他是掌管防腐室之神阿努比斯的挚爱"；右边的铭文，对阿努比斯（写法略有不同）的称谓是"掌管防腐室者"，而省略了"像拉一样"。这件象征物，或者有时被描述为"崇拜物"，与阿努比斯有关。曾发现的一件实物可追溯至公元前1950年，上面有一张用亚麻布填充的真正兽皮。

拟人神像

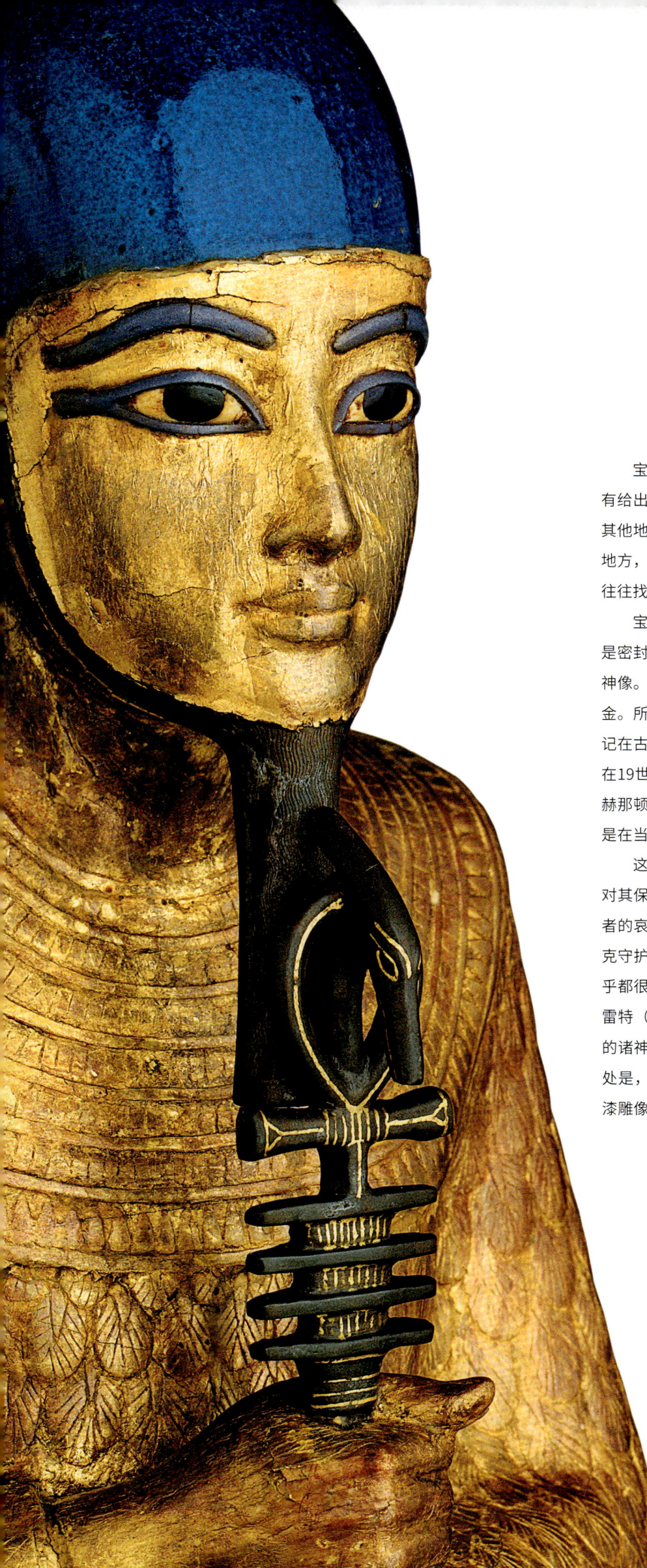

宝库中有许多具有魔法和仪式意义的物品，学者们还没有给出令人满意的解释。它们为什么被放在这个房间而不是其他地方？解释可能很简单，就是这些材料必须存放在某个地方，而这个墓室的空间非常有限。人们会想探究原因，但往往找不到有用的答案。

宝库里有22个神龛式样的黑箱子，双开门，被发现时是密封的。箱内装有国王雕像、具有动物属性的神像和人形神像。所有雕像都是木制的，大部分都涂有石膏灰泥并镀了金。所有雕像都用亚麻布包裹，上面有标记和日期。这种标记在古埃及很常见，这无疑是由王室管家安排的，他们就像在19世纪的宅第里做的事一样。其中一些日期可以追溯到埃赫那顿统治初期，但这并不一定意味着所包裹起来的雕像都是在当时制作并遮盖的。

这些人形神像是一个奇特的组合。有些是与已故国王及对其保护密切相关的神灵，如伊希斯和奈芙提斯，他们是逝者的哀悼之神；还有阿图姆和普塔等宇宙之神，以及卡诺皮克守护逝者肝脏的神——伊姆塞蒂。所有这些出现在墓中似乎都很合适。但还有其他一些神，如头顶坐姿国王像的门卡雷特（Menkaret）和马穆（Mamu），他们在埃及数量庞大的诸神中，鲜为人知，可能并不重要。还有一个令人费解之处是，出现了一个手持叉铃（sistrum）的年轻人的两个黑漆雕像，人们认为这可能是哈索尔的孩子伊希。

144 鲜为人知的马穆神像的上半部分，这是在宝库中发现的物品之一。神像呈木乃伊状，留着奥西里斯特有的胡须。生动的脸部是阿玛尔纳后期的风格

145 造物神普塔是思想之神，他的主要崇拜中心在孟斐斯，这是一座出类拔萃的埃及名城。他所佩戴的无檐便帽由蓝色费昂斯制成，手持一根镶金铜杖

伊希神像

（高63.5厘米）

这尊引人注目的黑漆雕像被存放在宝库一个神龛式样的箱子里，这个箱子里还有两尊头戴红色王冠的国王镀金雕像和两尊乘坐芦苇船、手举鱼叉的国王雕像。通过它们之间的关联，可以推测这件雕像同样表现的是国王的形象。遗憾的是，这件雕像的身份没有铭文予以明确。有人认为这是国王的少年时期，带着青春的痕迹；但更普遍的看法是，他是伊希，是丹德拉（Dendera）的哈索尔和埃德夫（Edfu）的荷鲁斯的孩子。伊希的形象通常是戴着一串莫那特（menat）项链，手持叉铃。这里，他右手所持的正是独特的镀金叉铃。叉铃与哈索尔尤为相关，从这位年轻的神手持的叉铃，可以看到她独特的头像。叉铃的顶部有一个神龛形状的部分，在真实的乐器中，这部分放置着金属棒和圆盘，摇动时，它们会发出咔嗒咔嗒不成调的声音。在国王作为王室神子诞生的仪式中，伊希扮演着辅助角色。这尊雕像的眼睛和眉毛都镶嵌了黄金。

舒（SHU）神像

（高74厘米）

这尊精美的神像存在一个有关身份确认的小问题。在陵墓宝库发现的其他大多数神像中，底座上的文字将图坦卡蒙描述为雕像所代表神的"挚爱"。这尊神像的文字写着："舒，荷鲁斯坚实的臂膀"。国王本人经常被描述为荷鲁斯坚实的臂膀，但在这里，似乎是将舒与荷鲁斯的这一形态联系在一起。这仍然是一个悬而未决的问题。这里似乎主要表现的是舒。他是古埃及最有名的原始神之一，是赫里奥波里斯-九柱神（Ennead）之一，是阿图姆的儿子，妻子是泰夫努特（Tefnut）。他是空气之神，其职能是将大地和天空分开。这尊镀金木雕像将他表现为木乃伊状，头戴双层羽毛的头饰，留着奥西里斯特有的胡须，胡须与眼睛和眉毛一样被涂成黑色。

塔-塔（TA-TA）神像

（高65厘米）

与墓室箱子中其他一些神像一样，这尊雕像也有一个有关身份确认的问题。底座上有清晰的黄漆铭文，提及国王的名字："善神，内布赫佩鲁，以此为证，是塔-塔之爱。"这也是卡特确认身份的神，他可能得到了艾伦·加德纳或他的文字顾问——詹姆斯·亨利·布雷斯特德有关埃及学的支持。塔-塔的写法就好像是一个神的名字，而且根据这些神像上其他类似文本的模式，国王是他的"挚爱"。在庞大的埃及众神中，很难找出拥有这个名字的神。有理由怀疑，塔-塔是对"两地"之神的拟人化，因为在埃及语中，塔（ta）是土地的意思，"两地"指的是南方和北方。这也解释了为什么这件雕像头戴上埃及的白色王冠。如果这一推理是正确的，那么该神的称呼应该是"塔维"（Tawy），在埃及语中是"两地"更为准确的表达。

普塔神像

（高60.2厘米）

在宝库发现的镀金神像中，有不少生动地表现了孟斐斯地区的神祇。这是普塔，是整个王朝时期最重要的孟斐斯神。他就像他之前的神、原始神——塔特金恩（Tatjenen）一样，是一位创世神，被视为工匠的守护神。底座斜端标明他的身份为普塔"真理之神"，底座本身以"真理"的象形文字为形式。底座的文字也提及了图坦卡蒙的名字。该神通常呈木乃伊状，无头饰，但戴一顶无檐便帽。躯干是木乃伊状，上面有刻纹，像是披上一件满是羽毛的衣服。他还戴着宽珠项圈。雕像镀了金，除脸部外，其余为紫红色的那种金。头上的帽子用蓝色费昂斯制成，眼睛用蓝色玻璃勾勒，直须为镀金青铜。他手持青铜瓦斯权杖，融合了代表生命的瓦斯符号与代表忍耐的杰德柱符号。在埃及众神中，普塔在屈指可数的几位主神中占据重要地位。他被特别尊崇为一位正直的智慧之神，三千多年来声望从未减弱。

与他在孟斐斯的神庙有关的是古老的"神牛阿匹斯"（Apis bull）崇拜，它是该神的表现，这种崇拜在法老时代（Pharaonic Period）的最后几个世纪尤为兴盛。

阿图姆神像
(高63厘米)

　　这座神像底座上的黄漆铭文表明该神为"活神阿图姆"。该神像是放置于宝库黑漆箱子里的镀金木制神像之一。在埃及众神中，阿图姆是真正的重量级大神。在这里，他的造型非常简单，从外部标志如王冠、头饰或是特定的神装上，无法辨识其身份。神像呈木乃伊状，佩戴多排宽珠项圈，没有胡须，眼睛用黑色颜料勾勒。其名字阿图姆可能意为"不存在的人"或"完整的人"。将该名字解释为"无差别者"，也许不是最确定的，但却是最可接受的。然而，事实上，阿图姆绝非一个不确定的神，他在埃及诸神中一直占据首要地位。在埃德夫神庙一个较晚的文本中，荷鲁斯被描述为"你是阿图姆，面容俊美的形象，塑造了九柱神的躯体"。阿图姆确实是赫里奥波里斯九柱神之首。他自己创造了舒（空气）和泰夫努特（湿气），两者结合生下了盖布（大地）和努特（天空）。最后一对结合，生下了奥西里斯和伊希斯、塞特（Seth）和奈芙提斯，形成了完整的九柱神。阿图姆，尤其是作为阿图姆-拉与太阳神联系在一起，仍然是至高无上的神。

动物神像

古埃及人崇拜动物神的说法已得到确认，这也许无可辩驳。确实，许多埃及神都呈动物形态或具有动物头像。事实上，许多木乃伊状动物的存在，尤其是猫、狒狒和狗，还有公牛、猎鹰、蛇、小型哺乳动物，甚至昆虫，表明当时人们对有关动物的崇拜。许多神以动物的面貌出现，或者在某些方面以动物的形态出现。就连伟大的太阳神在每天日出时也会以圣甲虫凯布利的形象出现。阿蒙神可能以鹅或公羊的面貌示人。神的书写者——托特神可能作为朱鹮或狒狒的形象出现。这些神的显相方式背后的合理性难以确定。在大多数情况下，与动物的联系可以追溯到很早以前，到了第十八王朝，对于埃及人来说，它们的意义甚至可能已经消失了。

宝库中的一些黑漆箱子里有动物神像，其中一些很难解释。那些卡诺皮克守护神的放置是合情合理的。狮头神塞赫美特（Sakhmet）并不特别具有丧葬用途，但可能是作为伟大的创世神普塔的妻子出现的。不过，他们并没有作为夫妻被放在同一个箱子里。神龛上令人印象深刻的阿努比斯豺狼是防腐之神，它被非常恰当地放置，守护着宝库中的卡诺皮克神龛。附近是镀金牛头的哈索尔，她从西方出现，就像一些宗教纸莎草纸所述，西方是逝者要去的地方。还有一些神像则不太容易解释，比如与丧葬相关的一些更为人所知的神并没有出现，这很奇怪。为什么代表阿蒙神的黑漆鹅出现在墓室？或者，为什么第10个上埃及省阿佛洛狄忒坡里斯（Aphroditopolis）的两个圣蛇标记出现在前厅？可以得出这样的结论，陵墓中许多东西的放置都具有偶然性，而不是提前计划好的。

150 防腐之神阿努比斯豺狼造型优雅却充满威胁。它被安置在宝库中,看守卡诺皮克神龛所藏之物

151 阿蒙神之鹅是一个引人注目的黑漆形象,鹅喙镀金;它是放置在宝库中的圣物之一,标志着底比斯恢复了阿玛尔纳时期之前的崇拜

塞赫美特神像

（高55.2厘米）

这尊神像底座上的黄漆铭文写有塞赫美特。它是发现于宝库中神龛式样的黑漆箱子中的镀金神像之一。塞赫美特，"强者"，是普塔的妻子，她的主要神殿位于孟斐斯。不过，她也与其他女神相提并论。在卡纳克的姆特女神庙中，她的存在尤为明显，在阿蒙诺菲斯三世统治时期，这里竖立了数以百计的塞赫美特雕像。她在图坦卡蒙墓中出现，更可能是孟斐斯的渊源。在这里，她坐在一个有羽毛图案的宝座上。她本人穿着一件优雅紧身的衣服，衣服上有细致勾画的花朵图案。神像的鼻子是用黑色玻璃做的，头上戴着一个太阳圆盘。神龛里，披在她身上的亚麻布上写着"哈拉克提（Herakhty）以阿顿的舒之名"，这是埃赫那顿统治时期对阿顿的早期称谓。

杜阿穆特夫神像

（高58厘米）

四位卡诺皮克守护神也在宝库发现的镀金神像之列。这尊神像使用了紫色或红色金叶，眼睛和眉毛用黑色颜料勾勒。底座也被涂成黑色。这些卡诺皮克守护神早在古王国时期的《金字塔文》中已为人所知。他们通常呈木乃伊状，直到第十八王朝，他们才具有人头。后来，其中三个守护神被赋予了动物的头，只有伊姆塞蒂保留了人头。这里的杜阿穆特夫是豺狼头，这个身份可能非常古老。在常规的木乃伊制作过程中，各种内脏器官被分派给特定的卡诺皮克守护神，一般认为，杜阿穆特夫负责管理逝者的胃。但有证据表明，他应该负责管理脾脏。考古学或病理学证据都不是决定性的，因为古代用油膏处理过的干燥内脏不容易辨认。

克赫贝瑟努夫神像

（高55.5厘米）

这尊神像的黑漆底座没有刻字，但毫无疑问，他是荷鲁斯的儿子、卡诺皮克守护神——克赫贝瑟努夫。这里，他的人体躯干呈木乃伊状，鹰头，戴着三边假发。令人称奇的是，一旦你接受了鸟头人身的概念，就会发现埃及艺术家非常巧妙地将这些不同的部分拼凑在一起，使雕像看上去非常自然。鹰头的顶部涂有黑色颜料，喙为黑色玻璃，蓝色玻璃勾勒出精致的眼纹。大多数文本和科学证据似乎都认为克赫贝瑟努夫守护肠子，埃及人称之为mekhtu，显然是imy-khet的音译，意为"身体里的东西"。在负责逝者卡诺皮克装备的神灵等级中，掌管克赫贝瑟努夫的是与蝎子有关的塞尔凯特女神，她们会成对出现在相应的卡诺皮克小棺木上。

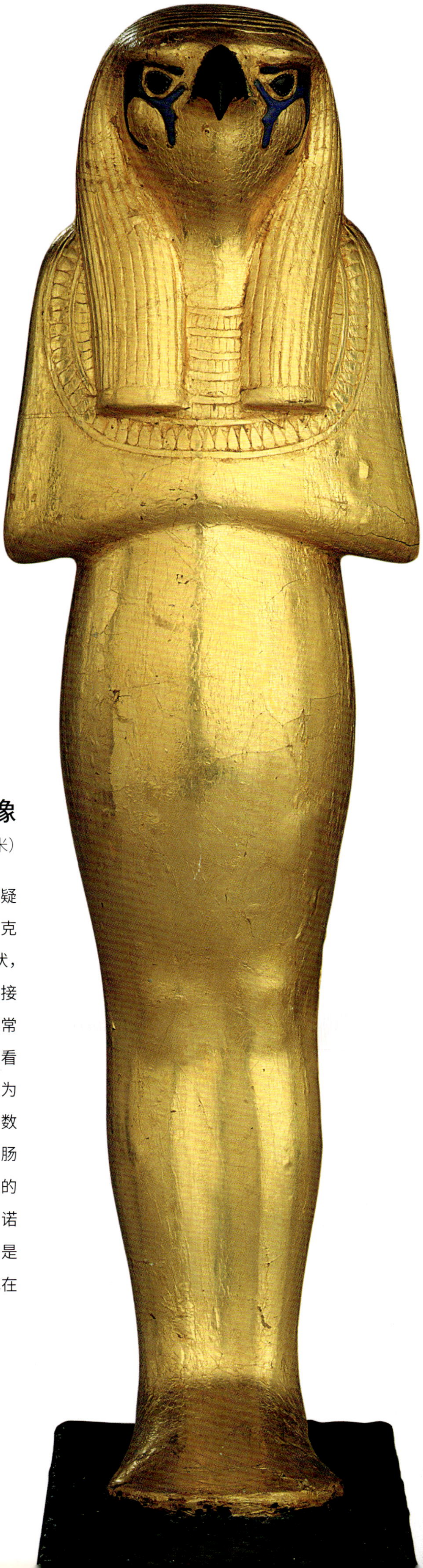

一对古埃及省（NOME）的标志物（STANDARD）

（高分别为81厘米和68厘米）

国王为什么要在他的陵墓中放置省的标志物呢？Nome在古埃及语中意为省，北部省有20个标志物，南部省有22个标志物。为什么同一个省有两个标志物呢？在这个小陵墓中肯定没有空间放置42个标志物。但是，如果把这对标志物作为各个省的代表，为什么选择第10个上埃及省的标志物？该省被称为瓦吉特或埃德乔（Edjo），其省会希腊名为阿佛洛狄忒坡里斯。这些问题无法得到合理的回答，有人得出结论，这些标志物放置于王室的储藏室，用于扩充王室丧葬规模。但它们在陵墓中的存在仍然很特别。这两件物品均采用蛇盘旋于典型标准支架上的形式，蛇的曲线上附有一根羽毛。它们都是镀金木制，造型简洁优美。阿佛洛狄忒坡里斯省位于埃及的中部，在阿苏特（Asyut）以南和阿克米姆（Akhmim）以北。

奈杰尔-安卡（NETJER-ANKH）神像

（高56.5厘米）

这尊直立眼镜蛇的精美雕像被存放在宝库的一个木制神龛中，神龛内还供奉着两尊猎鹰神像：索普杜（见下页图）和格美秀。它的雕刻非常精美，身体上的细节刻画得非常细致。眼镜蛇雕像本身是木制的，镀金，只有眼睛是单独制作：眼周是青铜制，眼睛是透明石英，背面绘有细节。在底座正面顶端边缘，一段简短的黄漆铭文写着："奥西里斯，内布赫佩鲁，奈杰尔-瓦斯（Netjer-was）之爱。"圣蛇奈杰尔-瓦斯在埃及诸神中并非众所周知，它的出现可追溯至第十二王朝中王国时期的一些棺木，在帝王谷王室陵墓中的《冥界有什么》，部分内容出现过如此命名的蛇。在后来的有关内容中，奈杰尔-瓦斯是作为入口的守护者出现的，入口通往冥界，而逝去的国王必须由此经过。

索普杜标志物
(高65.5厘米)

早在古王国时期,索普杜就被赋予了"异国之主"这一称谓。在整个王朝时期,他都被视为对埃及边境以外的沙漠地区行使权力的象征。这个头戴羽毛头饰的猎鹰形象可看作上埃及古都涅亨(Nekhen)的荷鲁斯形象。但在这里,它无疑是三角洲东部撒夫特荷那(Saft el-Henna)的下埃及神灵,因为底座上的文字提到图坦卡蒙王位名,称他为"索普杜之爱"。这件展现"敏锐者"索普杜的杰出作品是镀金木制,蓝色玻璃勾勒出眼纹,喙为黑色玻璃。镀金泛着紫金或赤金的红宝石光泽。同上所述的阿佛洛狄忒坡里斯标志物,这件作品可以看作另一个地区的标志,但它更有可能只是守护国王在东方的利益的神,它的背后明显地插着王室连枷。

阿努比斯神龛

(总高118厘米,总长270厘米,宽52厘米)

  1923年2月16日,进入宝库的人首先看到的令人印象深刻的物件是豺神阿努比斯,它的脑袋充满威慑力,耳朵高高竖起,身上披着亚麻布,爪子在镀金的神龛上伸展开来,神龛有四根长长的抬杆。它待在那里,就像在葬礼上刚被神职人员放下来一样。每个看到它的人都为之惊叹。卡诺皮克神龛上精美的人物造型极具诱惑力,但阿努比斯神龛却让人萦绕心头。虽然无法断定它如此放置,是否为了守护所有存放在宝库里的珍贵神圣物品,但它确实起到了这一作用。我们可以想象,深入陵墓至此的古代入侵者,会感到怎样的敬畏,甚至是恐惧。在忽明忽暗快速移动的光照下,那颗黑色而又充满威胁的头颅可能会让盗贼望而却步。那里的许多箱子仍然是密封的。这尊黑漆豺狼雕像姿态高贵,耳朵及颈部的项圈和围巾上的镀金使其更加引人注目。它的眼睛由方解石和黑曜石制成,并用金勾勒出轮廓,还有一处精妙的修饰,它的爪子是银制的,这在陵墓中是一种罕见金属。值得注意的是,它脖颈上披着的一件亚麻布制品,其年代可追溯至埃赫那顿统治时期的第七年,也就是图坦卡蒙出生的时候。塔形神龛为木制,涂了石膏灰泥并镀金,其主要装饰图案由成对的杰德柱和提耶特符号组成,它们是与奥西里斯崇拜有关的强大护身符,象征着忍耐和生命。神龛主体的几个隔层里摆放着护身符和首饰,还有大量奇怪的实用物品,可能与制作木乃伊的过程有关。为图坦卡蒙的妻姐梅里塔顿(Meritaten)题写的调色板被放在豺狼爪子之间。

护身符

古埃及宗教蕴含着丰富的象征意义（symbolism），象形文字中包含许多寓意魔法和护身符力量的符号。因此，对于经文的创作者和有关个人生死物品的制作者来说，在书写或设计的过程中，引入具有护身符意义的元素并不困难。护身符的形式贯穿埃及人的生死。在图坦卡蒙陵墓中发现的大部分首饰，其设计都包含了国王名称和许多护身符象征物。许多特殊形式的单件物品具有宗教意义，一般使用"护身符"（Amulets）一词来称呼它们。它们可能代表特定的神灵，或是与特定神灵有关的物品，或是具有更普遍意义的物品。通常被认为是护身符的标志之一——安卡是生命的符号，但它很少作为护身符单独出现。

墓中发现的最重要的护身符正是放置于国王木乃伊绷带里的那些。从木乃伊身上找到的150件物品中，约有25件可归类为护身符。几乎所有的护身符都戴在脖子上，脖子显然被视作身体非常脆弱的部位。这里，圣蛇和秃鹫是非常有威力的护身符，它们是国王的两个保护神；杰德柱代表稳定，瓦吉特权杖代表新生；托特神代表智慧，阿努比斯则是丧葬保护神。在国王的后脑勺处，非常妥当地放置了一个小型头枕护身符，用于支撑和保护国王的头部。它由纯铁制成，这在墓中是一种非常罕见的材料。

在陵墓的其他地方还发现了大约30个护身符，它们几乎没有存在的必要，因为国王以其他方式得到了很好的保护。

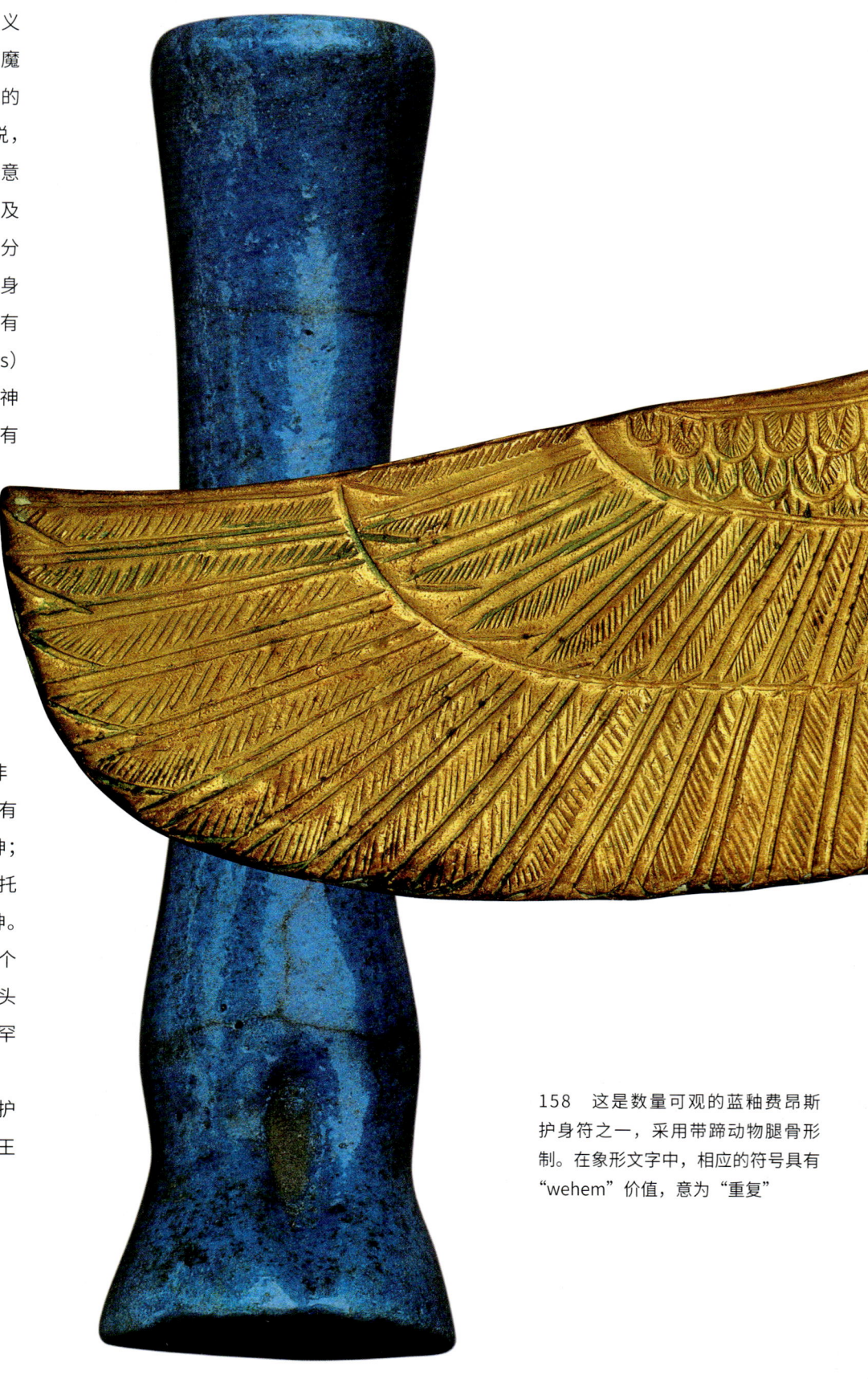

158 这是数量可观的蓝釉费昂斯护身符之一，采用带蹄动物腿骨形制。在象形文字中，相应的符号具有"wehem"价值，意为"重复"

158—159 这是一件具有特别保护作用的护身符,为人头展翅圣蛇形。细节采用镂刻,工艺复杂。发现于国王木乃伊的颈部

双圣蛇护身符

（高7厘米，宽6.5厘米）

虽然此前从未发现过完好无损的王室木乃伊，但在非王室成员的木乃伊裹布中放置珠宝和护身符的相关信息足以提示霍华德·卡特，他很可能会在图坦卡蒙的遗体上发现华丽的物件。他没有失望。图坦卡蒙的整个身体，从头到脚都被奇妙的、大多具有魔法意义的物品充实和保护着。其中，保护得最严密的部位莫过于国王的颈部。他在这里发现了六层护身符，每一层都由许多亚麻绷带隔开。在第五层，他发现了八件用金片制成的护身符——圣蛇和秃鹫。毫无疑问，这两种生物被赋予强大的保护意义。它们代表上埃及和下埃及专门负责保护国王安全的神灵。内克贝特是涅克伯（Nekheb，也称埃尔卡伯，Elkab）的秃鹫女神，该城与古都希拉孔波利斯隔河相望。瓦吉特是布陀（Buto）的眼镜蛇女神，该城位于三角洲西北部的沼泽深处。这件作品中的双圣蛇可能代表了这两位女神，这两位女神有时会采用不同的形态"迷惑"人。她们会知道自己是谁。

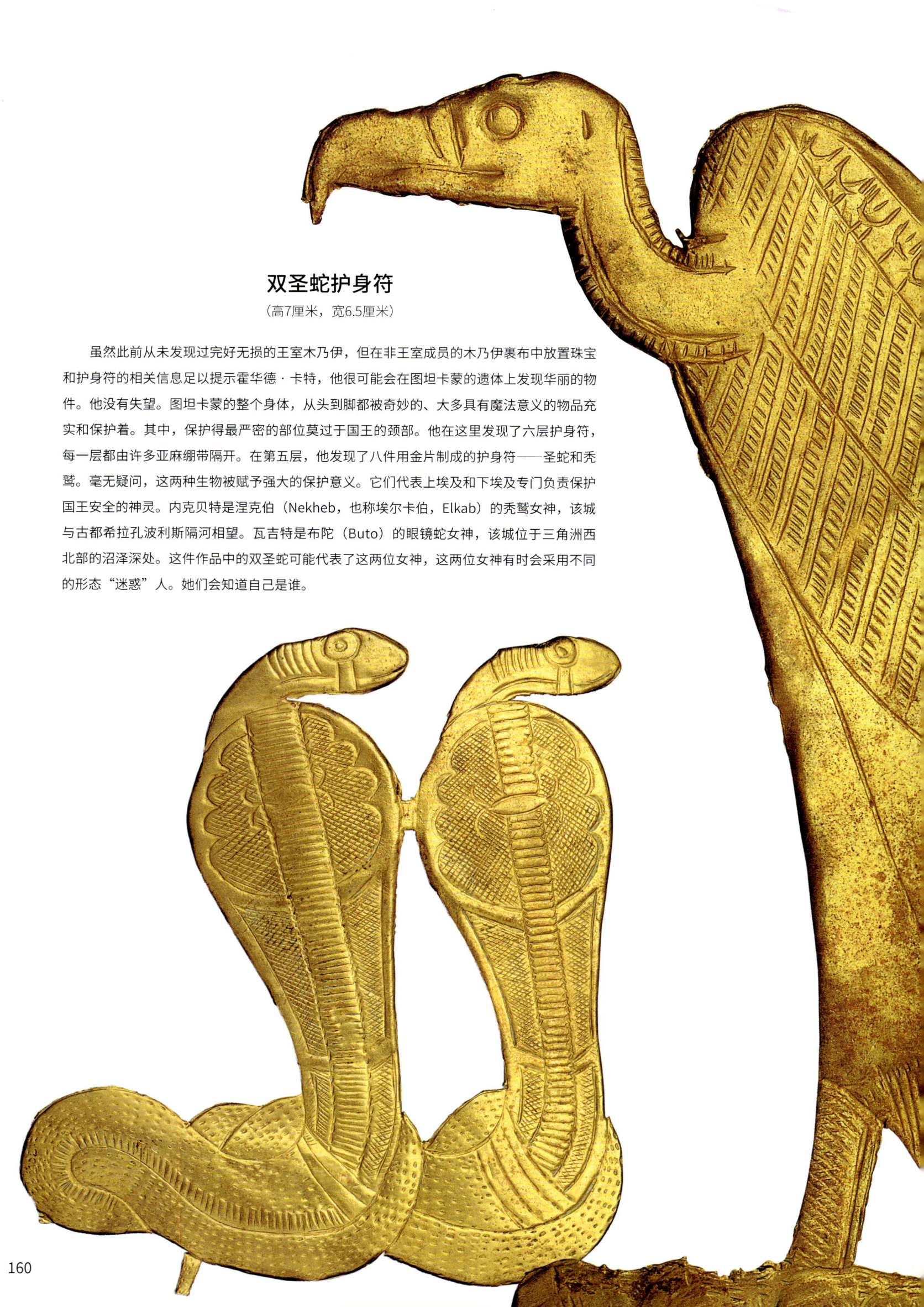

两只秃鹫护身符

(高6.6厘米，宽6.2厘米)

这是国王颈部发现的五件金片秃鹫护身符中的两件。同在此部位发现的所有八件类似物品一样，它们由薄金片制成，装饰方式为镂刻而非雕刻（engrave）。镂刻是将适当的尖头工具压入金中，雕刻是一种用锋利的工具在黄金上切割出细槽的工艺。古埃及并不使用雕刻。卡特为自己在鸟类学方面的学识感到自豪，他相信自己可以区分出不同种类的秃鹫。他辨认出其中两只是狮鹫（gyps fulvus），这是姆特女神的起源。另外三只他认为是内克贝特秃鹫，是上埃及的秃鹫（vultur auricularis，Daud）。此处所示的两只是卡特所说的内克贝特秃鹫，因此，特别适合作为国王去世后的保护者。埃及人非常擅长以令人信服的方式表现飞禽走兽，但他们对细节准确性的处理常受到博物学家的质疑。这些护身符的背面都有孔眼，可用于穿绳连接。

法力无边者神像
（像高 14 厘米）

在前厅发现的奇妙的金色神龛中包含一件小雕像、部分祭祀用的胸甲，还有一个装有这件雕像的亚麻布包裹。准确地说，它可能并不是一个护身符，但它无疑充满了魔力。这里展示了神话中的一个著名情节：伊希斯女神为国王哺乳；在这里，伊希斯化身为一条蛇，长着人的头部、胸部和手臂。她就是"法力无边者"（Weret-hekau）。非常不可思议的是，埃及艺术家再次将这一通常会引起反感的场景展现为易于接受的艺术品。"法力无边者"化身为一条体贴的、正在哺乳的蛇，头部为女性，佩戴王后的秃鹫头饰和带角双层羽冠。图坦卡蒙的身体特征具有明显的阿玛尔纳风格，但并不是一个孩子，而是一位成年国王，头戴蓝色王冠，身着带飘带的短褶裙。女神一只手搂着国王，另一只手则将胸部对准国王的嘴。主像由镀金木制，挂在一条项链上。项链由简单的金珠、红玉髓珠、长石（felspar）珠和玻璃珠串成。此外，女神和国王的颈部及国王的脚上叠戴着一个个小珠串。底座上的文字描述图坦卡蒙为"法力无边者之爱"。

绳结护身符
（长 16 厘米）

覆盖在图坦卡蒙木乃伊胸部的是一系列令人困惑的物品，它们被许多绷带隔开：卡特确认了13层。第七层有许多物品，其中有两件纯金制的奇特物品，绳结形制。它们分别被放置在胸部的右侧和左侧，与手臂平行。卡特无法解释；对他来说，这两件东西"意义不明"。这是许多被认为是护身符的物品获得的评价。有时它们无法从物理属性上予以解释。比如，杰德柱或者同样常见的提耶特到底是什么？在一些情况下，可以在充满意义的语境中，通过象形文字中关于物品的使用的描述来赋予其意义。有时，护身符的形制非常容易辨认，但却没有可识别的含义。该绳结护身符就属于最后一类。一个略有不同的绳结象形文字发音为tjes，这个词根可表示"连接、系牢"，作名词意为"脊椎骨"。Tjes作为护身符的可能性立刻变得显而易见。《金字塔文》中的一句话宣称国王"众神为你，紧贴你的脸庞，荷鲁斯将他的眼给了你"。

费昂斯托特神像
（高 8 厘米）

宝库入口处的阿努比斯大神龛的隔层里有各种各样奇特的材料。其中有重要的胸饰珠宝、布料和衣服、几尊夏勃梯雕像、用亚麻布绑成小捆的零碎物品，还有一些护身符和小神像——这些都是被遗忘在桌子抽屉里的物品。在这些护身符和神像中，是这件小小的费昂斯托特神像。神像是亮蓝釉质，用锰绘制了假发条纹和头部细节。神像为鹮首人身，是这一重要神灵最常见的动物造型。托特是中古埃及赫尔摩坡里斯（Hermopolis，亦称克奴姆城，Khmunu）的神，是众神中常见的一位神，其重要性从未减弱。他可被视为神的文职部门负责人。他是众神的抄写员，也是抄书吏的守护神。他也会出现在棺木和卡诺皮克用具上的神灵中。无法解释他为何出现在阿努比斯神龛中，也许无须解释。作为一件小型雕像，它的优点在于简洁及釉质细腻。

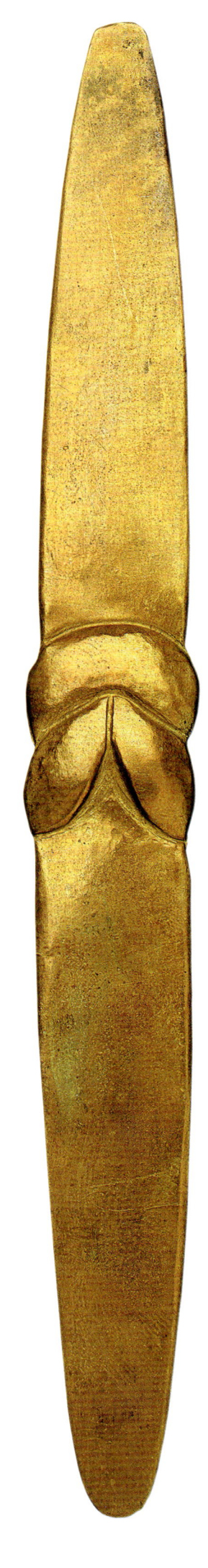

部分镀金的杰德柱护身符

（高8厘米）

除了那些藏在木乃伊裹布中的护身符外，在图坦卡蒙陵墓中发现的大多数传统护身符都是在附室中找到的。附室类似一个华丽的杂物间，里面塞满了大量材料，种类繁多。其中很多是在大件物品被放置在前厅之前放进去的，否则无法进入。这里有满是精美物品的箱子，装有夏勃梯雕像的凉亭、食品盒、酒罐、船、家具及许多零碎物品。还有一些精美护身符，包括这个杰德柱护身符。它由蓝釉石英砂制成，一般称为费昂斯，它的末端包括顶部和底部及四根横条上都缀有金箔。上面有用锰绘制的标记，包括带有国王王位名内布赫佩鲁的王名圈。生者的稳定性由脊柱支撑，自然界中树的稳定性由树干支撑，而逝者的稳定性或忍耐性则由杰德柱赋予。杰德柱的起源可以追溯到最早时期，那时埃及的宗教与许多自然物体和现象相关。当杰德柱被纳入奥西里斯崇拜后，就无法解释了。

金质杰德柱护身符

（高9厘米）

很少能发现一件物品被准确地置于它应处的位置，尤其是护身符。这件金质杰德柱护身符是在图坦卡蒙的木乃伊颈部发现的两件护身符之一。《亡灵书》第155条咒语有一条对短章的注释（下文将提到）："对着饰有埃及无花果树皮的金杰德柱念咒，在葬礼当天，将它放置于逝者的脖子上。脖子上戴着这个护身符的人将是一个值得尊敬的灵魂，他将在新年来到亡灵国度，就像奥西里斯的追随者一样。千真万确。"图坦卡蒙正是如此装备的，这个象征着忍耐的杰德柱上刻有第155条咒语："（由）你的肢体向你诉说，疲惫不堪的心（已死亡）。侧过身，我在你身下放好水，给你带来金杰德柱，你会因此而喜悦。"实际就这么做了。杰德柱在祭祀场合中被竖起来放置，这与奥西里斯崇拜密切相关。它有时被解释为神之脊柱的形式化表现。

金色纸莎草柱

（高5.9厘米）

纸莎草柱在象形文字中意为"绿色、新鲜、健康"。因此，它是一个非常适合用作护身符的标志。鉴于其含义，它的理想颜色是绿色，下一个条目中将解释这一点。不过，这件纸莎草柱实物是金色的，上面仔细勾画了花头和茎的基部叶片细节。上面刻有简单的铭文"善神，内布赫佩鲁"。顶部有一个吊环。它是在附室的杂物中被发现的。《亡灵书》第160条咒语关于"给予绿色长石纸莎草柱"，写道："我拥有一个绿色长石纸莎草柱，完美无瑕，托特用手托着它，因为他厌恶不完美。如果它完整无缺，我就会健康；如果它未被损坏，我就会毫发无伤；如果它没被撞击，我就不会遭受击打。正如托特所说，它将你的脊柱连接在一起。"

费昂斯纸莎草柱

（高8.5厘米）

纸莎草柱的正确摆放位置是在逝者的喉咙上，而且应该用绿色长石制作。《亡灵书》第159条咒语提及此种纸莎草柱"上面写有此咒语，要把它放在逝者的脖子上"。咒语本身有点难以捉摸："你们，今天从神的房子里出来。她的声音响亮，从两座房子的门前绕过；她继承了父亲的神力，而她父亲则进阶为哺育女神的公牛，她接受那些为她做大事的追随者。"在图坦卡蒙脖子上的两根杰德柱之间，发现了一根镶嵌着绿色长石的金纸莎草柱。这件实物要简朴得多，它不是用绿色长石制成，而是用蓝色费昂斯制成的，其釉面应该是绿色的，因为在第十八王朝，使用绿色才合理。纹饰用锰绘制而成。它是在宝库的阿努比斯大神龛中被发现的。

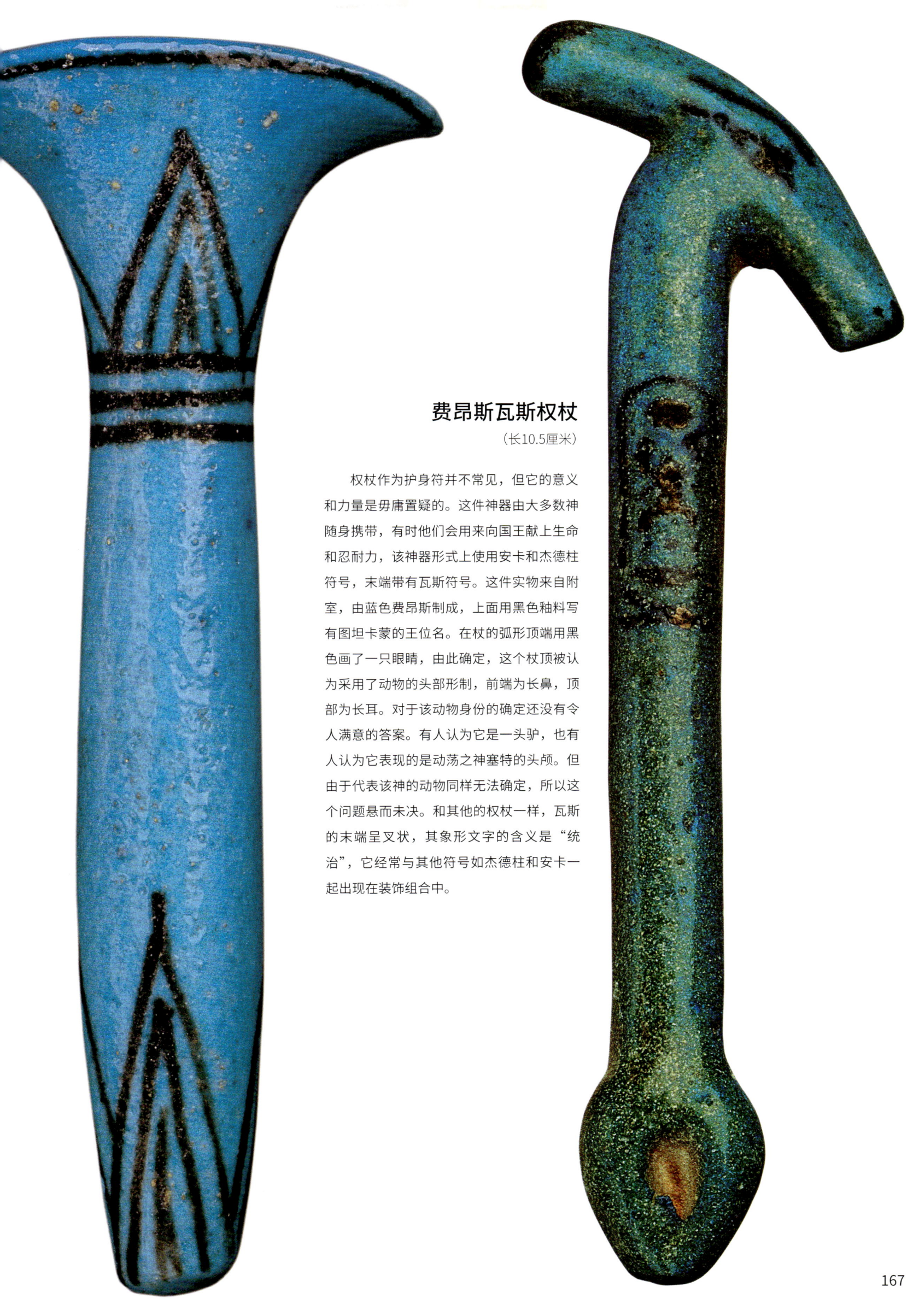

费昂斯瓦斯权杖

（长10.5厘米）

权杖作为护身符并不常见，但它的意义和力量是毋庸置疑的。这件神器由大多数神随身携带，有时他们会用来向国王献上生命和忍耐力，该神器形式上使用安卡和杰德柱符号，末端带有瓦斯符号。这件实物来自附室，由蓝色费昂斯制成，上面用黑色釉料写有图坦卡蒙的王位名。在杖的弧形顶端用黑色画了一只眼睛，由此确定，这个杖顶被认为采用了动物的头部形制，前端为长鼻，顶部为长耳。对于该动物身份的确定还没有令人满意的答案。有人认为它是一头驴，也有人认为它表现的是动荡之神塞特的头颅。但由于代表该神的动物同样无法确定，所以这个问题悬而未决。和其他的权杖一样，瓦斯的末端呈叉状，其象形文字的含义是"统治"，它经常与其他符号如杰德柱和安卡一起出现在装饰组合中。

长石托特护身符

（高5.5厘米）

图坦卡蒙木乃伊脖子上的第四层物品中，除了其他护身符外，还有这件托特神像。这是一件鹮首人身的托特神像，呈蹲坐姿势。雕像的背面是一块金板，上面粘着薄薄的绿色长石。长石是一种容易碎裂的结晶石材。工匠进行组装并使之达到完美的接合显然有些困难。尽管如此，这些长石还是显示出了一定的造型，细节处也有轻微的刻痕。托特非常类似一位外交神，无论是亲自出马还是通过写信的方式，他都在扮演促成和解并充当中间人的角色。

在上文关于纸莎草柱护身符的讨论中，可以看到《亡灵书》中一个合适的咒语中提到托特厌恶不完美。长石是制作纸莎草柱护身符的特定材料。

带鹭树脂圣甲虫

（长4.8厘米）

这件与众不同的物件是在图坦卡蒙的木乃伊裹布中被发现的，大概在他肚脐的位置。它是由树脂制成的圣甲虫，里面镶嵌着一个由青金石和不同颜色的玻璃组成的鹭（贝努鸟，见下页）的形象。它镶嵌在一个金盘上，上面刻有摘自《亡灵书》第29B条咒语中的经文，写有"由塞赫太（sehret）石制成的心形护身符"。然而，该物件并非心形护身符，也肯定不是用塞赫太石制作而成的，据说，塞赫太石是一种质地坚硬的深绿色石头。这种石头通常被制成心形圣甲虫，如镶嵌在有伊希斯和奈芙提斯的带翅圣甲虫胸饰的圣甲虫。贝努是逝者能够离开坟墓的形式之一。《亡灵书》的第13条咒语是"进出西方"，其中包括以下文字："我像猎鹰一样进入，又像贝努一样出来。"在这块底板上的咒语中，国王称："我是贝努，是引导灵魂（bas）前往冥界的拉的灵魂。"

带鹭镀金之心

(长5.8厘米)

这是一个真正的心形护身符;它的形状像一颗心,与贝努鸟有关。它来自附室中庞杂的物品,为镀金木制。一面刻有图坦卡蒙的王位名,王名圈两侧分别刻有象征王权的弯钩权杖(heqa-sceptres)和真理之羽。另一面则镶嵌着由彩色费昂斯构成的贝努鸟的形象。这种鸟通常被认为是古典神话中凤凰的前身。在某些形式的埃及创世神话中,太阳神以贝努鸟的形态出现,栖息于从原始土丘生长出来的芦苇上。古典神话中的凤凰是从灰烬中升起的神鸟,意味着一种复活。重生的概念是这两种神话的共同点,但是,如果把贝努鸟视为古典神话中凤凰的祖先,就会令人产生误解。

红色玻璃提耶特护身符

（长6.5厘米）

盗墓者在前厅留下了大堆的混乱物品，在大量的亚麻布中，有一件被称为提耶特的护身符。它包含了与伊希斯女神有关的古老魔法观念。关于它所代表的意义一直争论不休。几个世纪以来，埃及符号背后的观念有时会偏离或迁移。基于新王国时期文本的解释很有可能与最初的版本有一定的差距。这个符号及其相关的观念非常古老，其早期形态看起来与安卡并无二致，除了有下垂的两臂。一般认为，它代表一块折叠的布，但也有人认为它是女性生殖器官的一种表现形式。它是"伊希斯之结"或"伊希斯之血"；前者更有可能。根据《亡灵书》，它应该由红碧玉制成，且大多数实例都由这种红碧玉或其他红色材料制成。这件护身符由红色玻璃制成，上面刻着"善神，内布赫佩鲁"。

费昂斯安卡

（高10.8厘米）

这件造型鲜明的安卡雕像是与一些布料和面包块一起在前厅被发现的。它由亮蓝费昂斯制成，上面有用锰绘制的标记。图坦卡蒙的王位名写于这件雕像的柄处。安卡在埃及语中是"生命"的意思，神灵们经常手持安卡，并常将其献给国王。在埃赫那顿统治时期，安卡是阿顿崇拜的重要元素，它将神圣太阳圆盘洒下的光芒延伸到国王和其他王室成员身上。虽然安卡对于每个古埃及人的福祉都至关重要，但令人惊讶的是，与大量的杰德柱、纸莎草柱、荷鲁斯之眼及其他魔法符号相比，在护身符藏品中，真正的安卡护身符少之又少。从某种意义上说，非王室成员通过国王获得"生命"，而国王才是直接由神赋予"生命"的人。

费昂斯提耶特护身符

（长8.5厘米）

这件提耶特护身符上的标记非常清楚地显示，它为何代表一块系在顶部环下的折叠布。它不是由红色材料制成的，而是用蓝色费昂斯制作的，图坦卡蒙王位名等标记用锰绘制。《亡灵书》第156条咒语适用于提耶特："你拥有你的血，伊希斯；你拥有你的力量，伊希斯；你拥有你的魔法，伊希斯。护身符保护这个伟大的人，它将驱赶任何对他犯下罪行的人。"经文进一步指出，该咒语应该对着提耶特护身符念，然后在葬礼那天将护身符放在逝者的脖子上："为他这么做，伊希斯的力量将保护他的身体，伊希斯之子荷鲁斯看到他时，会为他欢欣鼓舞。"在图坦卡蒙的脖子上，放置了一件红玉制提耶特护身符。

国王雕像

图坦卡蒙陵墓中没有发现国王的石雕，这或许令人惊讶。大多数同时期的私人墓葬中都会有一座献纳雕像，用石灰岩、花岗岩或石英岩制作，上面刻有祭祀文字。不过，私人墓葬包含墓室和祭祀小礼堂（offering chapels）。王室墓葬有专门的小礼堂即丧葬庙，远离帝王谷。例如，阿蒙诺菲斯三世和拉美西斯二世的丧葬庙中有大量的石雕，其中许多都是巨型石雕。图坦卡蒙是否有一座丧葬庙尚不能确定，但在哈布城阿伊和霍伦希布的丧葬庙中发现了两尊图坦卡蒙的巨型石英岩雕像。由此可以推断，建造一座丧葬庙的情况至少已经起步了。

在这座陵墓中，国王的形象主要体现于前厅的两个守护神像，它们位于通往墓室封堵的入口处。它们部分身披亚麻布，眼睛以镀金青铜勾勒，黑色的脸部闪闪发亮。它们让发掘者叹为观止。一百年前，乔万尼·巴蒂斯塔·贝尔佐尼在帝王谷发现了惨遭掠夺的陵墓，在里面，他发现了类似的但没有镀金的雕像，它们的用途从未得到过解释。

墓中还有另外七件镀金木制国王雕像，但并非都具有年轻君主的特征。它们被发现于宝库中黑漆神龛形状的盒子里。其中四件非常引人注目，两件是骑在豹背上的国王雕像，两件是乘坐纸莎草船的国王雕像。两件简单的跨步雕像中，一件显示国王头戴红色王冠，一件显示国王头戴白色王冠。并非所有这些雕像都是基于图坦卡蒙的形象制作的，其中一些明显具有阿玛尔纳风格。

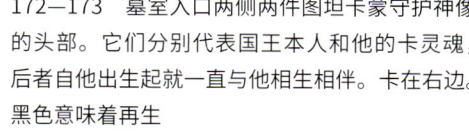

172—173 墓室入口两侧两件图坦卡蒙守护神像的头部。它们分别代表国王本人和他的卡灵魂，后者自他出生起就一直与他相生相伴。卡在右边。黑色意味着再生

头戴内梅什王巾的守护神像
(高190厘米,宽56厘米)

19世纪初,乔万尼·巴蒂斯塔·贝尔佐尼曾在帝王谷的陵墓中发现了真人大小的木制国王雕像。它们的功能从未被弄清楚,直至图坦卡蒙的陵墓被发现。发掘者进入陵墓时看见墓室密封入口的两侧摆放着两件引人注目的雕像。它们非常相似,但并不完全相同。它们都是木制的,由多块木板拼接而成。上面覆盖着石膏灰泥,并被涂上厚厚的黑色颜料,在陵墓中,此处或其他地方,黑色是代表再生的颜色。雕像非肉体部分都镀了金——头饰、项圈和胸饰、臂带、手镯及权杖(staff and mace);凉鞋是镀金铜制的,固定在眉心处的圣蛇标记也是如此。眼睛也用镀金铜勾勒出来,并镶嵌着结晶石灰石和黑曜石。这件雕像代表头戴内梅什王巾的国王本人,短褶裙中间的文字写道:"受到人们鞠躬致敬的善神,值得夸耀的君主,内布赫佩鲁,拉之子,冠冕之主,图坦卡蒙,赫里奥波里斯南部统治者,像拉一样,永生。"

头戴阿夫内特王巾的守护神像

（高190厘米，宽54厘米）

与前一件雕像成对的这件雕像短褶裙上的文字为："受到人们鞠躬致敬的善神，值得夸耀的君主，哈拉克提之卡，奥西里斯，国王，两地之主，内布赫佩鲁，以此为证。"这代表了与图坦卡蒙相生相伴的卡灵魂。在这里，卡与国王本人一起承担守护墓室及其中珍贵物品的职责。该雕像头戴阿夫内特（afnet）王巾，除此之外，他与另一件雕像几乎没有区别。这两件作品都呈现出高贵的气质，雕刻精美，体现了埃赫那顿时期的艺术影响。它们表现了年轻国王的特征。镀金部分的一些装饰细节非常有趣：这些部分在镀金之前，先用亚麻布覆盖，然后再用石膏覆盖，这样可在石膏上先行雕刻装饰。宽项圈下方悬挂的吊坠是一个带翅圣甲虫，这是王室胸饰上常见的主题，代表重生。在短褶裙宽大的正面，有一条围裙或长长的束带状饰物。上有文字，两侧有楔形图案，头顶太阳圆盘的眼镜蛇垂在两边。这件卡神像手持权杖，他与国王本人的神像一道随时准备迎击入侵者。

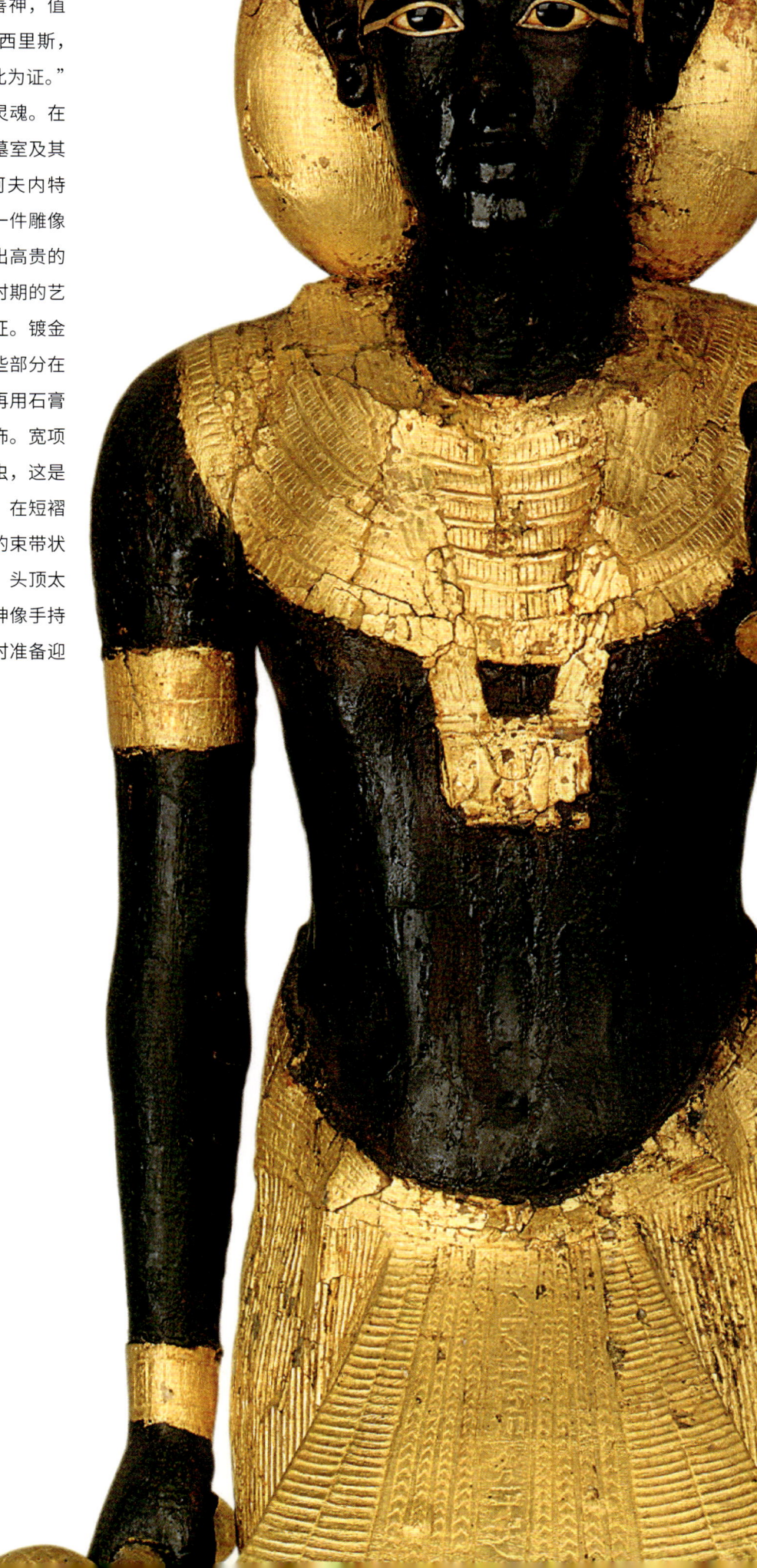

头戴白色王冠的国王雕像
（高75.3厘米）

底座上的黄漆铭文表明这座雕像是"善神，内布赫佩鲁"，即图坦卡蒙。但显然，这件雕像与图坦卡蒙并不十分相似，身体的细节也明显具有阿玛尔纳风格。因此，它很可能是为图坦卡蒙的短暂前任纳芙纳芙鲁顿，或者是为其他阿玛尔纳王室成员，甚至是为埃赫那顿本人制作的。它和另外一件雕像一起被放在宝库的一个神龛里。那件非凡的雕像刻画的是鲜为人知的门卡雷特（Menkaret）女神，她头上托举着国王的小雕像。而这件作品在形式上更为传统，表现了国王向前迈步的姿态，他头戴上埃及的白色王冠，上面有镀金的圣蛇标记；眼睛镶嵌着结晶石灰石和黑曜石，眼睛周围及眉毛用青铜勾勒出轮廓。他的胸前有传统的宽项圈，身着褶裥短裙，裙摆向后下垂，具有阿玛尔纳时期的特征。他的右手持有王室连枷，左手拿着一根被称为awt的顶端呈弧形的权杖，在象形文字中，它有时会被人们更熟悉的弯钩权杖取代。尽管该权杖的确切意义尚不清楚，但它本身就很独特。

头戴红色王冠的国王雕像

(高59厘米)

存放在宝库中的黑漆神龛形状箱子里的各种国王雕像体现出阿玛尔纳的影响,让霍华德·卡特深受震动,这是合乎情理的。尽管这些雕像代表了传统的雕塑类型,但它们却具有"对自然直接和自发的感受"。此外,"它们显示出活力和优雅,事实上,神性和人性在它们身上得到了完美的结合"。这是卡特作为艺术家所陈述的观点。一些镀金的国王雕像被认为是为图坦卡蒙的前任纳芙纳芙鲁顿制作的。

尽管这件雕像的身体体现了阿玛尔纳时期的艺术特征,如下垂的腹部、前倾的头部和普遍的柔软形态,但它似乎不太可能是再利用的。在其他方面,它显示了图坦卡蒙的既有特征。这是在一个神龛中发现的五件雕像之一,它们全都裹着亚麻布,其中有两件是国王举鱼叉的雕像。这里表现出国王熟悉的姿势,左脚向前迈出,但并不像人们想象的那样大步流星。他头戴红色王冠,眉心处有镀金青铜圣蛇标记。眼睛和眉毛镶嵌着铜,眼睛本身则嵌有玻璃。国王站立时左手拿着一根普通的长杖,右手持有王室连枷。

豹身上的国王

（全高85.6厘米）

两组豹身上的国王在一个小细节和一个大方面有所不同。前者在于国王所持杖的区别：在图中所示的实物中，没有手托；而另一组则与守护神像相同，有纸莎草伞状手托。第二个区别稍后会提到。

在这组作品中，豹子驮着的是国王像，而非国王本人。在其他王室墓葬的墙壁上也有类似的二维图像，但其意义，一定是神话上的意义，目前并不明确。整组雕像为木制，国王雕像上覆盖着石膏灰泥并镀了金。连枷、杖、眉心处的圣蛇标记及凉鞋都是镀金铜制。眼睛及其轮廓由彩色玻璃制成。雕像的底座漆成黑色，豹子也是黑色，与镀金的人像形成鲜明对比。豹子脸部和耳朵上的镀金细节更加突出了这一效果。豹子的体态轻盈有力，体现了埃及艺术家捕捉动物本质特征的非凡能力。

上面提到的两件国王雕像大方面的区别则在于两者的设计比例不同。图中所示雕像使用的是古王国时期以来的通用标准，而另一件则使用了阿玛尔纳时期引用的修改标准。后者比前者显得更加修长；胸部相当突出，臀部低而宽大；呈现效果更女性化，而非男性化。有人认为，第二件雕像可能代表的是纳芙蒂蒂或纳芙纳芙鲁顿，而不是图坦卡蒙。这两件雕像肯定都是在阿玛尔纳时期制作的，但是，关于它们在陵墓中的归属，就算持怀疑态度的历史学家不认同，但对埃及人来说，底座上的铭文确定了其身份：它们的名字是图坦卡蒙。

作为鱼叉手的国王

(高69.5厘米)

有两件相似的雕像与其他三件国王雕像一起被发现于宝库的一个箱子中,这是其中一件。这组杰出的雕塑无疑是从古代埃及留存下来的最生动、最具美感的雕塑之一。与更难驾驭的石雕相反,木雕精品的特点体现在其雕刻的流畅、优雅和细腻上。遗憾的是,木雕容易腐烂、被白蚁蛀蚀和失火。图坦卡蒙陵墓的奇观之一就是墓中的物品没有受到这些破坏,且大部分木制雕刻品保存完好。如鱼叉手等雕刻作品充分展示了埃及木雕匠人高超精妙的工艺。

这组雕刻表现了国王投掷鱼叉的动作。他头戴下埃及的红色王冠,佩有宽珠项圈,身着带围裙的短褶裙,脚穿凉鞋。画面中的他正准备投掷,右腿微微抬起,优雅地平衡在一艘用纸莎草茎制成的轻型小艇上。国王的木雕像上覆盖了一层薄薄的石膏灰浆,以便最后贴上金叶。鱼叉、国王眉心处的圣蛇标记及凉鞋都是由镀金青铜制成;镶嵌在青铜眼眶中的眼睛是由玻璃和黑曜石制成。左手拿着的一圈青铜绳索,实际应该系在鱼叉上。小艇及其台座均为黑漆木制,末端镀金。这里刻画的是荷鲁斯神和塞特神为争夺他们的父亲奥西里斯的继承权而进行的无休止的斗争。这个神话的各种形式可追溯到最早的历史时期,当时,国王甚至高官都在狩猎雄性河马,河马是塞特的化身,被视为邪恶之神。在这里,国王是荷鲁斯,河马则是想象中的。可以预见的是,尽管塞特的力量并没有被彻底击败,但最终荷鲁斯取得了胜利。

王权仪仗

在有关古埃及的作品中，舞台设计师及电影制作者最常犯、也是埃及学家最讨厌的错误之一就是让他们的演员穿着国王独有的服饰。带垂饰的头饰（内梅什王巾）尤其容易被滥用。设计师可能试图追求真实性，但他们的作品却严重失实。

如果图坦卡蒙陵墓中有一套王冠和头饰，那就非常方便求证了。这样，关于它们是用什么材料及如何制作的，就可以形成一些思路。遗憾的是，一无所获。不过，在木乃伊身上发现了一顶带有金头带的精致亚麻帽：这可能是阿夫内特头饰，或称袋状假发，正如守护神像之一的头饰那样。另一件雕像戴着国王最常见的头饰内梅什王巾，它通常被认为是用褶皱的亚麻布制成的。实例会显示出材料和制作工艺。下埃及和上埃及的红色王冠和白色王冠及蓝色王冠（即战冠）也是如此。

180—181 礼仪扇的扇心，镀金，嵌有图坦卡蒙的王名圈，两侧是展开保护翅膀的秃鹫，它们头戴白色王冠（左）和红色王冠（右）。扇上横着一根赫奎特权杖

181左 与连枷一起的弯钩是王权的象征

181右 从上往下图中依次为下埃及的红色王冠、蓝色王冠（即战冠）及上埃及的白色王冠

在木乃伊身下发现了两件王室礼仪尾饰（tail）实物。它们在亚麻布上缀珠而成，深深地嵌在棺底凝固的树脂材料中。它们从未得到令人满意的修复。

在木乃伊的面具下发现了一顶精美的冕（diadem），但木乃伊胸前金色双手所持的弯钩和连枷已经腐烂。令人欣慰的是，在陵墓的其他地方还发现了几套弯钩和连枷，这是迄今为止发现的首批实物。在附室中发现的礼仪权杖也是如此。本章还提到扇子，它们即使不是国王本人所用，其中一些也是与国王有关的礼仪场合所使用的。

冕

(直径19厘米)

这件设计精美、巧夺天工的物件是在图坦卡蒙的头部被发现的，位于黄金面具下方。在装配墓葬时，秃鹫头和圣蛇头被分离出来，放在木乃伊的大腿上。

头饰的主要元素是一条金色丝带（gold fillet），以莲花形状的结固定在背后。从前到后拱起的圣蛇蛇身提供了一定的硬度。两条长长的金缎带和两个巨大的圣蛇标记从后面垂下。冕自古以来就是埃及王室标记的一部分。在中王国时期的小型王室墓葬中也发现了一些不太复杂但制作精美的实物。

主要的装饰图案由镶嵌在黄金上的圆形红玉髓片组成，中间有黄金"钮扣"。它们出现在主环上，也出现在下垂的金带和圣蛇标记上。所有地方都有红玉髓和蓝色玻璃镶边。下垂的圣蛇标记凸起的头部有类似镶嵌。正如卡特所指出的那样，这些金带和下垂的蛇形标记通过铰链连接到环状饰带上，因此它们可以移动，以便套在不同尺寸的假发上。

这个多功能的冕的其他部分也可以进行调节。如前所述，秃鹫和圣蛇的头是可以取下的。它们的背部有凹槽，可与冕上的舌状物相吻合。如此设计，它们就可以安装在其他的冕、王冠或头饰上——这是一种异常经济的设计。卡特对秃鹫头像的制作工艺尤为惊叹，他注意到了黑曜石眼睛以及褶皱和羽毛的细节。他自信地断言，它表现的是一种被称为"善于交际的秃鹫"的鸟类。圣蛇标记同样做工精良，它镶嵌精细，包括头部尖端所嵌的蓝色玻璃。

183

权杖

（长54厘米）

这种权杖至少有三个名称：sekhem 意为"强者"，kherep 意为"主导者"，aba 意为"指挥者"。毫无疑问，每种权杖都有特定的用途，但在表现形式上，很难分清所呈现的是哪种。重要官员经常随身携带的可能是 kherep；在附室中发现的这件很可能不在原处，它可能是 aba，通常与祭祀供品有关。头部一侧的五块镶板可支持这一观点，上面展示了被宰杀的牛，这是古埃及人最重要的祭品。

在头部的另一侧，非常有意思的是，一行文字写道："善神，有着挚爱的、熠熠生辉的面容，就像阿顿闪耀着光芒，阿蒙之子，内布赫佩鲁，永生。"这里提及的阿顿仿佛只是埃及诸神之一；阿蒙则出现在本该使用"拉"的称谓位置。这行文字可以诠释为，阿玛尔纳地区被放弃、开始与阿蒙达成和解时，达成的一种妥协方案。它出现在如此强大的权威工具上，或许具有特别重要的意义。

权杖轴杆的装饰设计和制作都匠心独运。两端各有以掐丝珐琅工艺制作的羽毛图案。轴杆顶端采用纸莎草花的形式，伞形花序独特的精致细节非常优雅，同样采用掐丝珐琅工艺。镶嵌的材料有绿松石、红玉髓、长石、青金石和玻璃。铭文的背景是蓝色费昂斯。权杖本身由木头制成，上面覆盖着相当厚的金箔。该权杖被发现于附室的事实，让卡特认为，它是被古代盗墓者放在一边的，它可能是一套礼仪用具的组成部分。

连枷和弯钩

(各长33.5厘米)

这两件王权工具非常古老。后来，它们经常出现在冥界之神奥西里斯所携带的仪仗中。然而，把它们视作属于奥西里斯，由在世国王随身携带，以期获得死后的王权，却是错误的。奥西里斯手持弯钩和连枷，因为他是一位国王，一位神圣的国王。他携带它们是因为埃及的国王携带它们。国王在加冕仪式和塞德节这一重新行使王权的场合都要带着它们。这里呈现的连枷和弯钩似乎是一对，这不仅是因为它们的外形和结构相似，还因为它们的长度相同，在统治者的手中可以很好地结合在一起。然而，在陵墓中它们并不是一起被发现的。连枷放在宝库中王名圈形制的箱子里，那里主要是用来存放珠宝的。弯钩则放在前厅的一个箱子里。很难相信它们竟然没有在一起。也很难不得出结论，即它们甚至可能是图坦卡蒙在阿玛尔纳地区加冕时持有的。

这一观点是基于连枷底部的铭文。它包含了国王的两个王名圈，但是，给出的国王出生名（nomen）是图坦卡顿，而不是图坦卡蒙。图坦卡顿是他从阿玛尔纳地区迁出，与埃及传统崇拜达成和解之前使用的名字。

这两件工具的手柄都由蓝色玻璃圆柱和覆有金箔的金属圆柱制成，它们交替串在青铜杆上。连枷的三股绳上有蓝色玻璃元素和镀金木质元素及末端。

关于这两件物品的起源和用途一直存在争议。弯钩在埃及语中称为heqat，虽然没有证据表明埃及牧羊人拿着弯曲的杖来管理羊群，但此处的弯钩常与牧羊人所使用的弯钩相比较。这一观点非常有说服力。在象形文字中，"统治"一词使用了"弯钩"符号，这也支持了这一观点。连枷（埃及语中称为nekhakha）更令人费解。尽管有人认为牧羊人可能用它采集劳凡脂（ladanum）以制作油膏，但它的起源最有可能也是一种控制工具。

狩猎鸵鸟扇

（长105.5厘米，扇心宽18.5厘米）

在古代，执扇是一项重要的官职，尤其在埃及，大扇子还被用作遮阳伞。它们也是地位和身份的标志。这把扇子外观最为华丽，其扇头或扇心的文字和场景极具参考价值。它被发现于墓室中，在最里面的两个神龛之间。从残留的羽毛可以清晰看出，扇子上原本插着30根白色和棕色交替排列的鸵鸟毛。

扇子本身呈现出的一切通过扇柄上的文字及扇心所绘的场景得以印证。扇柄上的文字记载这些羽毛是国王在赫里奥波里斯东部沙漠狩猎时获得的，这里离孟斐斯不远。扇子展示了狩猎的场景，其中一面是国王乘坐战车，在狩猎中全速前进。戴着羽饰、身着精致马衣的两匹马追逐着就要被国王的箭射中的一对鸵鸟。国王的猎犬靠近这对被射中的鸟儿。扇子另一面的文字描述国王狩猎时像巴斯泰托[Bastet，布巴斯提斯（Bubastis）的猫神]一样凶猛，他的马像公牛一样力大无穷。扇子这一面的场景展示了狩猎后的情景：国王沉着冷静地坐在战车上，控制着他的马匹，它们似乎处于紧绷焦躁的状态。前面行进的两名随从扛着两只死去的鸵鸟。

扇柄和扇心是木制的，上面覆盖着薄薄的金板。扇柄的顶部是莲花的形状，花瓣向下翻转。金板上镂刻着图案和文字，大部分细节采用了细腻的冲压工艺（punching）。

服饰和化妆物件

在未遭劫掠的非王室墓葬中经常能发现床单，出乎意料的是，图坦卡蒙陵墓中却没有出现床单。卡特得出的结论是，这些床单质量上乘，非常实用，因此被古代盗墓者拿走了。服饰的情况则截然不同。做工精良且量身定做的王室服装就不那么实用了。因此，在墓葬中，尤其是在前厅的箱子里，发现了许多衣物。不幸的是，在古代，盗窃发生后，大多数衣物在匆忙中被重新打包，受潮后很难处理。陵墓被发现的那个时候，处理古代纺织品的技术还不是很成熟，许多纺织品无法从糟糕的状态中得到挽救。

尽管如此，卡特、亚瑟·梅斯和阿尔弗雷德·卢卡斯等人通过娴熟手法还是成功地修复了许多可辨认出来的衣物，它们大多由细亚麻布制成，并饰有精美的刺绣、精致的珠饰和金亮片。在可辨识的衣物中，长衫、腰带、衬衫、短褶裙、内衣和帽子占了大部分。有两件大衣服上绣有大量刺绣，卡特将其称为"达尔马提亚袍"（dalmatic），它们是祭司在仪式上及国王加冕时穿的礼袍。还有腰带、围巾、大量手套和许多双凉鞋。手套和凉鞋由多种材料制成，通常装饰华丽；有一些则是简单的"日常用品"。墓中有国王在冥界生活的全套衣橱，正式的和休闲的服饰一应俱全。

埃及人有大量的化妆品容器，通常设计精美。那些为国王准备的尤为特别，其中许多质量上乘的物件肯定已从墓葬中被掠夺而走。由贵金属制作的镜子已不复存在，但精致的镜盒却留了下来。墓中发现了少量用于涂眼影的方铅矿和孔雀石，但眼影盒却寥寥无几。没有梳子，国王的剃须用具似乎也很少。化妆勺也出乎意料地缺乏。毋庸置疑，大部分遗失的化妆品都是用珍贵材料制成的，是古代盗墓者的主要目标。

188 这是纳芙纳芙尔（Nefer-neferure）的雕像，她是埃赫那顿和纳芙蒂蒂的第五个女儿，也是图坦卡蒙的妻妹；它出自前厅发现的化妆盒盖。镶嵌物为费昂斯

188—189 国王胸甲背面的中心元素。这是一只鸟（很可能是猎鹰），它具有圣甲虫的身体，两侧是戴有上埃及和下埃及王冠的圣蛇标记。爪子上抓着安卡符号

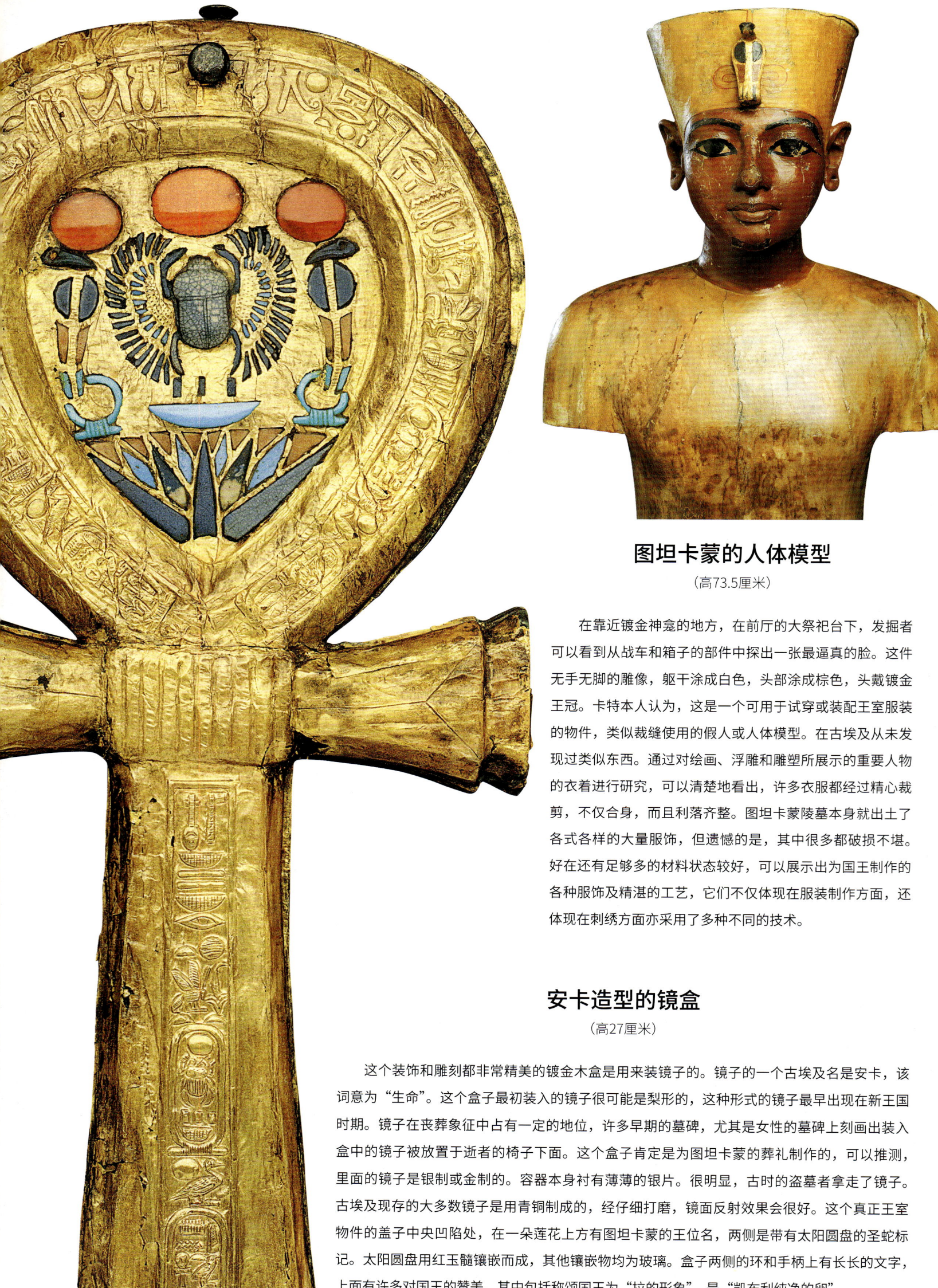

图坦卡蒙的人体模型

（高73.5厘米）

在靠近镀金神龛的地方，在前厅的大祭祀台下，发掘者可以看到从战车和箱子的部件中探出一张最逼真的脸。这件无手无脚的雕像，躯干涂成白色，头部涂成棕色，头戴镀金王冠。卡特本人认为，这是一个可用于试穿或装配王室服装的物件，类似裁缝使用的假人或人体模型。在古埃及从未发现过类似东西。通过对绘画、浮雕和雕塑所展示的重要人物的衣着进行研究，可以清楚地看出，许多衣服都经过精心裁剪，不仅合身，而且利落齐整。图坦卡蒙陵墓本身就出土了各式各样的大量服饰，但遗憾的是，其中很多都破损不堪。好在还有足够多的材料状态较好，可以展示出为国王制作的各种服饰及精湛的工艺，它们不仅体现在服装制作方面，还体现在刺绣方面亦采用了多种不同的技术。

安卡造型的镜盒

（高27厘米）

这个装饰和雕刻都非常精美的镀金木盒是用来装镜子的。镜子的一个古埃及名是安卡，该词意为"生命"。这个盒子最初装入的镜子很可能是梨形的，这种形式的镜子最早出现在新王国时期。镜子在丧葬象征中占有一定的地位，许多早期的墓碑，尤其是女性的墓碑上刻画出装入盒中的镜子被放置于逝者的椅子下面。这个盒子肯定是为图坦卡蒙的葬礼制作的，可以推测，里面的镜子是银制或金制的。容器本身衬有薄薄的银片。很明显，古时的盗墓者拿走了镜子。古埃及现存的大多数镜子是用青铜制成的，经仔细打磨，镜面反射效果会很好。这个真正王室物件的盖子中央凹陷处，在一朵莲花上方有图坦卡蒙的王位名，两侧是带有太阳圆盘的圣蛇标记。太阳圆盘用红玉髓镶嵌而成，其他镶嵌物均为玻璃。盒子两侧的环和手柄上有长长的文字，上面有许多对国王的赞美，其中包括称颂国王为"拉的形象"、是"凯布利纯净的卵"。

国王的胸甲

(高40厘米,长85厘米)

从纪念碑上的图案可以看出,这种罕见的物品是国王在礼仪场合佩戴的。在前厅的不同地方,包括镀金神龛,都发现了它的碎片,不过,这些残片足以让人们对它的原貌有一个大致的了解。但是,卡特对其进行的首次复原与这里所展示的不同。

如图所示,其正面和背面都有宽珠项圈,由成排玻璃珠组成,看起来就像管状珠子,每一面的最外排都有掐丝珐琅花形垂饰,上面镶嵌着金质半宝石。

下垂的装饰物显示了图坦卡蒙在阿图姆神和他的妻子伊萨亚斯(Iusaas)的支持下,被阿蒙-拉赐予生命和长久统治的画面。这些雕像同样是由半宝石和彩色玻璃(包括罕见的不透明白色玻璃)掐丝镶嵌而成。背面的平衡装饰(counterpoise ornament)为斜方形垂饰;中间是一个带太阳圆盘的有翅圣甲虫,两侧分别由头戴上埃及和下埃及王冠的圣蛇标记支撑。圣蛇的盘圈上悬挂着两件代表生命的安卡符号。从这个平衡装饰的底部垂下11串末端带花饰的短珠子。

这件胸甲的主体部分,包括背面和正面,都展现出"里希"这种羽毛装饰图案,这种装饰图案尤常见于棺木上。各个元素再次镶嵌了彩色玻璃。在现有的修复中,主体区域的边缘安装了金质滑动扣件(fastening)。这完全是一件超乎寻常的甲胄精品,采用了令人惊叹的黄金工艺和掐丝珐琅工艺。

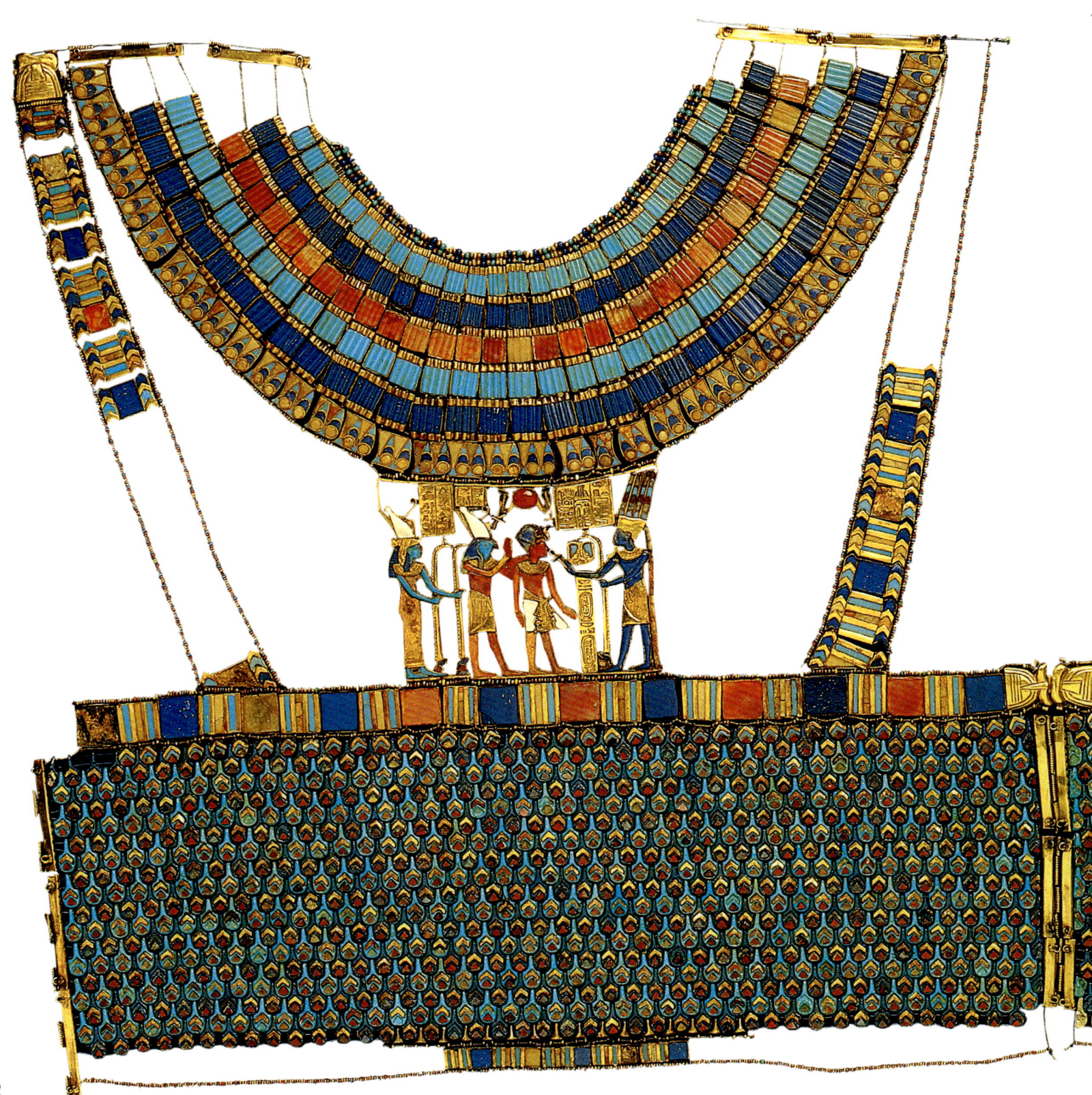

193

豹头

（高16.5厘米）

豹皮斗篷是埃及祭司在举行特定仪式时穿的，如在殡葬仪式中承担重要职责的祭司塞特姆（setem）。出于很多未被充分理解的原因，在阿玛尔纳时期，塞特姆被认为是可恶的，至少他的斗篷被认为是可憎的事物，墓葬中许多塞特姆雕像都被破坏。在图坦卡蒙统治时期，旧秩序被重新建立，披着豹皮的祭司重又被允许活动。在图坦卡蒙墓室有关葬礼的绘画中，他的继任者阿伊将木乃伊的眼睛、嘴巴、鼻子和耳朵打开，执行准备将木乃伊下葬的任务时，就穿着这样的斗篷。在墓室中发现了几件豹皮衣服，有真品也有仿制品，与它们一起的，还有这件豹头。它由木头制成，表面涂有石膏灰泥并镀金。眼睛由透明石英制成，背面绘有细节。其他面部细节由蓝色不透明玻璃制成。

一双金凉鞋

（长29.5厘米）

在图坦卡蒙陵墓发现的众多凉鞋中，这双可能是唯一一双国王生前从未穿过的凉鞋。

这双凉鞋的两个鞋底用金片制成，带子绕过脚踝，大脚趾和二脚趾之间的"带子"（thongs）也是金制的。鞋底前端上翘，这种款式在现今近东地区的休闲鞋中仍然很常见。鞋底表面的条纹代表了简式埃及凉鞋所采用的编织材料，通常是纸莎草叶或芦苇。木乃伊的脚上都包裹有黄金，据说这有助于国王死后的重生。每个脚趾都用亚麻布单独包裹，然后再套上金护套，每层护套上都标有指甲和趾关节。然后用亚麻布绷带包裹，再穿上凉鞋，调整金带，最后将整个脚完全包裹起来。从外形上看，这些凉鞋与守护神像脚上的鞋非常相似。

带有敌人图案的凉鞋

（长28厘米）

在墓中发现了近百件鞋类物品，其中一些与其他衣物一起放在盒子里，还有许多散落在前厅和附室中。这些鞋的范围从普通到高级都有，其中许多是卡特所说的"编织物"（basket-work），但大多是用芦苇和纸莎草叶制成。有些使用皮革制作，精品鞋上缀有珠饰和其他装饰。遗憾的是，在大多数情况下皮革状况恶化——用"化掉了"（melted）一词来形容最恰当不过了。而现存的珠子和皮革已无法复原，几乎无法辨认出是鞋类。这双鞋可能从未被穿过，是木制的，其装饰是由树皮、绿色皮革和金箔镶嵌而成。图案显示的是亚细亚和努比亚囚犯，以及代表法老传统敌人的八张弓（应该是九张）。它们被国王踩在脚下。带子由树皮制成，饰以金叶。

象牙珠宝盒

（高13.97厘米，宽16.8厘米）

对于埃及工匠来说，形状往往比材料更重要。换句话说，对某种造型有灵感，就会使用某种材料制作它，而这种材料有时并不适合这种造型。这在建筑领域很常见。就这个小盒子而言，它是成功的。它被发现于前厅一个装着杂七杂八物品的大箱子里。这件珠宝盒采用了木箱的设计形式，但非常巧妙地使用了象牙。顶部、侧面和底部的主板都是单块的，考虑到象牙的结构，这肯定很难获得并进行切割。象牙是单色的，各个部分被黏合在一起。令人惊讶的是，它仍能开合自如，没有变形的迹象。开关旋钮、箱子脚上的垫片和小铰链都是金制的，尤其是铰链，制作得非常精密。正面旋钮下方有图坦卡蒙的两个王名圈及他的荷鲁斯名——"强壮的公牛，图特-梅苏特（Tut-mesut）"。盖子上的象形文字清单描述了它原本装有的物品：黄金、葬礼用的戒指。正如卡特所描述的那样，这是一个珠宝盒。背面饰有莲花柱头的柱状物。

带有跪姿神像的镜盒

（高26.8厘米，宽14.2厘米）

该镜盒从图像学的角度看比前面描述的安卡造型镜盒更有趣。两者都是木工工艺的典范。这件物品被发现于宝库的一个装有混合材料的箱中。据卡特称，这个盒子已经失去了大部分原装物品，被墓地守卫胡乱重新包装，他们试图清理盗墓者造成的混乱。镜子本身也从盒中被取走。毫无疑问，镜子是用贵金属制成，银或金，可能是金，因为盒子的内表面镀了金。镜子应该是梨形的。这个盒子的主要特征是呈跪姿的海赫（Heh）神像。他的职责是促进国王统治的长治久安。他的名字意为"百万"，在这里，他被典型地表现为手持两根锯齿状的棕榈枝，棕榈枝的底部有蝌蚪（代表十万），它们在代表"统治"的"申"（shen）符号上。图坦卡蒙的王名圈分别位于神像头部的两侧。镜盒的上部有国王正式的王位名，与华丽的带翅圣甲虫雕像合为一体。盒子上覆盖的金叶是紫红色的，而棕榈枝、蝌蚪及申符号则是明亮的更纯的金色。

化妆品盒

（高16厘米，宽8.8厘米，深4.3厘米）

在该盒中发现的一种散发着邪恶气味的棕色粉末证实了一个矛盾的事实：它是用来装带香味的化妆品软膏的。卡特声称它是在大石棺的底部发现的，但有证据表明，它曾被放置在最外面的两个神龛之间。

这个化妆品盒是珠宝艺术的杰出典范，其装饰充满了象征意义。首先，尚不清楚它是为国王生前还是死后制作的。在盒子正面的王名圈中，国王的形象是一个孩童，发型为年轻人的侧编发辫，眉心的圣蛇标记表明他已经是国王了。可以得出结论，这件物品是在他统治早期制作的。但也有可能这个孩童不是年轻的国王，而是年轻的荷鲁斯。似乎还有其他的解释。

该盒为双层双面王名圈造型，盒盖顶端有带有太阳圆盘的双羽。通常认为，四个王名圈中的人物和象形文字是对国王王位名"内布赫佩鲁"的隐秘书写。然而，一些学者认为这些王名圈的内容只是国王蹲坐在代表"节日"的符号上的形象，上方则是带有下垂圣蛇标记的太阳圆盘。另一方面，王名圈用于写上国王的名字，这是一件王室用品。

盒子另一侧的王名圈呈现了类似的国王形象，不过没有侧编发辫，头戴蓝色王冠。其中一个的脸是黑色的，这里可能是指再生。镶嵌物为红玉髓和彩色玻璃。盒子侧面更为简单的镂刻图案显示了永恒之神蹲坐在一个节日符号上，手持棕榈枝，上面刻有图坦卡蒙的在位年份。国王的名字以浮雕的形式呈现在王名圈上。盒子银质底座的下侧镂刻着纸莎草和罂粟花丛的图案，上面还有飞翔的鸭子，其形式和细节让人联想到阿玛尔纳地区的宫殿绘画。

珠宝首饰

尽管在图坦卡蒙陵墓中发现了大量珠宝首饰,但人们认为,它们并不能充分反映第十八王朝王室成员所拥有的珠宝。在木乃伊身上发现的所有物件,以及在前厅和宝库的各种箱子中发现的许多物品,包括阿努比斯神龛在内,都是殡葬或宗教用品。至于图坦卡蒙的个人珠宝首饰,肯定是古代盗墓者会掠走的首选之物,其次他们才会考虑陪葬珠宝。可以肯定的是,他的个人珠宝首饰一定是精心设计并采用最好的材料制作而成。

如果最好的都没了,那么,对于剩下的还能说什么呢?"还不错!"很少有两件一样的作品,作为一个整体,它们展示了一系列非凡的金属加工技术,其中一些技术在后古典时代之后直到文艺复兴时期才被重新发现。这些古代工匠能够打金,制作最优质的金叶,制作用于镶嵌的掐丝,制作金丝,使用焊料和造粒工艺。他们可以用浮雕和镂刻而非雕刻的方法制作珠宝上的场景和图案。他们可以制作掐丝珐琅的证据非常少,但他们的玻璃镶嵌技术非常高超,因此在某些情况下首饰的工艺可以推测为珐琅彩。

从技术上讲,有些器物并不具备埃及工匠所能达到的最高质量。例如,与中王国时期的王室器物相比,其质量并不高。然而,在设计方面,人们不得不惊叹于珠宝制作者的非凡创造力。胸饰所呈现的一系列图案和对神圣象征意义的展示表明,有珠宝大师们在王室机构的工作室里工作。谁设计的?谁决定设计方案?谁决定制作什么?又是谁监督那些社会地位低下的工匠?即使是这些地位卑微的人,也一定会从制作出如此精美的作品中获得极大的满足感。

该鹰形胸饰上有太阳圆盘,鹰伸展翅膀,爪子上抓着安卡和申的符号。掐丝镶嵌物为玻璃和半宝石

项圈

双女神项圈
（宽48.7厘米）

这个最为精致的项圈是在国王木乃伊的包裹中发现的三件项圈之一，放置于胸部位置。从中王国时期木棺上的项圈绘画可知，该项圈应被称为"双女神项圈（埃及语为Nebti）"。双女神是指圣蛇和秃鹫，她们是国王作为下埃及和上埃及统治者的保护女神——眼镜蛇瓦吉特和秃鹫内克贝特。在这里，她们一起出现，共用一对展开的翅膀，秃鹫只露出一条腿爪。

从技术上讲，这件作品堪称杰作（tour de force）。除了中心位置的两个女神像之外，它还由171块独立的金饰板组成，每块饰板的顶部和底部都有小孔，通过线将其穿在一起。饰板背面镂刻羽毛细节，正面则将小块彩色玻璃镶嵌入掐丝中。每块玻璃都是单独切割的，以适合相应的掐丝。靠近翅膀顶端方向的玻璃镶嵌较少，黄金较多。整个项圈非常有弹性，很容易覆盖在不平整的表面上。

双女神像使用彩色镶嵌，装饰得尤为精妙，红色玻璃仿红玉髓，效果非常精妙。秃鹫的头部经过仔细的塑形，上面有镂刻细节，其喙和眼睛用黑曜石制成，黑曜石是一种天然生成的黑色玻璃。眼镜蛇的褶皱处镶嵌着由黄金和彩色玻璃构成的棋盘格纹，十分引人注目。

所有合理设计的项圈和重的项链都有一个平衡装饰，其设计是用于悬挂在背部并固定项圈的位置。埃及语称其为menkhet。这件项圈的平衡装饰是一个简单的钟形，镶有彩色玻璃板。金线将其与项圈相连。

金片项圈

（宽33厘米）

图坦卡蒙身上发现了100多件可称为"装饰品"的物件。这些饰品并非都可以称为珠宝，但这一术语适用于许多常见的珠宝门类：项圈、项链、手链、手镯、戒指、圆箍饰环、胸饰。其他一些可以更恰当地归类为护身符——与神有关的神像或物品。有17件物品被放置在颈部和胸部上方区域，一些已经作为护身符进行了说明，其中还有一些金片神像。

这件饰品表现了古代北部首府布陀的眼镜蛇女神——瓦吉特的带翅造型，与这些金片护身符并无二致。作为项圈，其与众不同之处在于它有一个平衡装饰，通过金线连接到翅膀的尖部。它放置于低于脖子处，位于身体的胸部。它不够坚固，不适合日常使用。

项圈由被打成不到一毫米厚的金片裁剪成型。古埃及金匠很早就学会了如何将小金块打成薄片。古王国时期陵墓中的一些绘画描绘了在铁砧上用看似圆石的东西打金的场景。金片（sheet）和金箔（foil）被广泛用于装饰家具和陪葬品。金叶用于以石膏灰泥为基底给木头镀金。金叶的薄度几乎与现代金叶相同，但给人的印象是，金箔和金片更受欢迎，因为它们更华丽。这个项圈的细节及平衡装饰都是镂刻而成，对眼镜蛇形象的刻画尤为精良。

猎鹰头宽项圈

（宽36厘米）

在国王木乃伊腿部的包裹中发现了四条这种项圈，它们全被折叠并压碎了。这在对待具有魔力的物件上似乎是一种非常随意的方式。它们被放置在尸体上，很可能是出于充分的殡葬缘由。幸运的是，它们的制作方法使其可以毫不费力地折叠起来，而发掘者也不难将它们恢复到正确的形状。

这种项圈也称为乌瑟克（usekh）或宽项圈，经常由重要官员和王室成员佩戴。在日常生活中，这种项圈通常由一排排圆柱形的费昂斯小珠组成，如图所示。这种项圈的顶端是猎鹰头的造型。因此，在早期的棺木上，这种类型的项圈被称为"猎鹰项圈"。这里的猎鹰可能代表了法老的守护神荷鲁斯。但由于这种项圈在非王室墓葬中也有发现，因此将其与王室特定关联起来可能并不恰当。

这个项圈从设计及结构方面奇妙地融合了简洁和浮夸的风格。它由11个金片制的楔形区域组成，九排同心的珠子由彩色玻璃区域展现出来，红色、淡蓝色和深蓝色玻璃分别代表红玉髓、绿松石和青金石。镶嵌物呈罗纹状，珠子看起来是圆柱形。最外侧一排是仿罂粟花瓣形状的水滴形珠子。猎鹰头的末端或肩部由黄金制成，面部饰以深蓝色玻璃。平衡装饰也是金制的，上面镶嵌着一排排成罗纹状的玻璃，即"圆柱形珠子"。

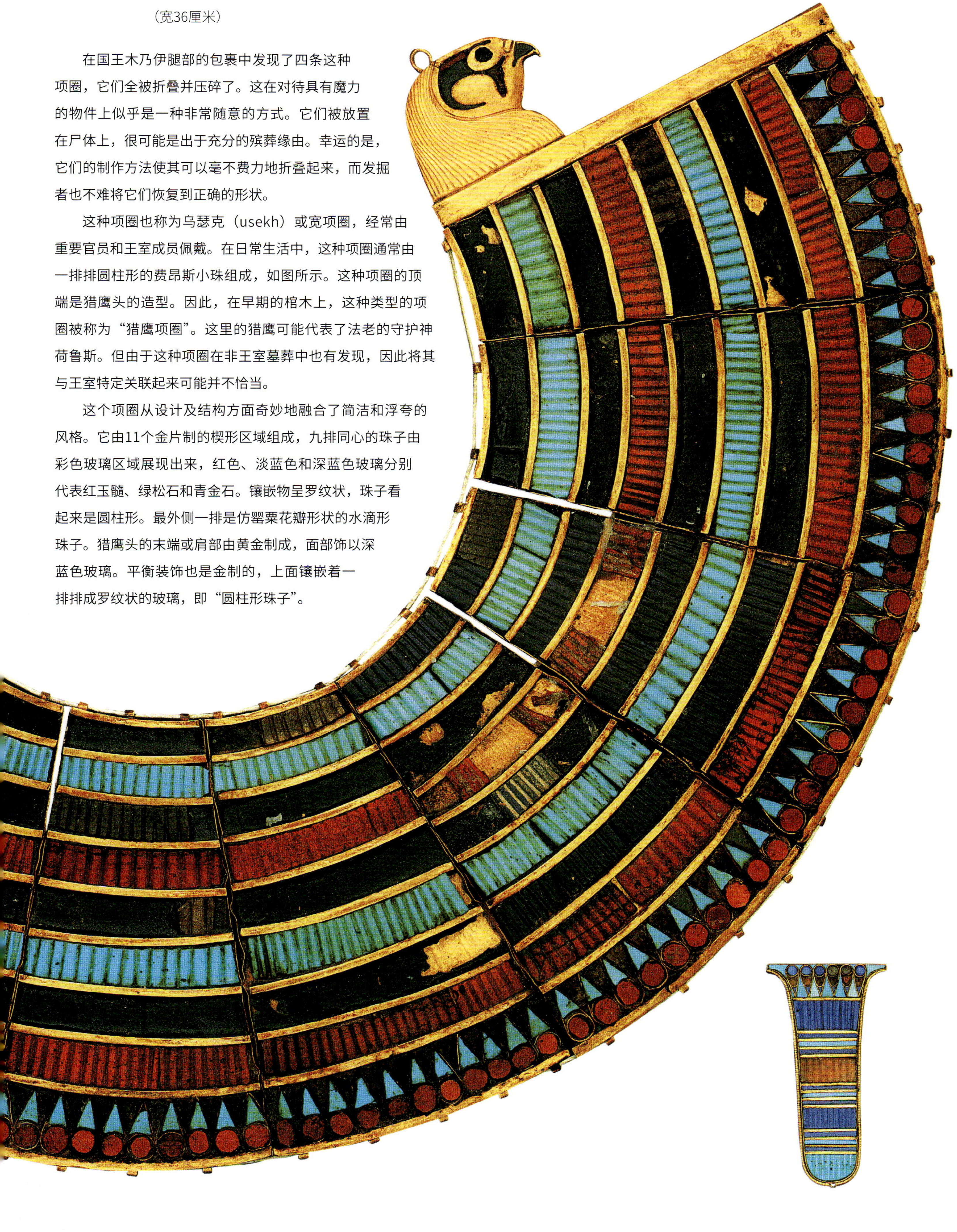

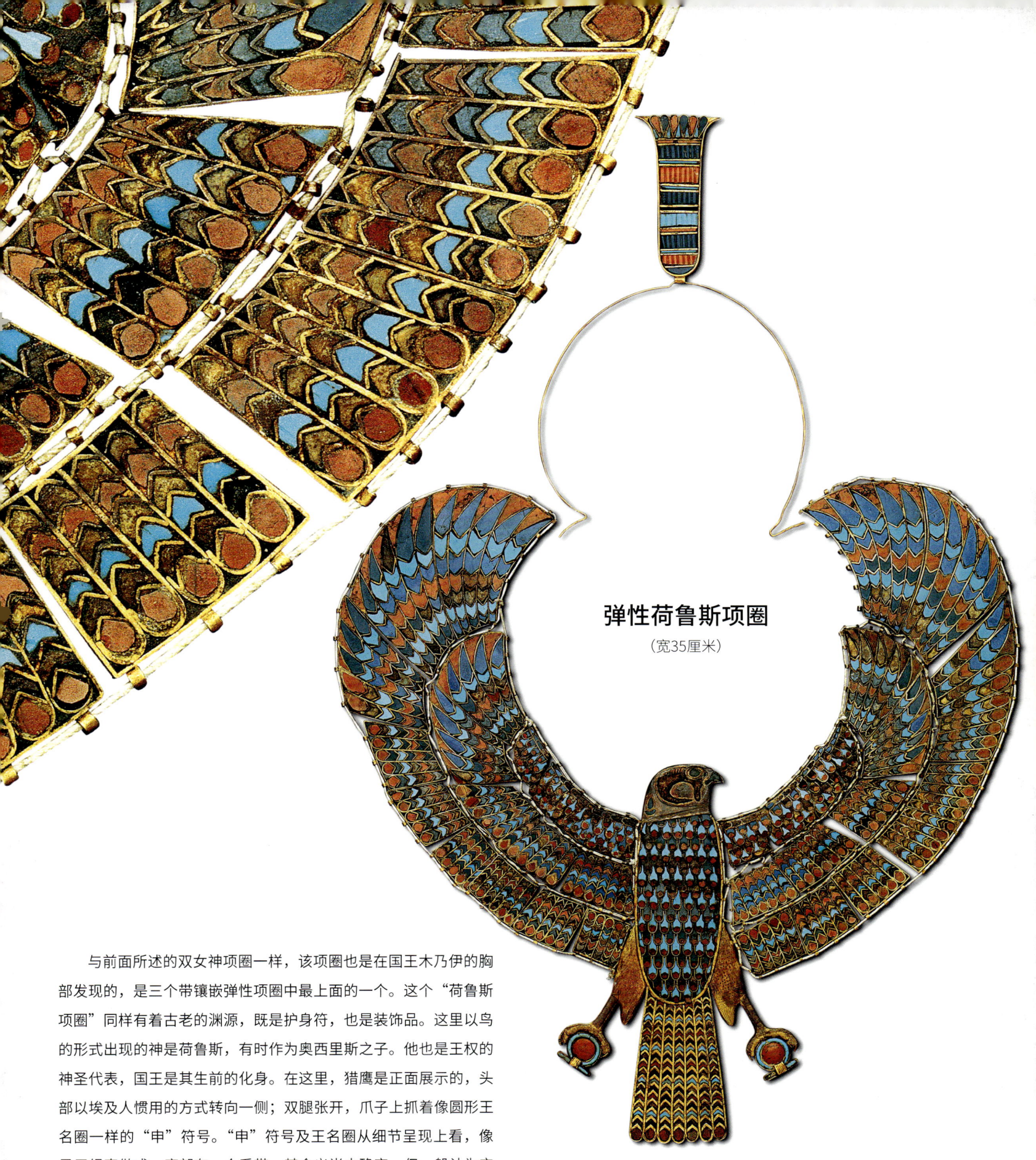

弹性荷鲁斯项圈
（宽35厘米）

与前面所述的双女神项圈一样，该项圈也是在国王木乃伊的胸部发现的，是三个带镶嵌弹性项圈中最上面的一个。这个"荷鲁斯项圈"同样有着古老的渊源，既是护身符，也是装饰品。这里以鸟的形式出现的神是荷鲁斯，有时作为奥西里斯之子。他也是王权的神圣代表，国王是其生前的化身。在这里，猎鹰是正面展示的，头部以埃及人惯用的方式转向一侧；双腿张开，爪子上抓着像圆形王名圈一样的"申"符号。"申"符号及王名圈从细节呈现上看，像是用绳索做成，底部有一个系带。其含义尚未确定，但一般认为它代表太阳所涵盖的一切，表明神权或王权的范围。在这件作品中，猎鹰翅膀挥动的造型很雅致。

这个项圈的结构与双女神项圈有些不同。在双女神项圈中，翅膀使用了171块独立饰板，而这个项圈则使用了总共38块更大的饰板，每块饰板的背面都有标记，以便正确拼接并组合形成翅膀的"区域"。霍华德·卡特一生热衷于研究鸟类，他以细致认真的态度和娴熟的技巧绘画鸟类。在描述鸟类时，他总是一丝不苟地使用正确的鸟类学术用语。

对于这个项圈，他注意到古代工匠对鸟类翅膀的"区域"进行了区分以再现不同类型的羽毛。他明确指出有"初级飞羽、次级飞羽、覆羽、小覆羽和所谓的小翼羽"。

玻璃镶嵌物是单独切割以嵌入饰板上的掐丝中的，分别代表绿松石、红碧玉或红玉髓及青金石。猎鹰身体上的羽毛图案及尾部的楔形图案产生了壮观的效果。

平衡装饰有呈罗纹状的玻璃镶嵌，再现出圆柱形珠子。

带胸饰及吊坠的项链

带鹰形吊坠的项链
（吊坠宽9厘米，链长65厘米）

在木乃伊绷带的深处，有三条带吊坠的项链，一条在胸前，两侧各有一条，左侧是带翅圣甲虫，右侧则是这条。根据卡特的说法，所有项链都有磨损的痕迹，很可能国王生前佩戴过，或许对他具有特殊意义。

这里的吊坠是一只猎鹰，它伸展的双翼形成一个圆形，围绕着头部，头部上方有太阳圆盘和圣蛇标记。这是伟大的升起的太阳——拉哈拉克提。头部直视前方，这很不寻常。从图像学看，头部方向的些许改变给这件作品带来了戏剧性的效果。太阳圆盘由红玉髓制成，翅膀及尾部的掐丝镶嵌是用彩色玻璃制成的。猎鹰的身体为镂空金质，包裹着一块绿宝石，可能是玉髓。

焊接在翅膀顶端的环将吊坠固定在项链的链条上，链条是用金属丝编织而成的，这种巧妙的技术被埃及珠宝商广泛利用，甚至可能就是他们的发明。链条两端的红玉髓圆珠与小平衡装饰相连。最后的这个元素是埃及工匠的又一杰作：它是心形的，由红玉髓制成，镶嵌在一个镂空的黄金"笼"中，在两侧有圣蛇守护的王名圈上，装饰着国王的王位名内布赫佩鲁。

卡特认为，这条项链应该与另一条以月亮为主题的项链成对。这一观点无疑是由他的助手，比如艾伦·加德纳提出来的。

在神话中，这两条项链可与两只眼睛联系在一起——一只代表太阳，一只代表月亮，这个想法与奥西里斯和拉都有关联："他的右眼是太阳，左眼是月亮"，很可能一条项链在早上佩戴，另一条在晚上佩戴。

209

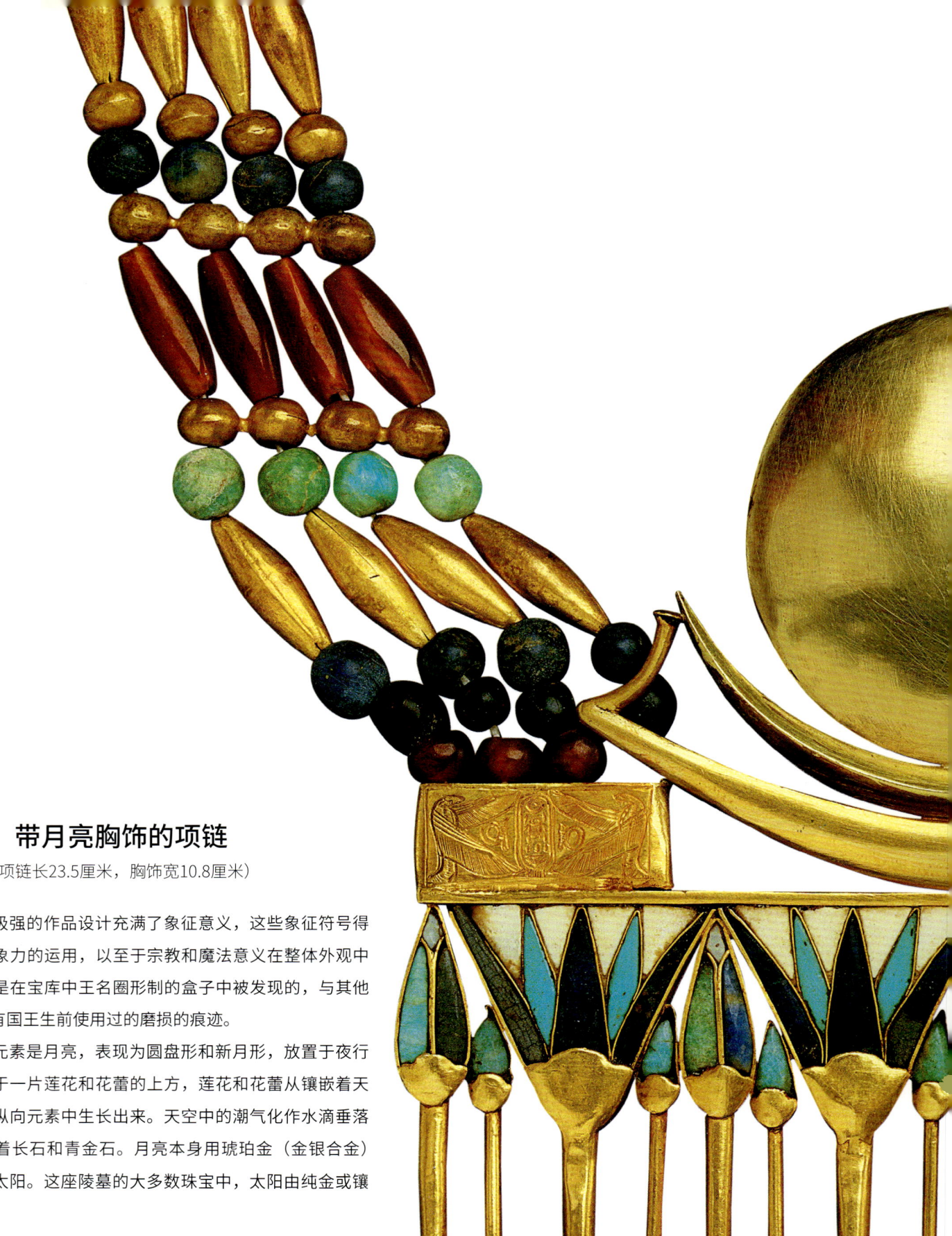

带月亮胸饰的项链

（项链长23.5厘米，胸饰宽10.8厘米）

这件装饰性极强的作品设计充满了象征意义，这些象征符号得到巧妙而富有想象力的运用，以至于宗教和魔法意义在整体外观中显得次要了。它是在宝库中王名圈形制的盒子中被发现的，与其他项链一样，它也有国王生前使用过的磨损的痕迹。

胸饰的中心元素是月亮，表现为圆盘形和新月形，放置于夜行的船上。船只位于一片莲花和花蕾的上方，莲花和花蕾从镶嵌着天青石代表天空的纵向元素中生长出来。天空中的潮气化作水滴垂落下来，上面镶嵌着长石和青金石。月亮本身用琥珀金（金银合金）制成，以区别于太阳。这座陵墓的大多数珠宝中，太阳由纯金或镶嵌的红玉髓制成。

船只左右两侧是长方形底端，用于连接项链的珠串，上面镂刻着由带翅圣蛇守护的图坦卡蒙王名圈。

胸饰由四排圆形和圆筒形的珠子连接到平衡装饰上，这些珠子分别由黄金、青金石、长石、玻璃和深色树脂制成。一些金质球形珠子被焊接在一起做成间隔物，将四排珠子固定在一起。设计再次突出了平衡装饰，其主要组成部分是一朵盛开的莲花，两侧是莲花花蕾，底部是罂粟花和两个圆花饰（rosettes）。莲花的镶嵌使用了长石和青金石，花蕾的顶端富有想象力地使用了白色方解石。罂粟花和圆花饰则镶嵌了红玉髓。坠饰莲花和花蕾下方的横条上悬挂着19条由金珠和玻璃珠组成的珠穗，末端以钟形花饰两两相连。平衡装饰的右侧搭扣由一个可伸缩的别针固定。

211

图坦卡蒙与孟斐斯诸神在一起的胸饰项链

（胸饰：高11.5厘米，宽14.1厘米；
平衡装饰：高8.4厘米，宽7.8厘米；饰带长34.3厘米）

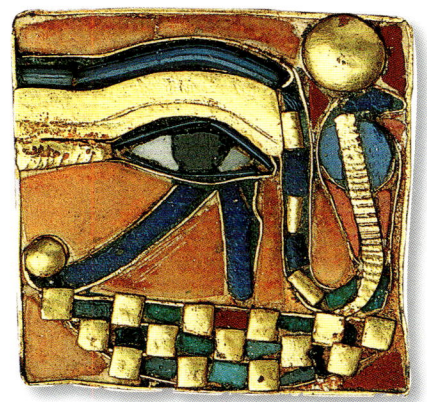

在墓中发现的珠宝首饰中，这件首饰与众不同，因为它的胸饰和平衡装饰上都表现了国王与诸神在一起的场景。这件首饰的不同部分是在宝库中分别发现的，主胸饰被发现于象牙乌木饰面的箱子中，平衡装饰和链条则被发现于王名圈形制的盒子里。

有人认为它是为国王加冕或为纪念国王加冕而制作的。这一重大事件应该是在孟斐斯庆祝的，因为那时宫廷已从阿玛尔纳地区迁至孟斐斯。在胸饰描绘的场景中，图坦卡蒙站在木乃伊状的普塔和他的妻子狮头神塞赫美特之间，而塞赫美特的主要圣地就在孟斐斯。该作品的整体构思壮观且富有戏剧性，然而，在一些细节上却存在工艺粗糙的迹象。此外，黄金的质量也不是最好的。

项链的主题是国王的统治及统治的长久——一个可悲的愿望！在胸饰呈现的场景中，国王手持王权工具——弯钩和连枷，头戴蓝色王冠，身着与加冕相关的短服。他的脸和王冠是用黑色玻璃制成的，黑色代表再生。普塔赐予国王生命，塞赫美特赐予他长久的统治。塞赫美特的身后站着国王的卡，或称灵魂形象，而普塔的身后跪着海赫，即永恒之神。下面的边框重复出现了"永恒"一词。

在平衡装饰的场景中，国王不再穿着加冕礼服，而是坐着，从象征真理和秩序的带翅女神玛阿特接受生命。

悬挂在平衡装饰上的14串珠子的末端是含义不明的金鱼及钟形珠子。项链的饰带由精心镶嵌的金饰板组成，上面写有国王的名字、美好的祝愿、护身符标志和王室庆典的图案。镶嵌物和珠子大多由各种颜色的玻璃制成，少数元素由半透明石英和方解石制成。

日出地平线的项链
（饰带长50厘米，胸饰宽11.8厘米）

项链细节的象征意义集中体现在清晨的太阳冉冉升起，圣甲虫凯布利推动它前方的太阳，这是将自然界中甲虫推动粪球的形象神圣化。这里的太阳位于山丘的跌宕处——东部沙漠的地平线。它位于清晨的船只上，由圣蛇和强力护身符支撑着。

制作这条项链体现的工艺足以媲美所用镶嵌材料的卓越品质：来自遥远阿富汗的青金石、来自东部沙漠和西奈半岛（Sinai）的红玉髓、长石和绿松石。精心制作的饰带边上的一些珠子是用彩色玻璃制成的，不过是出于实用性的考虑才使用了这种不太华丽的材料。

饰带上的金饰板延续了胸饰的主题：成对托举金太阳的圣甲虫，金太阳的两侧是圣蛇；成对托举红玉髓太阳的圣蛇，以及两对象征"忍耐"的杰德柱的符号，顶端同样是镶嵌在黄金上的红玉髓太阳。

饰带的末端是带有掐丝珐琅秃鹫的弧形黄金部件，秃鹫是上埃及统治者——国王的保护女神内克贝特的化身。

四条金珠和玻璃珠短串将主饰带与项链的链扣连接起来，这起着平衡装饰的作用。不过，鉴于主链的重量很大，人们可能会怀疑它所发挥的作用。链扣是金制的，由两条圣蛇组成，上面镶嵌着半宝石，中间用一个金滑块隔开，链扣可以通过滑块打开。

独具匠心的设计和对镶嵌物色彩的巧妙运用大大减轻了项链整体的沉重感。这是一件华丽的作品。它被发现于宝库中一个象牙乌木饰面的盒子里。

带三只圣甲虫胸饰的项链

（胸饰宽9厘米，平衡装饰宽5.3厘米，饰带长18.5厘米）

这条项链戴在国王的脖子上，在木乃伊包裹中占据了首要位置。从图案学角度看，它是众多项链和坠饰中最简单的一个，大部分项链和坠饰几乎充满了象征意义。但这件很克制。

胸饰设计的主要元素是三只镶嵌在黄金上的青金石圣甲虫，上有圆盘，外侧的两个圆盘是金的，代表太阳。中间的圆盘是琥珀金制，因此颜色上要黯淡一些。它包含一弯新月，代表月亮。每只圣甲虫下方都有一个篮子形状的标志，上面镶嵌着绿长石。这里的组合隐约暗含图坦卡蒙的王位名。他的王位名通常写成一个圆盘位于圣甲虫上方，下面应该是表示复数的三个小笔画及篮子符号。在这里，笔画不见了，但其他元素的三倍则暗示了复数的概念。胸饰底部的横杠上饰有12朵蓝色玻璃制成的菊花，花心为金色。横杠上悬挂着四朵莲花，中间穿插着三个大的莲花花苞，另外最初原本有六个小花苞，现在只剩下三个了。花朵和花苞由红玉髓、长石和蓝色玻璃镶嵌而成。

五串珠子主要是金质的，但也间隔有一些蓝色玻璃，将胸饰与平衡装饰连接起来，用于连接的扣件上面镂刻有长着翅膀的圣蛇形象。镂空的金色平衡装饰上镶嵌着一些玻璃，使其更加生动。设计中有一位呈跪姿的神灵，可能是百万年之神海赫，也可能是通常表现为支撑天空的空气之神舒。在这里，神灵支撑着一个长形王名圈，上面镶嵌着国王王位名、王衔和称谓："善神，内布赫佩鲁，阿蒙-拉之选"。呈跪姿神灵的前方是头戴上埃及白色王冠的圣蛇，这里的白色王冠上有经常出现在红色王冠上的卷曲延伸。神的背后是强大的护身符标志，即象征忍耐和力量的杰德柱和瓦斯权杖。

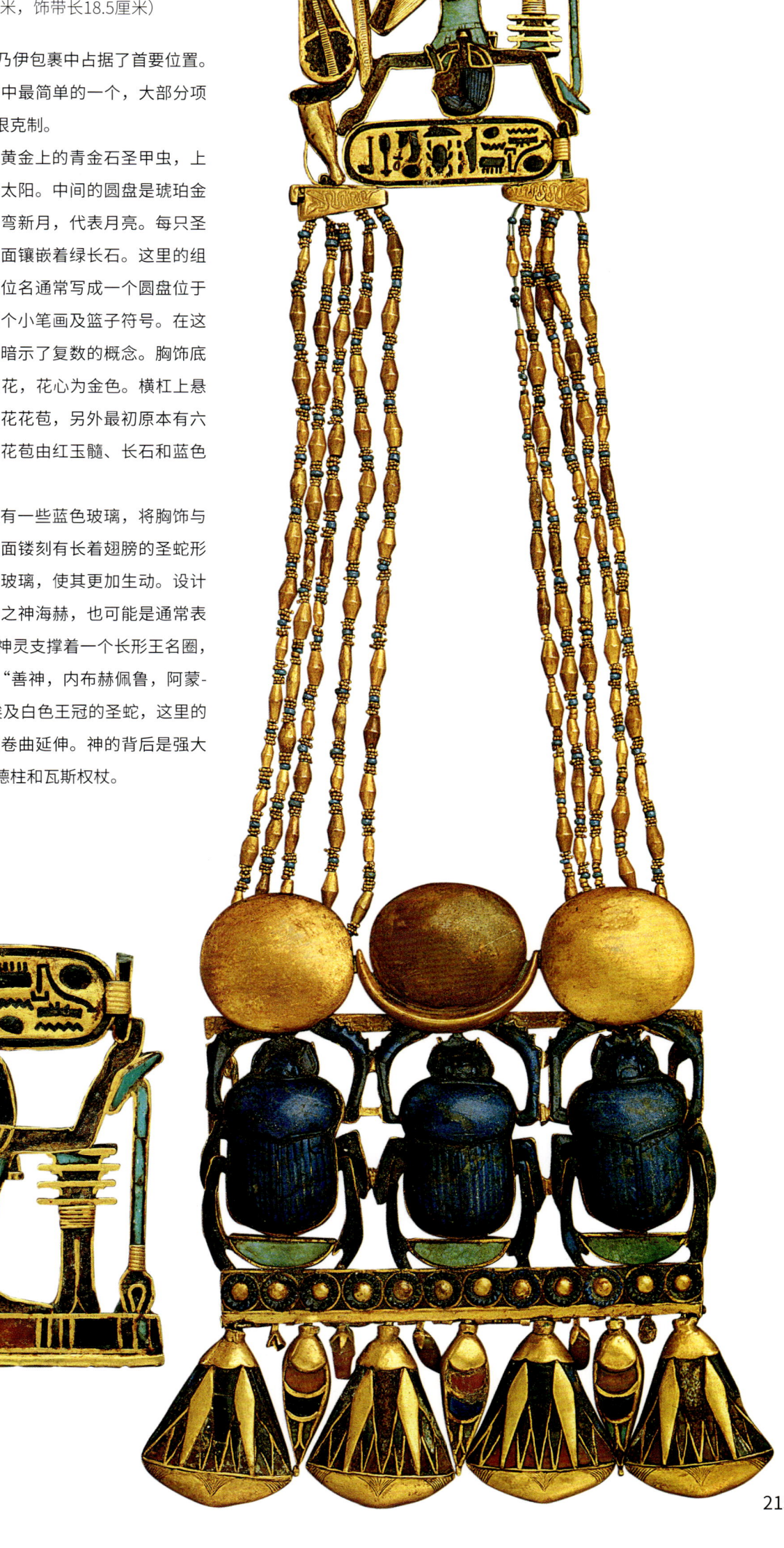

旭日项链

（全长41厘米，胸饰宽11.5厘米，

平衡装饰宽6.3厘米）

放置在宝库中的象牙乌木饰面箱子中装有几件珠宝首饰，有部分被盗并草率重新包装的痕迹。在箱子拱形盖子的中央横杆上有一份带墨迹的清单，列有："黄金：葬礼队伍（或用于葬礼队伍）的珠宝首饰，于内布赫佩鲁的寝宫制作"。字迹非常潦草，读起来也不清楚。这意味着箱子里的珠宝首饰主要不是为殡葬目的制作的，而是与国王的个人物品一起存放在他的居室中，因此，理所当然地被纳入了随葬品中。

胸饰上引人注目的设计显示了太阳在黎明时分作为圣甲虫凯布利重获新生，在清晨的船只上，从象征宇宙力量的圆形的申符号上冉冉升起。凯布利和太阳圆盘受到两只狒狒的崇拜。在自然界中，狒狒用嚎叫迎接清晨的太阳；在埃及神话中，它们举起爪子以示对旭日的崇拜。

该场景的两侧以瓦斯权杖为界，下方是冥界之水，上方是繁星密布的天空。

所有镶嵌物均为半宝石，镶嵌在纯金基底上，基底的背面有复杂的细节。狒狒坐着的小神龛上有反复出现的象征生命的安卡符号，并由瓦斯符号支撑。

狒狒的造型精美，头部及颈部毛皮的羽毛标记做工非常出色。饰带将胸饰与平衡装饰连接起来，其两侧各由11块饰板组成。装饰的主题是长久的统治和禧年庆典。虽然做工不如胸饰精美，但整体效果不错。

平衡装饰工艺的精致度和完成度也不如胸饰。神龛形状的平衡装饰中有一个呈跪姿的百万年之神海赫，他手持申符号，两侧是头戴上埃及（左）和下埃及（右）王冠的圣蛇。

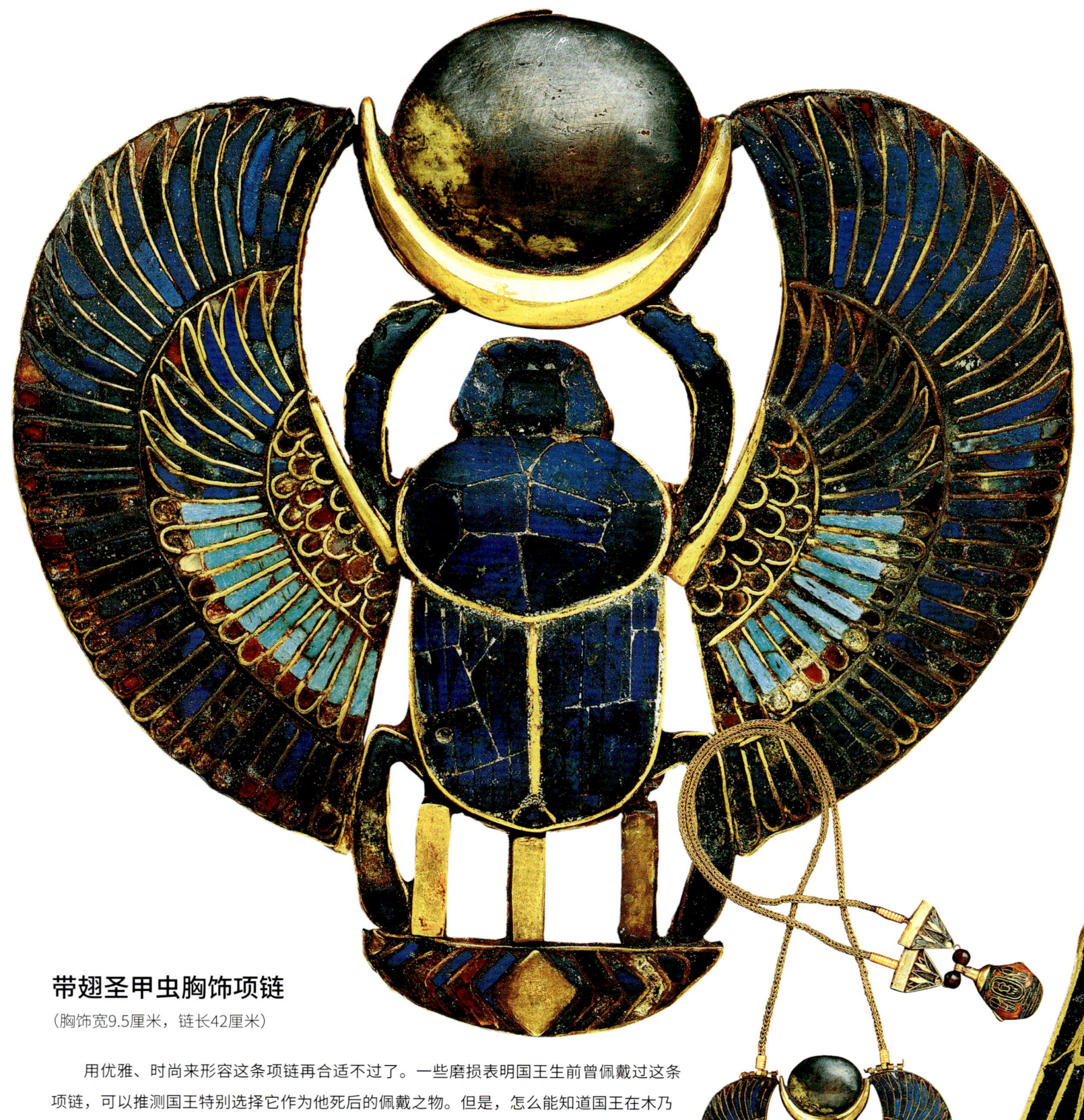

带翅圣甲虫胸饰项链

（胸饰宽9.5厘米，链长42厘米）

用优雅、时尚来形容这条项链再合适不过了。一些磨损表明国王生前曾佩戴过这条项链，可以推测国王特别选择它作为他死后的佩戴之物。但是，怎么能知道国王在木乃伊包裹中随葬的珠宝和其他物品的选择是否与个人意愿有关呢？这条项链与木乃伊胸前发现的猎鹰吊坠项链（J.d'E.61891）成对，右边是猎鹰，左边是圣甲虫："他的右眼是太阳，左眼是月亮"。

吊坠的图案是图坦卡蒙的王位名，但带有月亮的内涵。在简单的象形文字中，王位名由太阳圆盘、圣甲虫、三道笔画及一个篮子组成。在这里，带有新月的月亮圆盘取代了太阳，而且与该墓中的珠宝一样，圆盘由琥珀金制成，而新月则是金制的。这只圣甲虫有着一双精致的翅膀，翅膀挥动呈圆形，触碰新月的两端。青金石镶嵌构成了圣甲虫的身体，同样的宝石配上红玉髓和淡绿色玻璃一起填充了翅膀的掐丝。三个代表复数的金笔画将圣甲虫与篮子分开，篮子中央有一个显眼的金菱形，两侧有带镶嵌的楔形。在象形文字中，这种篮子代表着"节日"；在王位名中，应该会出现一个普通的篮子，或是一个带有线条或棋盘图案的篮子。

金链连接了胸饰和平衡装饰，可能取代了原本由五排珠子组成的饰带，其固定的结点非常明显。两颗红玉髓珠子将镶嵌的莲花顶端与心形的平衡装饰隔开。该平衡装饰由围住红玉髓内核的金质镂空笼子组成，上面带有由圣蛇守护的国王的王位名。

秃鹫胸饰项链

(秃鹫宽11厘米，饰带长25.5厘米)

从工艺角度来看，这条项链是古墓中最有趣的珠宝之一。它是在木乃伊身上发现的，悬挂在脖子上。它的主要元素即胸饰吊坠，是秃鹫造型，秃鹫是图坦卡蒙作为上埃及统治者的守护神内克贝特女神的化身。

设计非常简单：秃鹫头部转向左侧，张开的翅膀向下翻转，像披上一件保护性的斗篷。秃鹫的双腿张开，爪子上握着象征宇宙力量的"申"符号。鸟的头部是单独塑型，并与身体焊接在一起；其斑纹是精心镂刻的，眼睛使用黑曜石，鸟喙使用青金石制作而成。特别值得关注的工艺点在于身体、尾部和翅膀部分的玻璃镶嵌。这些部位的玻璃镶嵌物上有一些小凹陷，它们可能是由在制造过程中产生的气泡造成的。如果真是这样的话，这些气泡就证明了这件首饰生产过程中使用了真正的珐琅工艺，这在古埃及还没有被发现过。在图坦卡蒙陵墓出土的许多珠宝首饰中，都采用了玻璃镶嵌的掐丝工艺。

真正的掐丝珐琅工艺是在掐丝处填入玻璃粉，然后将其烧制到位。这样，镶嵌物就完全填满了金的小外壳，并被紧紧地固定在里面。在这件作品中是否使用了这种工艺，还有待通过仔细的科学检查来确认。

秃鹫的背部是纯金的，上面被精心镂刻过，颈部悬挂了一个吊坠，上面有国王的王位名。

饰带由黄金和青金石饰板组成，每块饰板的中心都有一圈彩色玻璃。饰带与带扣相连，带扣的形状是两只仰头休息的猎鹰；它们由镶嵌有青金石、长石、缟玛瑙（onyx）、红玉髓和绿玻璃的黄金制成。一个滑动扣件将两者固定在一起。

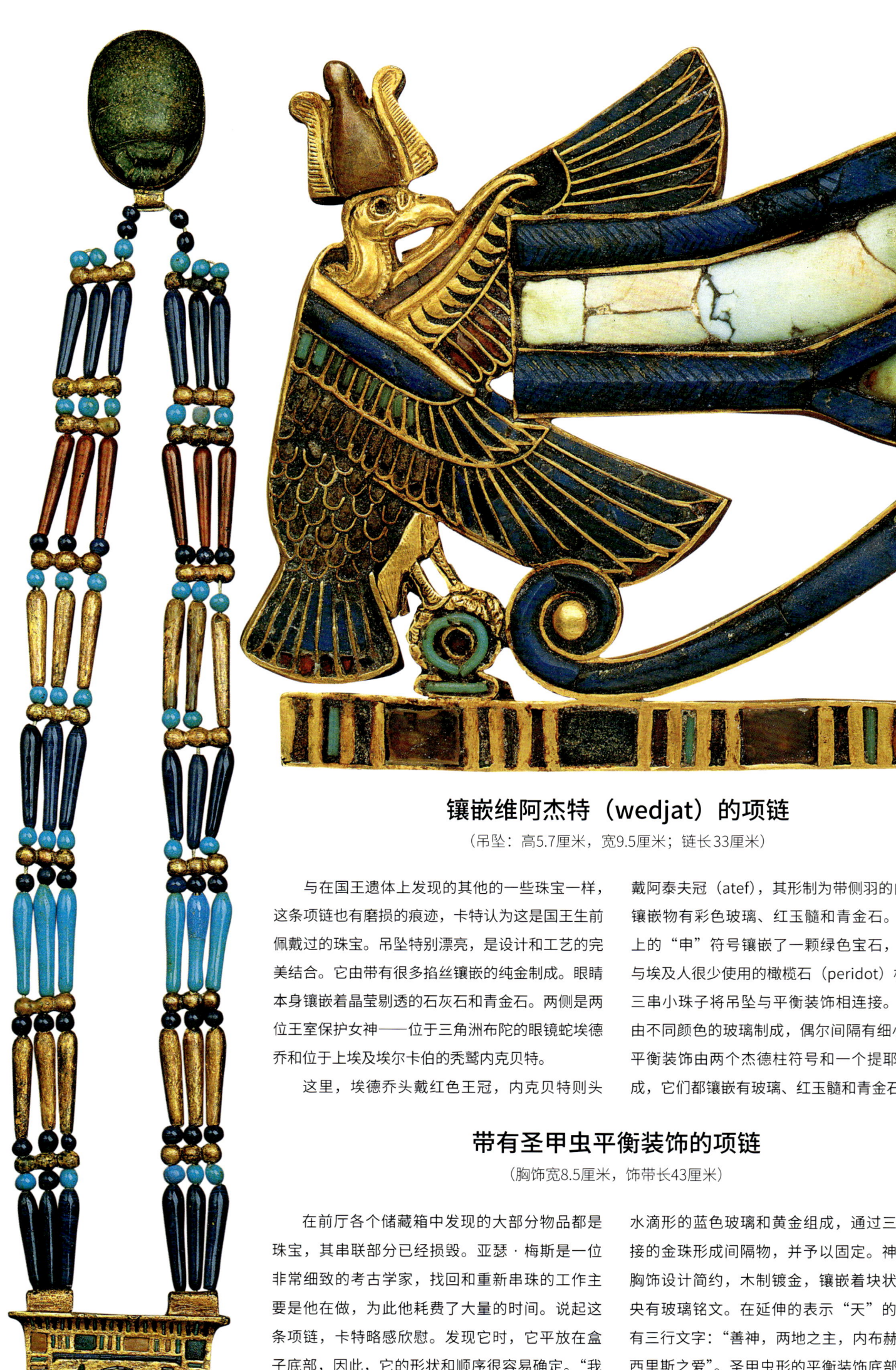

镶嵌维阿杰特（wedjat）的项链

(吊坠：高5.7厘米，宽9.5厘米；链长33厘米)

与在国王遗体上发现的其他的一些珠宝一样，这条项链也有磨损的痕迹，卡特认为这是国王生前佩戴过的珠宝。吊坠特别漂亮，是设计和工艺的完美结合。它由带有很多掐丝镶嵌的纯金制成。眼睛本身镶嵌着晶莹剔透的石灰石和青金石。两侧是两位王室保护女神——位于三角洲布陀的眼镜蛇埃德乔和位于上埃及埃尔卡伯的秃鹫内克贝特。

这里，埃德乔头戴红色王冠，内克贝特则头戴阿泰夫冠（atef），其形制为带侧羽的白色王冠。镶嵌物有彩色玻璃、红玉髓和青金石。秃鹫爪子上的"申"符号镶嵌了一颗绿色宝石，卡特将其与埃及人很少使用的橄榄石（peridot）相提并论。三串小珠子将吊坠与平衡装饰相连接。这些珠子由不同颜色的玻璃制成，偶尔间隔有细小的黄金。平衡装饰由两个杰德柱符号和一个提耶特符号组成，它们都镶嵌有玻璃、红玉髓和青金石。

带有圣甲虫平衡装饰的项链

(胸饰宽8.5厘米，饰带长43厘米)

在前厅各个储藏箱中发现的大部分物品都是珠宝，其串联部分已经损毁。亚瑟·梅斯是一位非常细致的考古学家，找回和重新串珠的工作主要是他在做，为此他耗费了大量的时间。说起这条项链，卡特略感欣慰。发现它时，它平放在盒子底部，因此，它的形状和顺序很容易确定。"我们能够一珠一珠地把它取下来，并当场准确地按照它原来的顺序将其重新串好。"这些珠子由三股水滴形的蓝色玻璃和黄金组成，通过三个一组焊接的金珠形成间隔物，并予以固定。神龛形状的胸饰设计简约，木制镀金，镶嵌着块状边框，中央有玻璃铭文。在延伸的表示"天"的符号下方有三行文字："善神，两地之主，内布赫佩鲁，奥西里斯之爱"。圣甲虫形的平衡装饰底部还刻有图坦卡蒙的王位名，两侧分别是代表王权的赫奎特权杖及代表真理和秩序的羽毛。

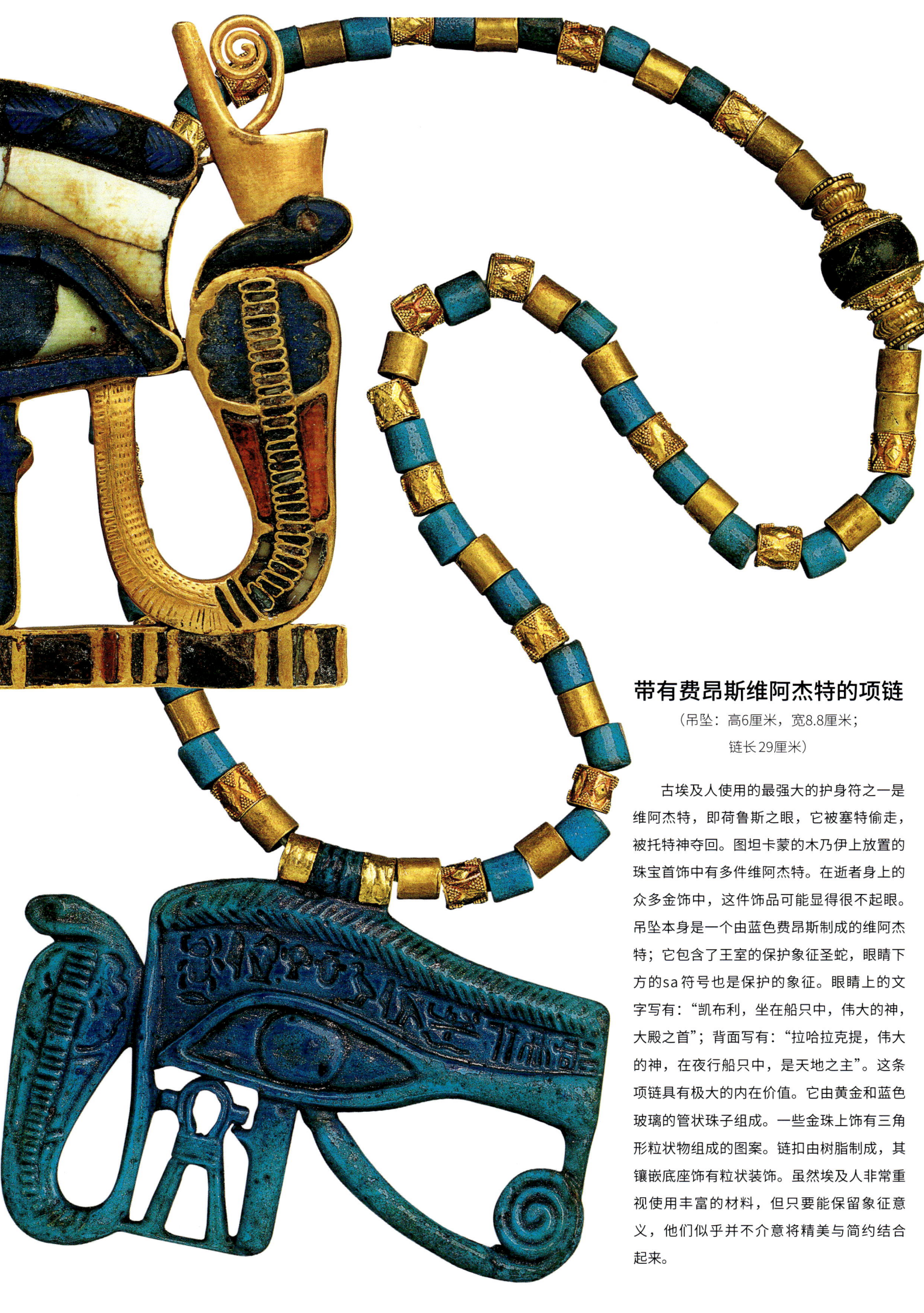

带有费昂斯维阿杰特的项链

（吊坠：高6厘米，宽8.8厘米；
链长29厘米）

古埃及人使用的最强大的护身符之一是维阿杰特，即荷鲁斯之眼，它被塞特偷走，被托特神夺回。图坦卡蒙的木乃伊上放置的珠宝首饰中有多件维阿杰特。在逝者身上的众多金饰中，这件饰品可能显得很不起眼。吊坠本身是一个由蓝色费昂斯制成的维阿杰特；它包含了王室的保护象征圣蛇，眼睛下方的sa符号也是保护的象征。眼睛上的文字写有："凯布利，坐在船只中，伟大的神，大殿之首"；背面写有："拉哈拉克提，伟大的神，在夜行船只中，是天地之主"。这条项链具有极大的内在价值。它由黄金和蓝色玻璃的管状珠子组成。一些金珠上饰有三角形粒状物组成的图案。链扣由树脂制成，其镶嵌底座饰有粒状装饰。虽然埃及人非常重视使用丰富的材料，但只要能保留象征意义，他们似乎并不介意将精美与简约结合起来。

饰 坠

伊希斯和奈芙提斯胸饰

（高12厘米，宽16.3厘米）

在宝库里有一个巨大的镀金塔形神龛，上面平卧着阿努比斯豺狼的黑漆雕像。卡特和他的同事们惊奇地发现神龛里有隔层和小柜。其中最大的隔层里有八件珠宝，都是胸饰，没有相应的项链或平衡装饰。不知道它们的用途是什么，也不知道为什么要把它们放在这个神龛里。有迹象表明这个隔层被翻动过，因此，其原本装的物品可能与所发现的不同，或者数量上比所发现的更多。卡特认为，所有这些物品都是陪葬品，而非日常用品。它们的设计包含很多象征意义，暗示了为国王死后的重生或再生之用。它们在做工、设计及所使用材料的珍贵程度上都有很大的差异。

这个凉亭形胸饰是用劣质黄金制成的，但设计简洁有力。主要场景的中央有象征忍耐的杰德柱，上面是太阳圆盘，两侧的奈芙提斯女神（左）和伊希斯女神（右）伸展保护之翼。据说这两位女神发挥的多重功能作用于去世的国王；在卡诺皮克神灵中，她们具有更普遍的保护作用，作为主要的哀悼之神，她们经常以埃及常见的食腐鸟类——鸢（kite）的形象出现。女神的前方有两个刻有图坦卡蒙名字的王名圈，每个王名圈上各悬挂着头戴王冠的圣蛇，左边的圣蛇头戴红色王冠，右边的圣蛇头戴白色王冠（显示为蓝色）。

胸饰的顶部是飞檐造型，上面有代表棕榈叶的图案。下方是垂下的花饰。在最顶端的左右两侧，有一些可以连接项链带的配件。两侧各有四串珠子。这些配件上镂刻着带翅的圣蛇。

除了少许石英外，所有镶嵌物均为彩色玻璃。

有伊希斯和奈芙提斯的带翅圣甲虫胸饰

（高16.5厘米，宽24.4厘米）

这件有趣的作品有几个特征，表明了这座墓葬及陪葬物品的混乱，也指向了盗墓者造成的进一步混乱，以及墓地守卫试图整理混乱所带来的一系列问题。这件胸饰在阿努比斯神龛中被发现时，缺少现在占据图案中心位置的巨大石质圣甲虫。后来，石质圣甲虫又在宝库中一个王名圈形制的箱子里被发现。

这个圣甲虫与胸饰是匹配在一起的，这一说法通过这两个部分上面的文字可以得到证实。圣甲虫由坚硬的绿色石头制成，底部刻有《亡灵书》第30B条咒语，在咒语中，国王的心脏被劝诫在神圣密会（divine conclave）上为死去的图坦卡蒙作证。这就是所谓的"心形圣甲虫"，在王室和非王室墓葬中都能找到，最常见的是放在逝者木乃伊靠近心脏的位置，而心脏本身留在经过防腐处理的尸体中。在国王的木乃伊上发现的珠宝中有许多圣甲虫，但没有一件带有这一重要的心脏经文。有人会问，为什么会这样呢？这件胸饰会不会是为木乃伊准备的而被忽略了？至少，它最终被纳入了墓葬用具中，并被放置在离卡诺皮克箱不远的地方，卡诺皮克箱里装有国王其他内脏器官的木乃伊化残骸。

镶嵌在胸饰上的圣甲虫长着翅膀，由呈跪姿的伊希斯和奈芙提斯守护，在经文中，她们代表心脏向拉祈求。胸饰顶部是带翅的太阳圆盘形，两侧是精心排列的圣蛇，蛇腹之间有太阳圆盘。顶部的配件表明，这件胸饰以四串珠子作为横向链（lateral chains）。

所有掐丝镶嵌物均为经过精心切割并嵌入的彩色玻璃。两位女神的衣服镶嵌得尤为精致，再现了极具特色的网状图案。

努特女神胸饰

（高12.6厘米，宽14.3厘米）

这件非比寻常的物件也是在阿努比斯神龛中发现的，它可能并非严格意义上的胸饰。它本身是神龛形状的，但与此类物件的常见设计相反，它的悬挂装置在两侧，而不是顶部。这种安排表明，它可能是放置于环绕国王身体的腰带和束带的中心位置。

胸饰的顶部有棕榈叶飞檐，四边都有块状边框。此处及其他地方采用了红玉髓和彩色玻璃镶嵌。与陵墓大多数胸饰及其他珠宝不同，这件珠宝的基底是一块纯金饰板，而非镂空的。如此设计是使其更加坚固，底板能够容纳大量的宗教文字。中心人物是天空之神——努特女神，她被描述为具有"伟大的力量"。她站立时伸展双臂，翅膀的顶端向上翻起，环绕着包含图坦卡蒙名字的王名圈。在八行主经文中，努特宣称她向"她的儿子，内布赫佩鲁国王"张开臂膀，并为"赫里奥波里斯南部统治者——图坦卡蒙美之一切"展开翅膀。她这样做，如同拉这么做，"保护你的这些肢体"。

铭文并非没有错误，其中一些可能是古代篡改造成的。尽管现存的痕迹并不十分明显，但有人认为，王名圈中的名字是由埃赫那顿的名字改过来的。如果这一推测是正确的，那么这件胸饰应该是在埃赫那顿统治初期制作的，那时努特和她的文字不会被认为不合适。那么也可以推断出，它被存放在底比斯，等待更好的时机，之后被再利用，用于埃赫那顿年轻的继任者。

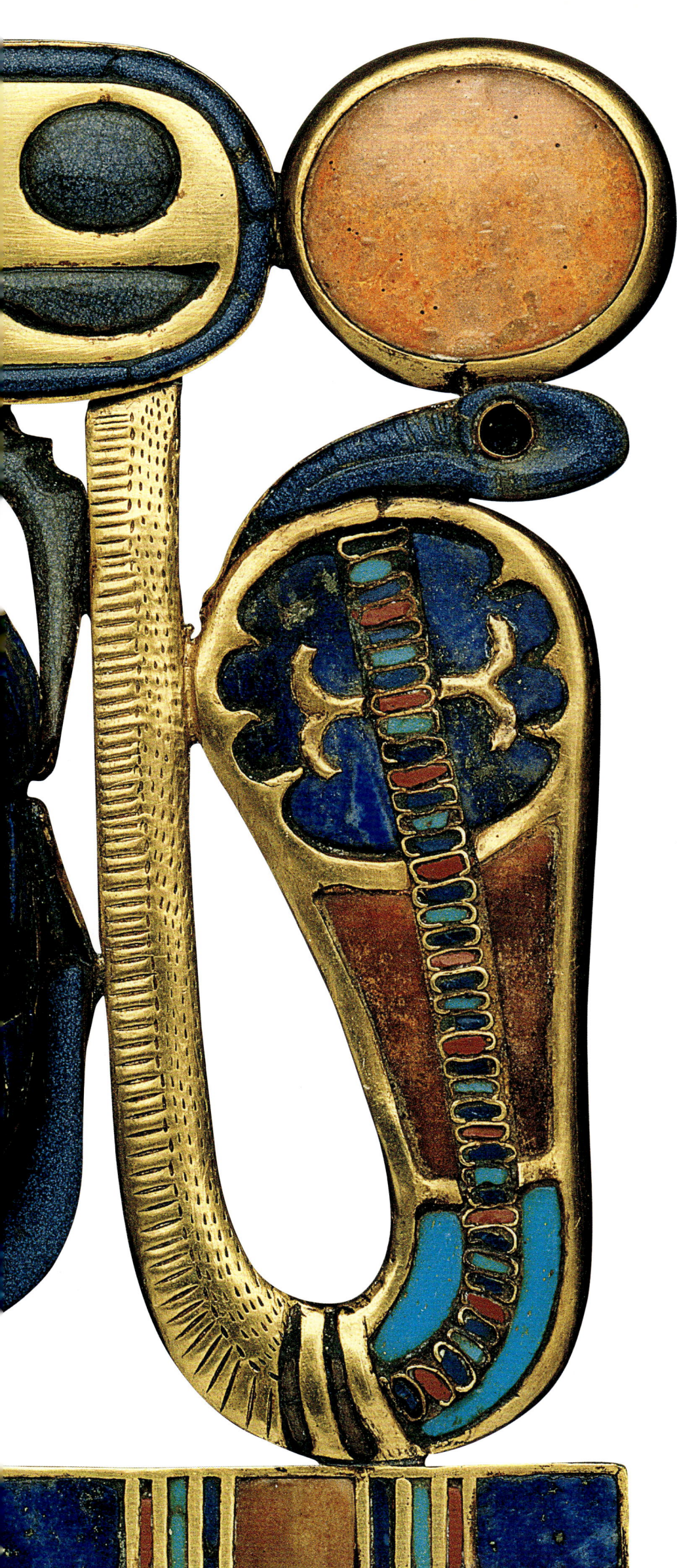

圣蛇守护的圣甲虫胸饰

(高7.8厘米，宽8.7厘米)

这件胸饰是在宝库的饰面珠宝盒中被发现的，在设计、工艺和材料的使用方面都堪称精品。胸饰以优质黄金为基底。

其核心元素是常见的圣甲虫，代表黎明时分的太阳神凯布利。它是用青金石精心圆雕而成，头部和翅膀上有细致的纹路。它支撑的不是太阳，而是一个精心制作的王名圈，上面镶嵌着国王的王位名内布赫佩鲁，并加上了"拉之安排"(Setep-en-Re)、"拉之选择"(Chosen of Re)的称谓。圣甲虫的后肢之间夹着"申"符号，上面镶嵌着红玉髓，是宇宙力量的象征。

圣甲虫的两侧，圣蛇从王名圈上垂下。身体为金质，上面精心镂刻线性花纹。这两条圣蛇的亮点在于蛇的头部和扁颈。这里极小的区域却体现出质量极高的工艺水平：头部是用青金石雕刻而成的，采用高浮雕工艺；扁颈上的纹饰虽是风格化的，但效果极佳，较大的镶嵌物为青金石和红玉髓，其余采用红色、蓝色和绿调蓝玻璃。太阳圆盘由红玉髓制成，黄金镶嵌。胸饰底部是镶嵌玻璃和方解石的块状边框，制作异常精密。

该物件的背面也值得仔细观察。胸饰是纯金基底，但它采用了与正面相同的模制和镂空设计。用卡特的话说，圣甲虫的背面"做工丰富……体现了其腿部和下半身的完整衔接"。王名圈背面的王位名有两个不同的称谓："真理的统治者，拉的形象"。两个太阳圆盘的背面都有悬挂装置，每个装置上各有三个孔，被发现时这些孔中有线头。

有太阳和月亮象征物的胸饰

（高14.9厘米，宽14.5厘米）

古埃及宗教历经数千年的发展，包含多种思想，蕴含着丰富的象征意义。象形文字中包含许多符号，它们不仅表达了观念，还可作为护身符。埃及珠宝设计者正是利用这种多样性，制作出许多优秀的作品。这件色彩斑斓的胸饰充满了隐藏和不那么隐藏的含义，充分体现了埃及珠宝设计师的聪明才智。它是在宝库箱子里被发现的珠宝中最引人注目的一件。这个箱子有被翻动和重新包装的痕迹。为什么这样一件精美的珠宝却没有被盗呢？

其核心元素是常见的带翅圣甲虫，它的身体由无瑕的半透明玉髓（chalcedony）制成。它本身就是太阳的象征，即黎明时分的太阳神凯布利，通常表现为用前肢滚动太阳圆盘。这里有一点变化。圣甲虫的前肢支撑着部分镶嵌绿松石的金色船只。船只搭载着荷鲁斯的左眼——月亮，两侧是头顶太阳圆盘的圣蛇。最引人注目的是带着新月的月亮圆盘：新月是金质的，但圆盘是银质的，上面焊接着三个小金像——国王及他两侧的朱鹮头托特和猎鹰头拉哈拉克提。托特和国王戴着月亮圆盘，拉哈拉克提则戴着太阳圆盘。

在这一胸饰的下半部分，可以找到一些不那么明显的象征意义。圣甲虫的后肢变形为秃鹫腿，非常典型地抓住象征权威的"申"符号及花朵：左侧是盛开的百合花，右侧是莲花和花苞，这两种植物的纹章装饰都象征着上埃及。两侧直立的圣蛇再次体现了太阳的主题。

底部是花环装饰，由矢车菊、莲花和罂粟花组成流苏状。

圣甲虫两侧的翅膀边缘上有六个小环，可能是用来连接六串珠子的细绳，用于悬挂。除了已提及的材料，镶嵌的材料还有青金石、红玉髓、方解石、黑曜石和彩色玻璃。

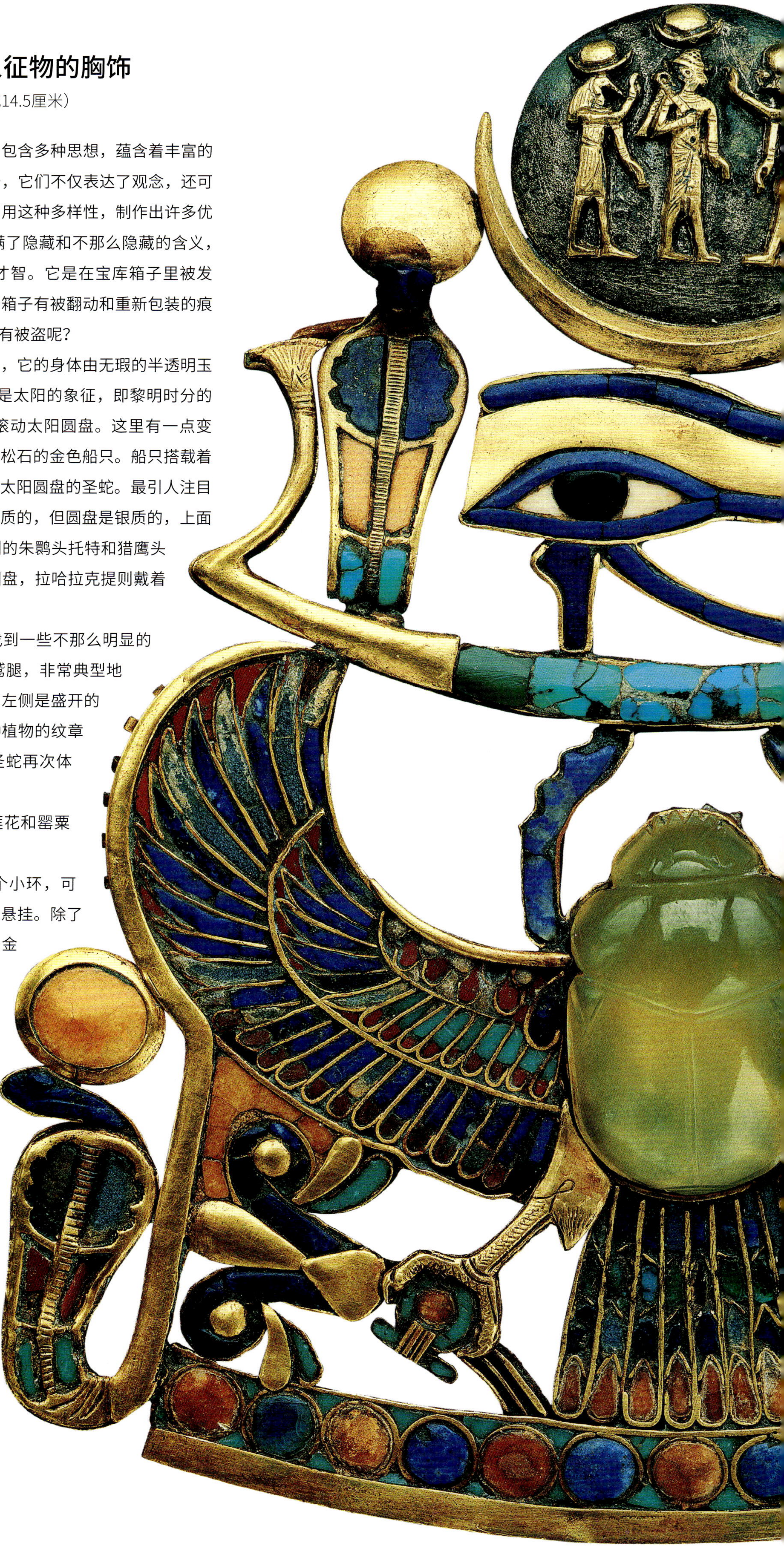

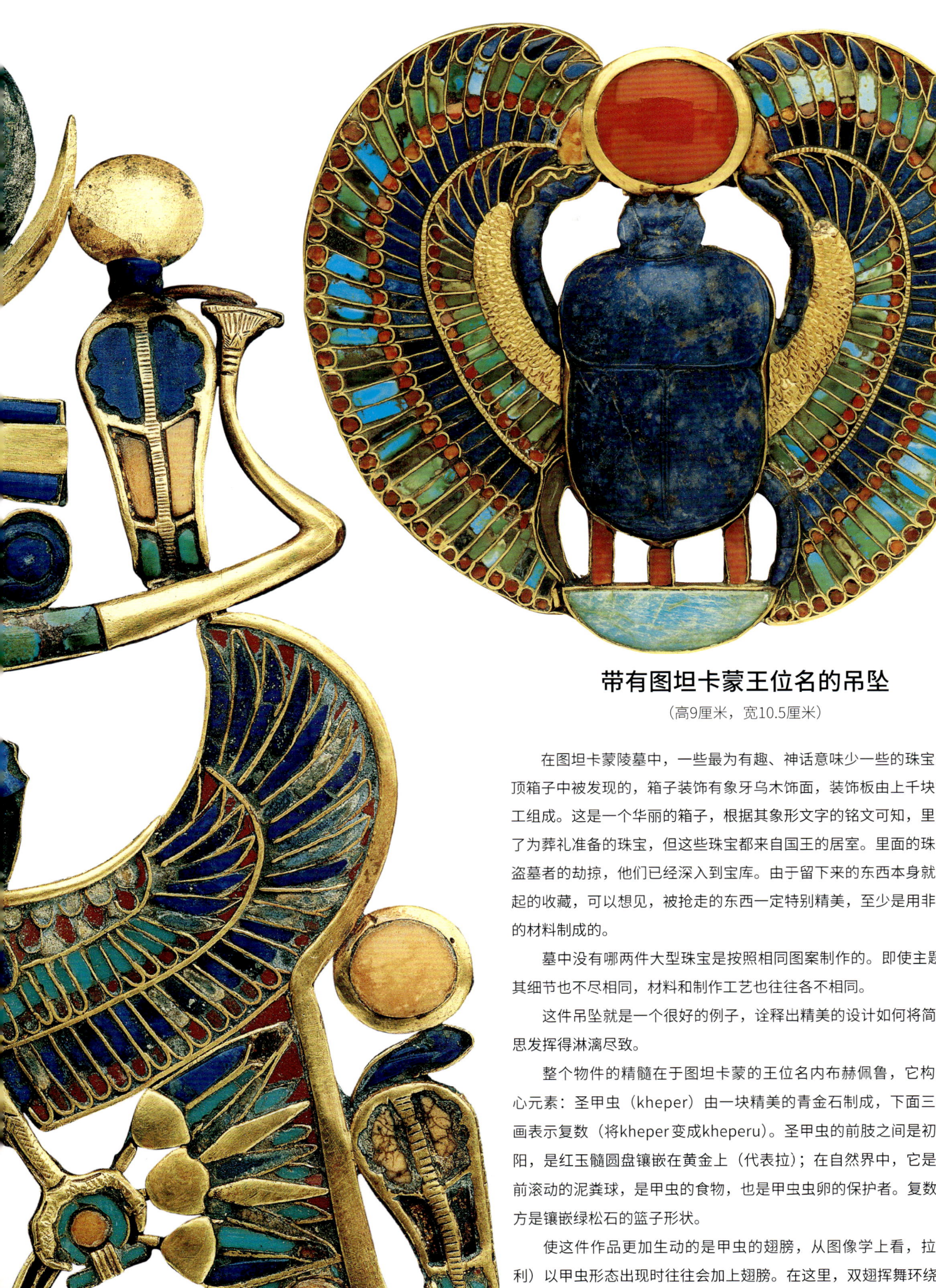

带有图坦卡蒙王位名的吊坠

（高9厘米，宽10.5厘米）

在图坦卡蒙陵墓中，一些最为有趣、神话意味少一些的珠宝是在圆顶箱子中被发现的，箱子装饰有象牙乌木饰面，装饰板由上千块镶嵌细工组成。这是一个华丽的箱子，根据其象形文字的铭文可知，里面装满了为葬礼准备的珠宝，但这些珠宝都来自国王的居室。里面的珠宝惨遭盗墓者的劫掠，他们已经深入到宝库。由于留下来的东西本身就是了不起的收藏，可以想见，被抢走的东西一定特别精美，至少是用非常贵重的材料制成的。

墓中没有哪两件大型珠宝是按照相同图案制作的。即使主题重复，其细节也不尽相同，材料和制作工艺也往往各不相同。

这件吊坠就是一个很好的例子，诠释出精美的设计如何将简单的构思发挥得淋漓尽致。

整个物件的精髓在于图坦卡蒙的王位名内布赫佩鲁，它构成了核心元素：圣甲虫（kheper）由一块精美的青金石制成，下面三道金笔画表示复数（将kheper变成kheperu）。圣甲虫的前肢之间是初升的太阳，是红玉髓圆盘镶嵌在黄金上（代表拉）；在自然界中，它是甲虫向前滚动的泥粪球，是甲虫的食物，也是甲虫虫卵的保护者。复数笔画下方是镶嵌绿松石的篮子形状。

使这件作品更加生动的是甲虫的翅膀，从图像学上看，拉（凯布利）以甲虫形态出现时往往会加上翅膀。在这里，双翅挥舞环绕，几乎形成一个完整的圆圈，将国王的名字包围起来，给予它神圣的保护。翅膀的细节装饰是在掐丝中镶嵌着彩色玻璃、青金石和红玉髓。整个设计以黄金为背衬，背面有正面图案的锓刻细节。太阳圆盘后面有一个管状配件，通过它可以穿入金链或细绳，用于悬挂。

巴鸟胸饰

（宽33厘米）

在图坦卡蒙木乃伊外表面发现的各种饰物中，就有这件人头鸟造型的胸饰。它和整个木乃伊表面一样，涂抹了大量的树脂油膏。它们凝固成壳。卡特的同事卢卡斯是一名卓有成就的化学家及文物保护专家，在他的指导下，经过巧妙的清理，从木乃伊上取下了各种物品。有些已经被油膏严重损坏。在这只鸟身上，损坏仅限于一些镶嵌物。

这里呈现的是国王的"巴"（ba），即他灵魂的一种形式。埃及人认为，人的精神有两种，在去世后会活跃起来。一种是"卡"，有时被误称为"替身"，它与维持生命和力量有关。对于国王来说，卡被认为是在国王成为王的同时形成的，并且在他的一生和来世都会一直陪伴着他。放置在墓室入口处的两件大的图坦卡蒙木制守护神像通常被称为"卡神像"，因为在铭文中提到了国王的卡。另一种是"巴"，它是一种移动的灵魂，在人去世后发挥作用，使逝者能够四处走动，甚至以不同的形式出现，自由出入陵墓。国王遗体上该胸饰的放置未被木乃伊绷带束缚，这为国王提供了行动能力，使其可以像"巴"一样随心所欲地移动。

巴的形象是人头猎鹰，在这件胸饰中，巴的翅膀、身体和腿都是猎鹰的。转向左侧的头部是金质的，戴着有些褪色的蓝色玻璃假发。头上戴着一个带丝带的金环，眉心处有圣蛇标记。脸部刻画得细腻敏感，与奥西里斯典型的尖部向上翘起的辫状长胡须截然不同，这里是短胡须，身体和翅膀的镶嵌物均为玻璃，但只有那些蓝色的镶嵌物保存相对完好。

秃鹫吊坠

（高14.1厘米，宽16.4厘米）

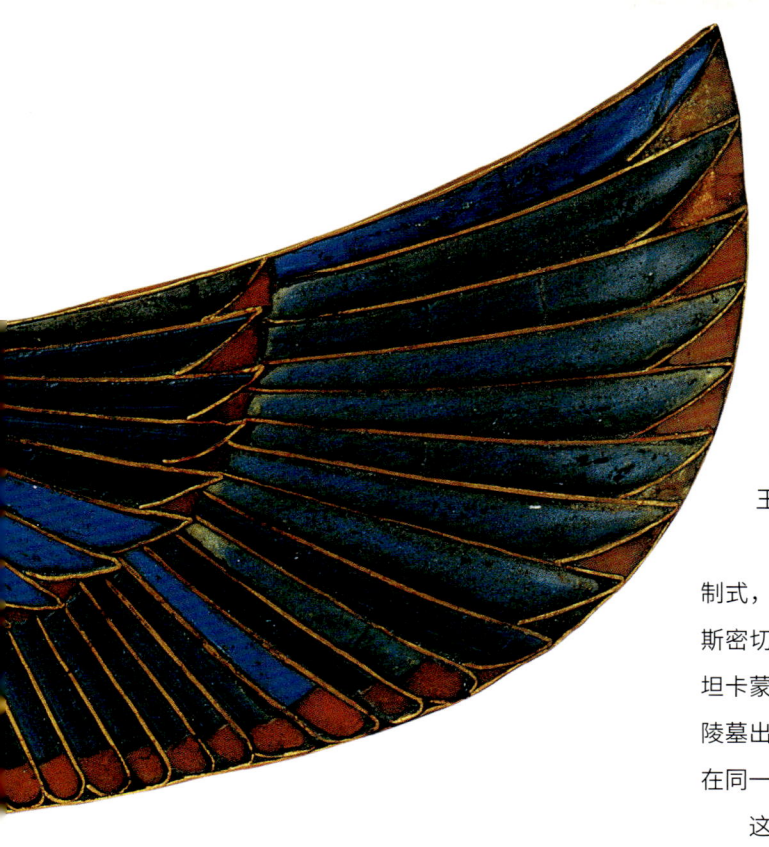

这件胸饰的主体是秃鹫，其头部形态和位置都很特别。在大多数情况下，秃鹫的头部都是偏向一侧的，这符合埃及艺术有关对抗性的一般原则。但在这里，秃鹫的头部是用黄金单独制作并焊接到鸟身上，是立体塑形的。这样的姿态使得该物件放置于胸前时，鸟的面部朝向佩戴者的脸部，这里的佩戴者是图坦卡蒙，这种姿态非常恰当，因为这只秃鹫是国王的上埃及守护神内克贝特女神。

此处，内克贝特头戴名为阿泰夫冠的王冠。这里采用的是上埃及白色王冠制式，是内克贝特通常佩戴的王冠，但两侧增加了鸵鸟羽毛。阿泰夫冠与奥西里斯密切相关，也与去世后成为奥西里斯的国王密切相关。在墓室墙壁上，表现图坦卡蒙的继任者阿伊打开国王木乃伊的嘴的场景中，图坦卡蒙就戴着这样的王冠。陵墓出土的另一件胸饰（见第239页）中，内克贝特再次表现为头戴阿泰夫冠；但在同一件胸饰中，奥西里斯戴着另一种形式的阿泰夫冠。

这个吊坠是用黄金制成的，装饰与往常一样采用掐丝珐琅工艺。如前所述，秃鹫的头显然是黄金铸成的，而阿泰夫冠则由较低等级的琥珀金制成，两侧的羽毛镶嵌着玻璃。秃鹫的身体和翅膀上镶嵌着青金石、红玉髓以及红色和蓝色玻璃；鸟爪上的申符号镶嵌有红玉髓和淡蓝玻璃。吊坠的背面镂刻着秃鹫身体和翅膀的细节，还有四个用于悬挂链条的环。

该吊坠是在宝库的"珠宝"盒中发现的。

带国王王位名和莲花流苏的胸饰

(高12.5厘米,宽13厘米)

在图坦卡蒙陵墓中发现的一些珠宝似乎是根据特定的宗教或丧葬理念制作的。有些珠宝基本是装饰性的,但仍包含宗教象征意义。有些珠宝明显是为葬礼制作的,被放置于木乃伊的包裹中;有些珠宝则有下葬前使用过的痕迹。在处理设计中所使用的各种装饰和宗教元素方面,大多数珠宝都展现出极大的创造性。有些则似乎是珠宝工匠在暂时失去灵感时设计的。

与陵墓中的许多其他珠宝相比,这件胸饰可以说是不太成功的。它给人的第一印象是好的:它很大,所展示的半宝石和彩色玻璃也丰富多彩;它包含了很多的护身符,足以让思考者应接不暇。它很有戏剧性。但也有批评意见认为:基本造型使用的黄金质量不高;从很多部件可以看出,其镶嵌工艺也不是最好的。就设计本身而言,艺术家似乎毫无必要地将安卡符号和荷鲁斯之眼塞得太紧了。而侧面的圣蛇似乎太大了,主导了占据中心的国王王位名。在这个王名中,中心的圣甲虫是用青金石制成的,腿部镶嵌相同的石材,并配有镶嵌着同样石材、红玉髓和玻璃的猎鹰翅膀。

这对翅膀挥舞成圆形,翅尖触到新月的角,新月上有淡色琥珀金制成的月亮圆盘。国王变形的主题,以他的名字升天的形式表现出来,用月亮而不是太阳对这一主题进行了奇特但并非独一无二的修改。使王位名完整的小的复数笔画和篮子进一步削弱了名字本身。

胸饰的底部是莲花的边饰或流苏,矢车菊和圆形图案穿插其间,它们全部镶嵌有青金石、红玉髓和彩色玻璃。

带永恒之神神像的平衡装饰

(高6.9厘米，宽8.2厘米)

　　宝库中的饰面珠宝盒内装有四件平衡装饰，它们很难与任何吊坠搭配成一条完整的项链。该平衡装饰的顶端边缘有两个端子，其中一个可以滑入连接项链一侧的相应端子，另一个有六个穿孔，可以穿六串珠子的线。陵墓中发现的单件胸饰都没有穿六串珠子的孔。

　　永恒之神或称百万年之神的海赫神像占据平衡装饰的中心位置。他高举双臂的姿态很有特点；该神的头上通常有一个表示"年"的符号。这里，有一只荷鲁斯的大眼睛——维阿杰特，象征着完整，是强大的护身符。海赫身上裸露的部分镶嵌着半透明的方解石，并用一种红色人造宝石透过石头呈现出肉色。假发为蓝色费昂斯制成，只有右臂下方露出的一小部分镶嵌了方解石。

　　与海赫密切相关的是平衡装饰两侧的元素；它们是形式化的棕榈叶，带有标记国王在位年数的凹槽，底部是申符号上的小蝌蚪雕像（hefen）。在埃及计数方式中，蝌蚪代表十万。海赫通常手持的棕榈叶，其末端也是类似式样。这里的主题显然是法老的永恒统治。

　　海赫两侧的两条大圣蛇，除了其实心玻璃头部是精心制作的，其余部分制作相当粗糙。太阳圆盘上的镶嵌物是红玉髓，眼镜蛇扁颈上的镶嵌物是玻璃和方解石。在海赫的后面，似乎为了填补空间而插入了一个提耶特符号。这一强大的护身符经常与杰德柱交替装饰性使用。它是伊希斯结，通常被解释为"伊希斯之血"，用作护身符时最好用红碧玉制成。在这里，它镶嵌着蓝色玻璃和方解石。提耶特提供保护和生命。底部的金质铰链侧面穿孔，可以穿入18条短珠串，有些珠串的末端如同另一件平衡装饰，是由红色金和黄金制成的鱼。

　　这些珠串从未被修复。

展翅秃鹫努特胸饰

（高12.1厘米，宽17.2厘米）

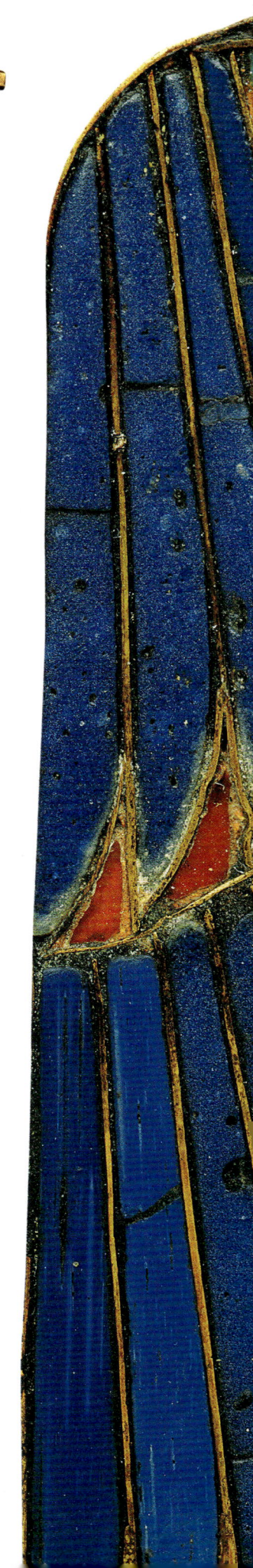

这件色彩艳丽、设计精美的胸饰最初是为哪位国王制作的，有待商榷。问题的关键在于包含图坦卡蒙的王位名和名字的两个王名圈，两者都写反了，并且放置在错误的王衔后面。王位名应该在右边，王衔为"好统治者、两地之主"，而名字则在左边，王衔为"拉之子"。在写有名字的王名圈中，"赫里奥波里斯南部（统治者）"的称谓中省略了一个符号。

因此，这些王名圈很可能是被改动过的，而替换的工作有些失误。有人认为，王名圈上的名字原本是埃赫那顿的名字。如果是这样的话，那么该物件就应该是在那位国王统治初期制作的，当时对努特女神的描绘是可以接受的。它可能从未离开过底比斯，而是给图坦卡蒙再利用，他的名字被插入王名圈中，取代了埃赫那顿的名字。这件胸饰是在宝库的阿努比斯塔形神龛中发现的。

这里展示的神鸟是秃鹫，她爪中的申符号镶嵌着彩色玻璃和红玉髓，十分华丽，虽然秃鹫通常被认为是上埃及国王的保护女神内克贝特，但她驼背上方的象形文字符号却表明她是天空女神努特。传统上，她用自己的保护之翼笼罩着去世的国王。因此，这件神像是一个很好的例子，说明要理解埃及的图像，不仅要看所展现的形式，还要看所附的文字。这里所述的秃鹫是努特，而不是内克贝特。

这件神龛形的胸饰，其侧边和底部被精心镶嵌的彩色玻璃块边框框住；顶部是由棕榈叶组成的正式飞檐，下面是由垂花组成的楣饰。顶部两端的配件各有三个穿孔，可穿珠串。

奥西里斯、伊希斯和奈芙提斯胸饰

(高15.5厘米，宽20厘米)

这件胸饰充分显示了图像混淆的可能性。该胸饰由劣质黄金制成。它是在宝库的阿努比斯神龛中发现的，呈神龛状，顶部镶嵌飞檐，带有垂花楣饰。飞檐两侧垂下圣蛇，它们头顶红玉髓镶嵌的太阳圆盘。两侧和底部是镶嵌玻璃的块状边框。

中间的场景展现一个身着王室服饰的小木乃伊状雕像，两侧分别是长翅的圣蛇和秃鹫。两者都立在带方格图案的篮子上，并显示出篮子的编织花纹；两者都伸出翅膀保护木乃伊状雕像。如果没有铭文，这两位女神分别是眼镜蛇神瓦吉特和秃鹫神内克贝特。眼镜蛇戴的红色王冠和秃鹫戴的带有羽毛的白色王冠则强化了它们的身份。在另一件有关内克贝特的胸饰中，它佩戴同样的王冠，在描述中，它通常被称为阿泰夫冠。

这件胸饰呈现出小木乃伊状雕像佩戴的是另一种不同形式的阿泰夫冠，它更多地与奥西里斯相关联。它采用白色王冠形式，在顶端展开，上面还带有太阳圆盘。此外，这种造型的王冠还包含卷曲的公羊角，支撑着两侧的鸵鸟羽毛。从细节的标记来看，这件阿泰夫冠实际上是用某种柳条编织而成的，在靠近顶部的地方打了结。它与秃鹫佩戴的简单的阿泰夫冠截然不同。这个木乃伊状雕像被描述为"永恒之主，永恒之君，善神，圣地之主"。它可能是奥西里斯，但也可能是国王去世后变成的奥西里斯。第二种解释似乎更有可能，因为这两个带翅神灵在铭文中被认定为伊希斯和奈芙提斯。伊希斯（秃鹫）"像拉一样在他身后给予保护和生命"，而奈芙提斯（眼镜蛇）则"给予保护和生命"。

耳环

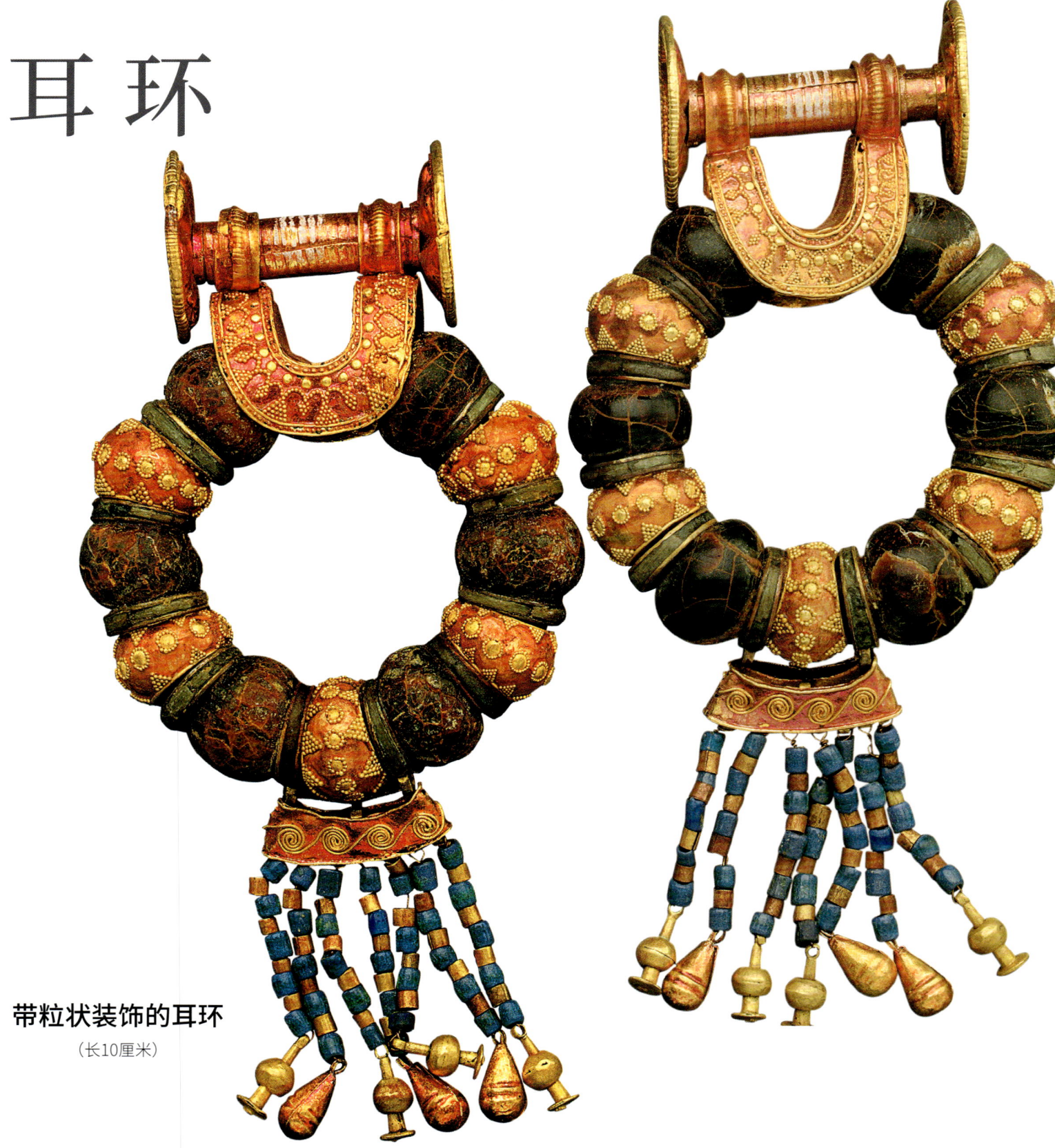

带粒状装饰的耳环

（长10厘米）

这对耳环厚重、暗沉的外观，远不如下页那对耳环那么精致而又光彩照人。卡特认为它们"野蛮，但并不令人讨厌"。

这里的扣件与其他耳环和耳钉相似。穿过耳洞的螺杆与相应的空心管相吻合。两端都有圆盘式耳钉，此处饰有金丝和金箔花瓣组成的金色花环。饰品的主要部分都由所谓的红色金或紫金制成。这种艳丽的色彩通过添加少量铁元素得以实现，铁元素的形式可能是黄铁矿，即所谓的"傻瓜金"。

这对耳环在技术上的另一个显著特点是大量使用了黄金造粒工艺（granulation），这是一种贯穿埃及历史的珠宝工艺。金粒的精确制作方法尚不清楚，它们可能只是从提供给珠宝商的金粉中挑选出来的，通过胶体硬焊（colloidal hard-soldering）工艺固定在装饰表面，但目前还无法确认埃及工匠可能使用了何种材料和技术方法来实现这一效果。

从扣件上垂下的金环与主珠环相连。环上装饰着形式化的莲花和由茎相连的花苞，所有这些都采用了造粒工艺。珠子由金和树脂制成，由夹在薄金板之间的树脂圆盘隔开。金珠上点缀着三角形的粒状图案和颗粒环绕的小金凸饰（bosses）。所有珠子的厚度都巧妙地由内向外渐变，整齐而紧密地围成一个圆圈。珠圈下方是饰有涡卷形纹样金属丝的宽条珠，其装饰的方法与造粒工艺相同。涡卷形纹样和造粒工艺所用的黄金并非红色。七串金珠和玻璃珠组成了这对耳环，末端是纯金莲蓬和红色金水滴形珠子。

这对耳环或许并不"野蛮"，但它们可能显示了外来的影响。

带鸭头的耳环

（长10.9厘米）

在宝库里的王名圈形制的盒中，发现了四对耳环和一对耳钉。这些珠宝很可能都是图坦卡蒙早年使用过的，在他进入青春期，或历经成长过程中其他一些重要时刻之后，这些珠宝被放在一边。不过，这些珠宝并没有被完全丢弃，而是被存放起来，作为其陪葬品的一部分。

这对耳环是四对耳环中设计最为精美，其特点不仅在于掐丝珐琅工艺的精湛运用，还在于其他一些工艺方面。四对耳环将金环固定在耳垂上的方法如上所述都是一样的。在这对耳环中，还增加

了一个微妙的细节。透明石英圆盘安装在扣件的两侧，外层石英圆盘的内侧绘有国王的小肖像。从插图可以看到，两侧悬挂着圣蛇。

设计的主要元素采用了鸟的形态，它造型精美，带镶嵌的翅膀挥舞成一个圆圈。小小的掐丝板中镶嵌着精细切割的石英、方解石、彩色费昂斯和玻璃。鸟的头部嵌入在翅膀圆圈的中间，显得十分反常。从翅膀的造型来看，它应该是一个猎鹰的头，但实际上却是鸭子的头，鸭头用半透明的蓝色玻璃制成，极为罕见。

鸟的尾部同样精细地镶嵌着彩色玻璃，底部镶有细密加工、带有小圆盘的金饰带及块状镶边。金边框上镶嵌着金色和蓝色的玻璃珠，排列成楔形图案，看起来就像一串串下垂的珠子。从上面垂下五个圣蛇头像。

这对耳环在平衡、色彩、工艺完美性和整体外观等方面，都当属现存古埃及珠宝首饰中最令人满意的瑰宝之一。

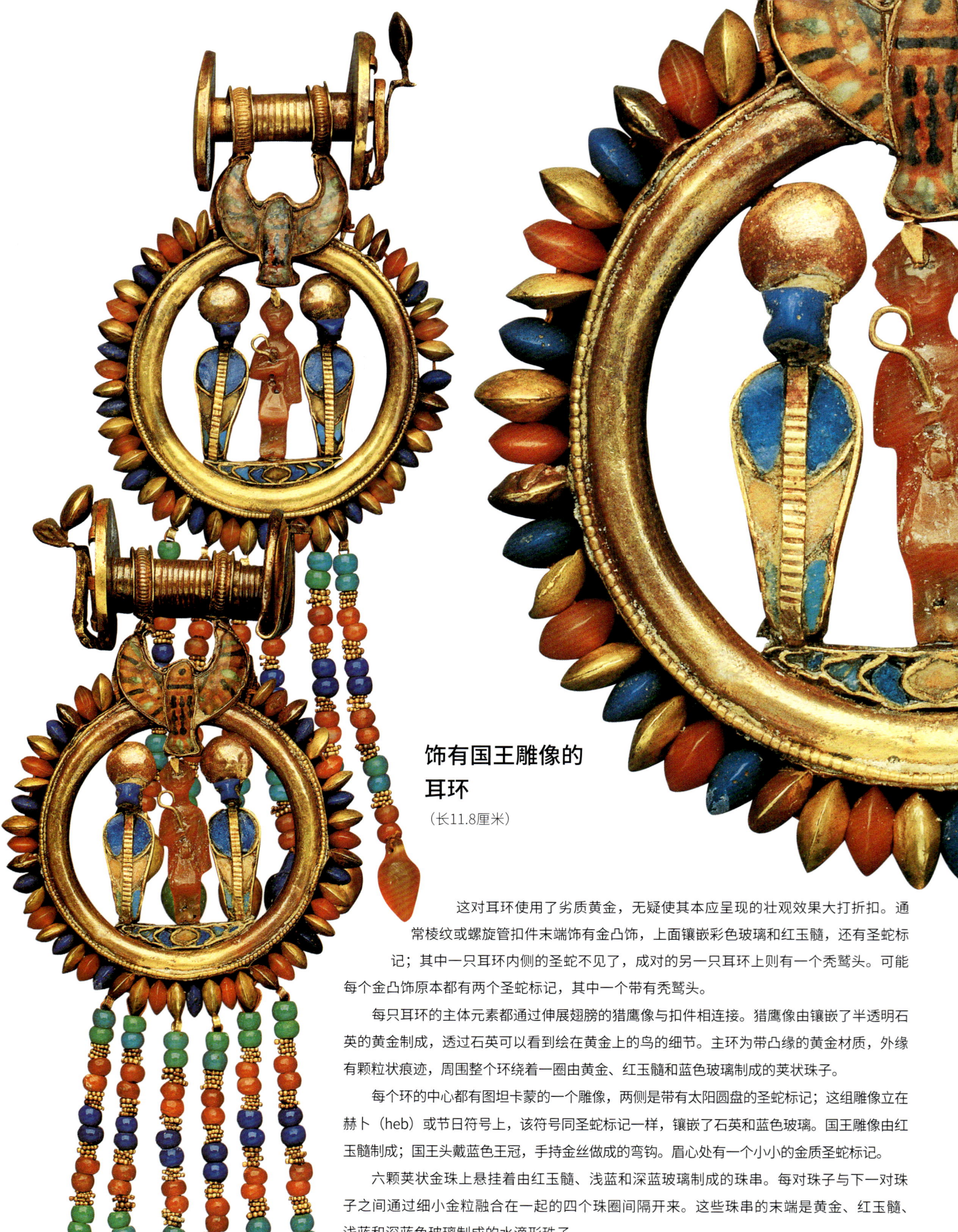

饰有国王雕像的耳环

（长11.8厘米）

这对耳环使用了劣质黄金，无疑使其本应呈现的壮观效果大打折扣。通常棱纹或螺旋管扣件末端饰有金凸饰，上面镶嵌彩色玻璃和红玉髓，还有圣蛇标记；其中一只耳环内侧的圣蛇不见了，成对的另一只耳环上则有一个秃鹫头。可能每个金凸饰原本都有两个圣蛇标记，其中一个带有秃鹫头。

每只耳环的主体元素都通过伸展翅膀的猎鹰像与扣件相连接。猎鹰像由镶嵌了半透明石英的黄金制成，透过石英可以看到绘在黄金上的鸟的细节。主环为带凸缘的黄金材质，外缘有颗粒状痕迹，周围整个环绕着一圈由黄金、红玉髓和蓝色玻璃制成的荚状珠子。

每个环的中心都有图坦卡蒙的一个雕像，两侧是带有太阳圆盘的圣蛇标记；这组雕像立在赫卜（heb）或节日符号上，该符号同圣蛇标记一样，镶嵌了石英和蓝色玻璃。国王雕像由红玉髓制成；国王头戴蓝色王冠，手持金丝做成的弯钩。眉心处有一个小小的金质圣蛇标记。

六颗荚状金珠上悬挂着由红玉髓、浅蓝和深蓝色玻璃制成的珠串。每对珠子与下一对珠子之间通过细小金粒融合在一起的四个珠圈间隔开来。这些珠串的末端是黄金、红玉髓、浅蓝和深蓝色玻璃制成的水滴形珠子。

虽然这些物件表现出一些不足之处，例如国王的雕像被粗略地遮挡住了，此外，一些镶嵌物嵌入得不够精细，但特别值得注意的是石英镶嵌物下面的猎鹰细节的刻画。与带鸭头耳环的耳钉上的国王小肖像一样，这样的细节很难被看到，在生活中佩戴时也很难被人注意到。

带圣蛇标记吊坠的耳环

(长7厘米)

　　这对耳环使用的扣件并不复杂。将背面的圆形固定件推入耳洞，用一个帽盖固定住。与棱纹管式耳环扣件相比，这一设计更为灵巧，对于年轻人来说，佩戴起来可能更舒适。没有证据表明图坦卡蒙在童年和青年时期之后佩戴过耳环。但他的耳垂上应该一直有耳洞，在某些隆重场合佩戴耳环也并非不可能。已发现的覆盖在国王木乃伊头部的巨大黄金面具上显示有耳洞，但在最初发现时，这些穿孔被金箔小盖封住了。成年国王佩戴此类珠宝的唯一佐证似乎就是雕像上打了耳洞的耳朵。如果这些穿孔在青春期之后就没有任何作用，那么像拉美西斯二世这样伟大的国王为什么要让它们在面具中表现出来呢？

　　这对耳环，或许更准确的叫法是耳钉，由圆形金片组成，上面镶嵌着红玉髓凸饰，周围有四个镶嵌环，所设计的每个环分别代表不同种类的珠子和装饰装置。使用的材料有红玉髓、方解石、浅蓝和深蓝玻璃。金是红色那种，曾在另一对耳环上使用过这种红色金，非常引人注目。镶嵌物嵌在彩胶中。

　　外环是棱纹珠；往里一环是不明花形；第三环由简单的玻璃珠和金珠交替镶嵌而成；最后一环，也就是最内侧的一环由圆形金珠构成。

　　两只耳环上，每个主体圆环都垂下两个相当大的圣蛇标记；它们是金质的，镶嵌着玻璃，头部是深蓝色玻璃，塑成圆形。每个圣蛇标记顶端都有一个镶金的红玉髓太阳圆盘。

手镯和手链

带有圣甲虫搭扣的手链

(长15.8厘米，圣甲虫高6.6厘米)

在图坦卡蒙陵墓中发现了两种手镯：其中一种是带有铰链和针扣的实心环形手镯，另一种是卡特所说的"腕带"。这种手链由一排排珠子组成，每隔一段距离用间隔珠分开并固定，一端有一个大的装饰部件，戴上后，这个装饰件就成了中心饰物。

在宝库里王名圈形制的盒子中发现了三条手链，盒子里还装有其他一些珠宝首饰，如耳环。所有这些都被认为是国王生前使用过的。卡特对没能在这个盒子里找到更多的珠宝感到失望；这个盒子似乎是用来装国王的私人珠宝的。他认为最好的珠宝在古代已被盗走。三条手链中，一条是实心环形的，两条是腕带式的。其中一条腕带式的手链如图所示，另一条则以一颗精美的紫水晶作为中心饰物。

该手链的中心饰物的主要特征是一只青金石圣甲虫。它不是由一整块石头雕刻而成，而是由许多块石头精心嵌入金掐丝中，固定在金板上的。它的四肢也镶嵌了同样的宝石。后肢抓住一个篮状物体，上面镶嵌着淡蓝色的玻璃。这个中心饰物的各组成部分看上去似乎是为了拼出国王的王位名内布赫佩鲁；但前肢之间并没有预想的太阳圆盘，而是有一个金王名圈，上面包含了王位名的符号；王名圈的背景镶嵌有蓝色玻璃。除中心饰物外，手链由十排珠子组成，主要的珠子呈桶状，由黄金、琥珀金、蓝色玻璃、青金石和方解石制成。八条金质间隔珠使其更加坚固，此外，还有蓝色玻璃和红玉髓的小珠子，以及呈环状的小颗粒珠。手链的边缘配有金珠，末端是一个金质扣件，可以滑入圣甲虫侧面的相应配件中——这是佩戴时固定手链的一种简单而又巧妙的方法。

饰有三只圣甲虫的手链

（长17.6厘米，高4.3厘米）

图坦卡蒙似乎对手链情有独钟。除了发现于盒中的手链外，在木乃伊包裹中也发现了许多手链。在他的两只手臂上发现的手链数量最多，这并不令人惊讶。其中，右臂有七条，左臂有六条，手链占满了手腕和手肘之间的空隙。虽然这些手链中有不少在设计中融入了宗教或护身符标志，如维阿杰特或称荷鲁斯的圣眼、圣蛇标记、圣甲虫和秃鹫等，但它们似乎并不是专门为殡葬用途而设计的。卡特有充分的理由相信它们都是图坦卡蒙生前使用过的。从它们在国王手臂上挤得满满当当的程度来看，他显然下定决心要将尽可能多的手链带着，以备来世之用。

国王左臂上的这条手链将设计的平衡、护身符的保护意义、色彩的绝妙运用以及搭扣富有想象力的安排融为一体。

这里没有中心饰物，整条手链点缀着成对间隔的装饰元素。首先是三只青金石雕刻的圣甲虫，各部分镶嵌在金质的掐丝上。圣甲虫不仅是黎明太阳神凯布利的化身，也是一般再生的象征。圣甲虫之间是成组的装饰符号：篮子的底部是象形文字，通常用于简单的图形目的，但也有表示"主"或"全部"的含义，这里可能就是这样。篮子镶嵌着淡蓝色玻璃。每个篮子上都立着奈弗（nefer）符号及圣蛇标记，前者意为"善"或"美"，后者是一个强大的王室保护标志。每组的顶部都有一个镶金的太阳圆盘，镶嵌物为红玉髓和彩色玻璃。这组装饰充分体现了埃及的象征意义和象形文字在图形方面如何以优雅且内涵丰富的方式得以运用的能力。

手链的上下边框由六排细小的金珠和玻璃珠组成。手链滑动扣上装饰着一只蚱蜢或蝗虫的形象及一个圆花饰，非常特别。

镶嵌青金石的手链

（长16厘米，高4.2厘米）

在木乃伊包裹下，图坦卡蒙的手臂上发现了13条手链，其中，大多数都包含宗教或魔法护身符标志，但也有少数手链的装饰似乎完全不具意义。大多数手链都有国王生前佩戴过的痕迹。这条手链就是其中具装饰性的物件之一，它不仅在这座王室墓葬中非常罕见，在埃及珠宝首饰中也非常罕见。埃及人喜欢让他们的珠宝具有神奇的力量。这件珠宝的中心元素是一个有斑点的青金石圆盘，上面通常会有棕色花纹。底座为金质，饰有两条主要的环形条，上面的图案由细密的粒状物构成。外圈的颗粒呈三角形排列，而内圈的颗粒则围绕着中央的凸饰排列。同样的装饰也出现在边条上，边条连接着十串珠子。这些珠子是金质的，呈桶状，由小小圆环间隔开。这是一条非常灵活的手链，由滑动杆固定。

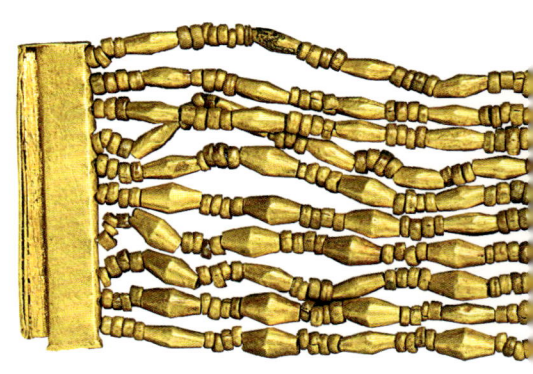

饰有紫水晶圣甲虫的手链

（长18厘米，高3.5厘米）

宝库中王名圈形制的箱子里有几件精美的珠宝首饰。这个箱子中的此件首饰的总体设计与图坦卡蒙手臂上发现的一些手链非常相似。它有国王生前佩戴过的痕迹。设计的主要元素是紫水晶圣甲虫，上面有轻微的细纹，这对于使用这种坚硬宝石制作的圣甲虫来说较为常见。它被放置在一个椭圆形的底座上，上面装饰着呈小三角形图案排列的金颗粒。

外缘以黄金和硬石环珠镶边,两端各有一个带红玉髓太阳圆盘的直立圣蛇标记。这个中心饰物的背板上镂刻着国王的王位名,他是"善神、土地之主、成就之王"。手链的"带子"由四串珠子组成,用黄金、红玉髓、青金石和碧玉分别制成小的维阿杰特眼、圣甲虫和球状物。有的金圣甲虫还刻有国王的王位名。有八条间隔金珠。

饰有维阿杰特的手链

(长16.2厘米,高3.5厘米)

木乃伊左臂上这条弹性手链的中心元素是威力强大的维阿杰特眼,它与鹰神荷鲁斯及奥西里斯尤为相关。它的名字意为"完整或健康的",这是对它被塞特偷走后失而复得的描述。这个维阿杰特由一块完美无瑕的红玉髓制成,镶嵌于固定在金背板的金掐丝中。眼睛的右侧出现一个头戴上下埃及双冠的圣蛇标记。

底板镂刻的铭文如下:"两地之主,拉之形象,内布赫佩鲁,一切有序的统治者,永远被赐予像拉一样的生命。"手链的"带子"由九排珠子组成,这些珠子由不同颜色的玻璃和细金粒状珠做成。成排珠子在六处地方由长形金质间隔物固定在一起,这些间隔物看起来像是由细金粒状珠组合而成的。

248

饰鸟手镯
（直径5.2厘米）

该手镯上的鸟是什么鸟？基于其尾部的形状，许多埃及学家认为此鸟显然是燕子。然而，鸟爪的位置却与预期不同。卡特凭借他特有的鸟类知识，认为它是雨燕，鸟背上出现的太阳圆盘，为他的辨认提供了佐证。他指出，雨燕在尼罗河西边悬崖上的洞中筑巢，它在黎明时分出现，发出巨大的声响，在黄昏时分返回栖息。遗憾的是，埃及人在描绘鸟类和其他生物方面不会那么精准。它出现在这只手镯上的意义仍然难以捉摸，不过，卡特提到《亡灵书》第86条咒语"化为燕子之咒语"，与之有些关联。燕子由红玉髓制成，珠子由蓝色玻璃和石英制成。该手镯是在木乃伊包裹中其左肘旁发现的。

饰有微缩场景的手镯
（直径8.5厘米）

关于此类物件的性质存在一些争议——它们是臂镯还是脚镯？将不是十分坚固的材料制成的固定圆环从脚上套入，一直滑到脚踝，是很困难的，这使人们强烈反对将其当作脚镯。许多此类物件被发现时散落在附室的地板上，其中一些极为普通。该物件由象牙制成，比较精致。它呈棱纹状，两侧镶嵌着铜或青铜制成的小板。其中一面（不可见），在王名圈中用精细金丝刻有图坦卡蒙的王位名。另一面也是金质的，上面有一个小规模的场景：国王化身为狮子，猛击俯卧在地的敌人。

还有一个站立的女神像，可能是伊希斯，她朝该场景及两个刻有国王名字的王名圈伸出保护性的翅膀。翅膀之间有一个代表统治的申符号。

饰有圣甲虫的手链
（直径5.4厘米）

这条固定手链是王名圈形制盒子中的又一件珍品，它是图坦卡蒙陵墓中最精美、最具分量的珠宝之一。它的主要装饰物是一个矗立在底座上的圣甲虫。手链由黄金制成，圣甲虫的身体由多块青金石组成，它们镶嵌在金掐丝中，巧妙地安装在一起。每一面都镶有黄金、青金石、石英、绿松石和红玉髓制成的人造珠（false bead），边饰模拟造粒工艺。手链两端的弯曲处饰有迷人的图案，图案中间是曼德拉草果实，两侧是罂粟花，花茎之间有金圆花饰。曼德拉草果实由半透明石英制成，背面涂成绿色；罂粟花由红玉髓制成。手链本身由纯金制成，一侧有铰链，另一侧有固定装置，两者由金针固定在一起。这条手链相当小，据说是国王孩童时佩戴的。

戒 指

带托特的双环戒指
（直径2.2厘米）

发掘者在前厅一个重新包装的盒子里发现了一个亚麻布包，里面包裹着八枚金戒指。卡特认为这一小包东西代表了盗墓者闯入陵墓后，打算第二次盗窃的部分物品。这枚戒指是纯金的双环戒指，两个包镶（bezel）中装饰着神像。左侧包镶有一个蹲坐在神龛上的狒狒像，它头戴月亮圆盘。右侧包镶则有一个朱鹮头神像，手持瓦斯权杖，同样头戴月亮圆盘。这两个神像都是托特的化身，托特是克奴姆城或称赫尔摩坡里斯的主神，他是月神，也是记录及书写之神。月亮圆盘的颜色比其他部分的金要暗淡，狒狒头部及颈部毛皮也是如此。这些细节很可能使用了琥珀金。神像置于王名圈形制的边框中，背景则使用了蓝色玻璃。

青金石双环戒指
（直径2.3厘米）

在揭开木乃伊包裹的过程中，卡特发现了两组指环。这些指环并没有戴在国王的手指上，而是放置于手腕附近，右手腕有五枚，左手腕有八枚。它们大多由半宝石制成，如玉髓和绿松石，此外，其中一枚是金戒指，一枚是树脂戒指，这枚是青金石戒指。这是一枚双环戒指，上面有王名圈形制的双包镶。在右边的王名圈中，国王像呈跪姿，向另一个王名圈中的神灵敬献牛奶或某种其他液体。通过书写得有些令人费解的王位名可辨认出国王的身份：顶部是太阳圆盘，下面是一个带翅圣甲虫及国王像，这本身也可以看作书写名字的一部分。国王跪在一个篮子上，篮子通常是图坦卡蒙王位名的组成要素，但缺少复数笔画。接受献祭的神是阿蒙-拉，他头戴羽毛头饰，手持瓦斯权杖和安卡，坐在宝座上。

带有阿蒙-拉神像的戒指

（直径2厘米）

　　这是在前厅亚麻布包中发现的另一枚戒指。卡特还原了当时的场景：其中一个盗墓者从墓葬物品中取出亚麻布，将自己收集的金戒指包裹起来。他被抓获时，这包东西被没收，并被扔进了箱子里。在那里，这些戒指最终得以被发现。如果这一说法属实，很大程度说明了墓地守卫的正直，他们本可能很容易就把它们塞进衣服的褶皱里。不过，它们幸存下来的故事可能并不像卡特所猜测的那样。这枚戒指非常沉，是纯金打造的，上面有王名圈形制的包镶。里面精心镂刻的神像名为阿蒙-拉。他端坐在宝座上，侧面典型的羽毛图案是通过小冲压花纹（punch mark）呈现的。他头戴惯用的帽子，帽子饰有双层羽毛和圆盘，背后有彩带。他左手持瓦斯权杖，右手持安卡。

饰有太阳与船只的戒指

（直径2厘米）

陵墓中发现的重金戒指通常被称为印章戒指（signet）。严格来说，印章戒指的包镶上刻有名字或其他图案，可用于识别。通过使用印章戒指在信上盖印，收信人就能认出这个印记。用印章封印门或箱子，封印便具有权威性。埃及人使用印章戒指密封信件和其他文件，印章戒指可能采用的形式是镶嵌了圣甲虫的戒指，或是在实心戒指的包镶上刻有铭文。在陵墓中发现的许多戒指都可能被当作印章戒指使用过，但似乎没有一枚是专门被设计成印章戒指的。例如，这枚纯金戒指也是在盗墓者布包里被发现的戒指之一，如果将它与泥印结合使用，可以盖出印章，但它被认定其为主要功能并非盖章。包镶上的图案具有宗教或魔法性质。图案显示一条承载着太阳圆盘的船只，两只狒狒分别立于两侧，举起爪子以示崇拜，迎接黎明的太阳。背景是蓝色玻璃。

带有圣甲虫包镶的戒指

（直径2.2厘米）

在图坦卡蒙陵墓发现的精美戒指中，有八枚发现于那个布包，它可能是被盗墓者遗弃或从盗墓者那里夺回的。其余大部分戒指是在国王的木乃伊上。在附室中，还发现了20多个非功能性的费昂斯戒指，上面有各种非王室的图案。事实上，木乃伊上发现的大多数戒指并不是戴在手指上，而是放在手部附近，这表明手指套上金指套后就没有空间再戴更多的戒指了。与手链不同，手链可以一直叠放在手臂直至肘部，戒指则不得不放在手部附近。这枚戒指是左手腕附近发现的八个一组的戒指之一。它的包镶可在转轴上转动，戒圈是纯金制的，两端缠绕着金属丝。包镶是青金石材质的圣甲虫，身体上简单刻画了头部和翅膀的细节，底座上仅有三个象形文字符号：意为"生命"的安卡符号，两侧是意为"善、美"的奈弗符号。

饰以图案的包镶三环戒指
（直径2.6厘米）

这枚戒指是在木乃伊右手腕附近被发现的戒指之一，其精美繁复的包镶让它与众不同。戒指本身并不简单，其三重戒臂是树脂制成的，覆以金箔。戒臂两端各有一束花，中间是一朵长石材质的纸莎草花，侧边是两朵红玉髓材质的红色罂粟花。戒臂的三部分分别缠绕了金丝，在花束的下方，三部分通过更多的金丝捆绑在一起。包镶本身的底部呈王名圈形制。底座上有一个头戴阿泰夫冠的青金石圣甲虫，头部前方是一条金船，一轮明月从船上升起。包镶的另一端，在圣甲虫的后方立着一只猎鹰，可能是拉哈拉克提神，它张开翅膀保护着圣甲虫。在如此狭小的空间内，工匠几乎不可能再塞入更多的象征意义了。包镶的底部轻刻着国王的王位名，表明它无疑是国王的私人物品。

其他珠宝物品

带有国王和王后形象的金扣

（长9厘米，高9厘米）

这种镂空饰板通常被称为扣子，当然，并没有令人满意的证据表明搭扣就是它们的实际用途。并非所有的镂空物件看起来都像扣子，最好将它们视作腰带或其他正式服饰或装备的附属物。它们并非有时所认定的那样是战车的装饰部件。

在前厅的一个箱子中发现了四块镂空饰板。另外三块也出自陵墓，地点不详，本书都会予以展示。这块饰板的设计尤为精致，它采用了浮雕工艺，细节处采用镂刻方式，并在一些部分饰以丰富的金粒状物。所使用的金与该陵墓出土的许多其他物件一样，呈现出红紫色光泽。

中央的场景显示图坦卡蒙和安克姗海娜蒙（王名圈中有名字）在一个精致的凉亭里。该凉亭的双层飞檐的上面是带圆盘圣蛇标记组成的楣饰，上方有带翅膀的太阳圆盘。国王随意地坐在宝座上，双脚放在脚凳上。他身着华丽的服饰，头戴通常与奥西里斯和去世国王有关的阿泰夫冠。这里的国王并没有死去，安克姗海娜蒙向他走来，献上一束花，并轻轻抚摸国王。这一场景与镀金神龛背面的场景非常相似。在这两个场景中，王后都戴着羽毛头饰，但在神龛上，国王头戴蓝色王冠。国王和王后这对王室夫妇两侧摆放着精美的插花。凉亭下面，两个外国俘虏——一个是亚细亚人，一个是努比亚人——充满象征意义地俯卧在国王脚下。

两个相同的场景占据了这件作品的两端，与主场景呈直角位置。在这两个场景中，国王的形象被表现为斯芬克斯，他用人类的手臂向前方高举着代表真理和秩序的玛阿特女神像，神像手持象征生命的安卡符号，蹲坐在一个篮子上。

斯芬克斯的头顶上方有一个下垂的圣蛇标记和太阳圆盘，在他的背上有一只抓着鸵鸟羽毛扇的保护性秃鹫。

带有公牛遭袭场景的金饰板

(长8.5厘米,高6厘米)

许多金饰板上有狩猎或动物攻击其他动物的场景,其中有一些看起来像扣子。这块饰板上就有这样的场景。它是在前厅发现的四块金饰板之一。中央场景的描绘虽然令人不快,但却再次展现出埃及人以最生动、最逼真的方式表现动物动作的能力。从第十八王朝中期底比斯的陵墓绘画中可以看到,以更加栩栩如生的形式展现非人类的场景是一种趋势;阿玛尔纳在艺术上进一步促进了这种趋势。这里的主题是一头公牛遭受野兽的攻击——这是埃及和西亚艺术中相当常见的主题。这头不幸的公牛上方遭受豹子的攻击,下方经受狮子的撕咬。沙漠植物填补开敞的空间。在两端区域,羱羊吃着植物。很多细节再次巧妙地使用了造粒工艺。

带有捕猎场景的金饰板
（长8厘米，高3.2厘米）

这块镂空金制品不是扣子，而是某种饰板，它被发现于前厅一个装有大量衣物和纺织品的箱子里。它原本并不属于那里，可能是同一房间其他地方发现的一组物品中的一部分。它似乎本身就很完整，展示了激烈的捕猎场景：两只狗攻击左边的山羊和右边的公牛。发生的场景似乎不完全是沙漠，因为场景中出现了精致而不自然的植物。

大部分细节都是通过粒状物塑造出来的，这一技法在勾勒猎犬头部时效果尤佳。对动物交织画面的描绘极具动感，完全背离了埃及艺术中的静态概念。顶部和底部边框饰有圆花饰。金为紫红色的那种金。

带有乘坐战车国王形象的饰板
（高6.2厘米，宽8.5厘米）

这块饰板或称扣子的发现地点不详。它可能是在古代从前厅发现的一组类似物件中流落出来的。主题是国王乘坐战车出征归来。两个俘虏，一个是亚细亚人，一个是努比亚人——在马的前方逃奔。——这是一场范围广泛的战役！国王的猎犬与战马一起奔跑，上方的秃鹫内克贝特为国王提供"生命"，带翅的圣蛇标记瓦吉特在他身后为其提供"保护"。下面的空间是象征两地联合常见纹章图案的变形，上面有跪绑着的俘虏，通常是亚细亚人（在下埃及一侧）和努比亚人（在上埃及一侧）。马头前镶板上的文字已经破旧不堪，无法辨认。圣蛇标记的翅膀之间包含图坦卡蒙的王位名；而战车车轮后面的文字则是希望"他身后所有的生命和保护，如拉一样永恒"。金再次呈现出紫红色。

木乃伊的金束带

(宽4.9厘米)

　　最内层的棺盖被掀开时,卡特及其助手和应邀见证这一最重要时刻的参观者第一次看到一具经过包裹和装殓的已故国王的木乃伊。那是一个令人敬畏的景象,同时也让发掘者对即将面临的任务充满了不祥的预感。面具以外的所有东西都被大量涂上了油膏,油膏已经凝固。尽管如此,仍可从表面看到不少饰物,很明显,国王身上的装备非常丰富。事实证明,在移除并清理掉坚硬的油膏后,当时看似很有希望的收获果然蔚为壮观。

　　从国王胸前的巴鸟开始,金带和珠带覆盖在下半身,似乎它们是用于固定亚麻布包裹。卡特注意到,这些带子中有一些原本是为更小的身体制作的,后来又进行了调整,以适应图坦卡蒙稍大的木乃伊。贯穿身体的主带上有两行文字,上面是天空之神努特和大地之神盖布给木乃伊的祷词。与这条中间的主带呈直角的横向带子上有单行文字,宣称国王受到四位卡诺皮克守护神和防腐之神阿努比斯的"尊崇"。这里所展示的部分包括两条独立的横向带子:上部包含写有图坦卡蒙名字的王名圈,属于右侧的身体,文字中,写有国王"受到伊姆塞蒂的尊崇"。

　　下部属于一条单独的带子,文字中,将通常用于奥西里斯的一些称谓用在了阿努比斯身上:"圣地之主,西方之首",接着写道:"愿他赐予两地之主,内布赫佩鲁,成为第一位(或独一无二)的首领……";由于部分文字已经遗失,因此无法确定其确切含义。文字中出现的符号镶嵌着彩色玻璃。

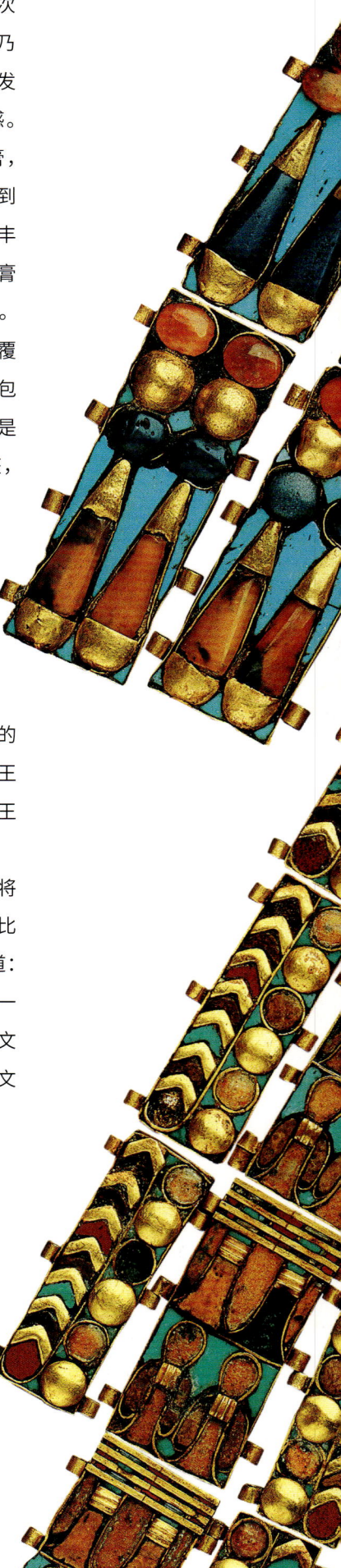

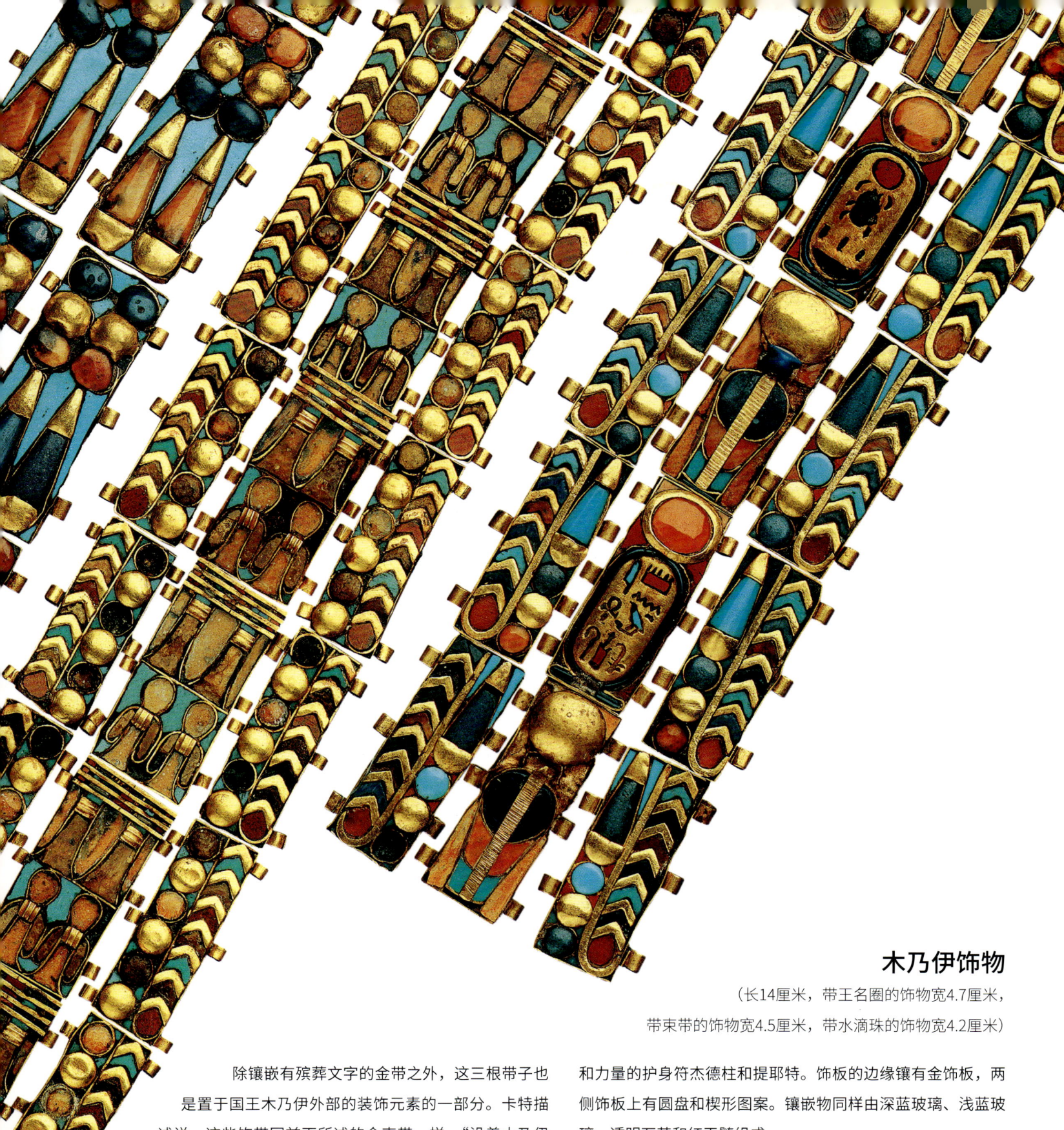

木乃伊饰物

（长14厘米，带王名圈的饰物宽4.7厘米，
带束带的饰物宽4.5厘米，带水滴珠的饰物宽4.2厘米）

　　除镶嵌有殡葬文字的金带之外，这三根带子也是置于国王木乃伊外部的装饰元素的一部分。卡特描述说，这些饰带同前面所述的金束带一样，"沿着木乃伊的两侧，从肩部一直延伸到脚部"，排列成花环状，与横向饰物相连。严格来说，它们并不是珠宝首饰，但它们采用了首饰工艺制作而成，其华美的外观可与陵墓出土的诸多胸饰项链的饰带相媲美。

　　如图所示的这三件作品结构特点相似：带有掐丝珐琅镶嵌装饰物的小金饰板串在一起，珠子将其分隔开并镶边。左侧的带子由并排的两排饰板组成，上面有简单重复的水滴珠和圆盘图案。这些圆盘不一定是太阳圆盘，因为其中一些镶嵌了深蓝色玻璃，一些则镶嵌了透明石英，所使用的红色人造宝石使其呈现出粉红色。其他镶嵌物则使用了浅蓝色玻璃和石英材质。

　　中间的带子上有一排金饰板，上面交替装饰着代表忍耐和力量的护身符杰德柱和提耶特。饰板的边缘镶有金饰板，两侧饰板上有圆盘和楔形图案。镶嵌物同样由深蓝玻璃、浅蓝玻璃、透明石英和红玉髓组成。

　　右侧带子的装饰最为精致。中间一排金饰板上有圣蛇标记，与国王的名字（包括王位名和主名或出生名）等交替出现。每个圣蛇标记和王名圈的顶端都有一个太阳圆盘，圣蛇标记是纯金的，王名圈则镶嵌了红玉髓。两侧的饰板内排为水滴珠和圆盘，外排为楔形图案和圆盘。镶嵌的材料与其他带子相同。

　　这些带子的背面留有宗教文字，包括《亡灵书》中的"心的召唤"。国王王名圈出现之处，则内含名字。虽然大部分已污损，但可以清楚地读出那些是图坦卡蒙的短暂前任纳芙纳芙鲁顿的名字。因此，这些带子进一步证明了这座墓葬对旧有陪葬品进行了某种经济性的回收再利用。

个人物品

260　一对镀金木制拨浪鼓（Sistra），上面有青铜蛇形横条和圆盘，摇动时发出叮叮当当的声音。这是一对简单而实用的物品

261左　左侧照片：一根镀金木杖，手托为开放的纸莎草伞状。这朵花及手杖顶部的装饰物是用彩色玻璃制成的

261左　中间照片：该杖由一根空心金管制成，顶端有一个图坦卡蒙的小雕像，图坦卡蒙的名字用细小符号写在短褶裙腰带的前端

261左　右侧照片：精巧的木杖，顶端弯曲，是官员随身携带的那种。上面极为丰富地装饰着镀金，并运用了金螺旋和几何图案

261右　在宝库的阿努比斯豺狼爪子间发现的象牙调色板，上面有六种颜色。调色板上有安克姗海娜蒙的姐姐梅里塔顿的名字

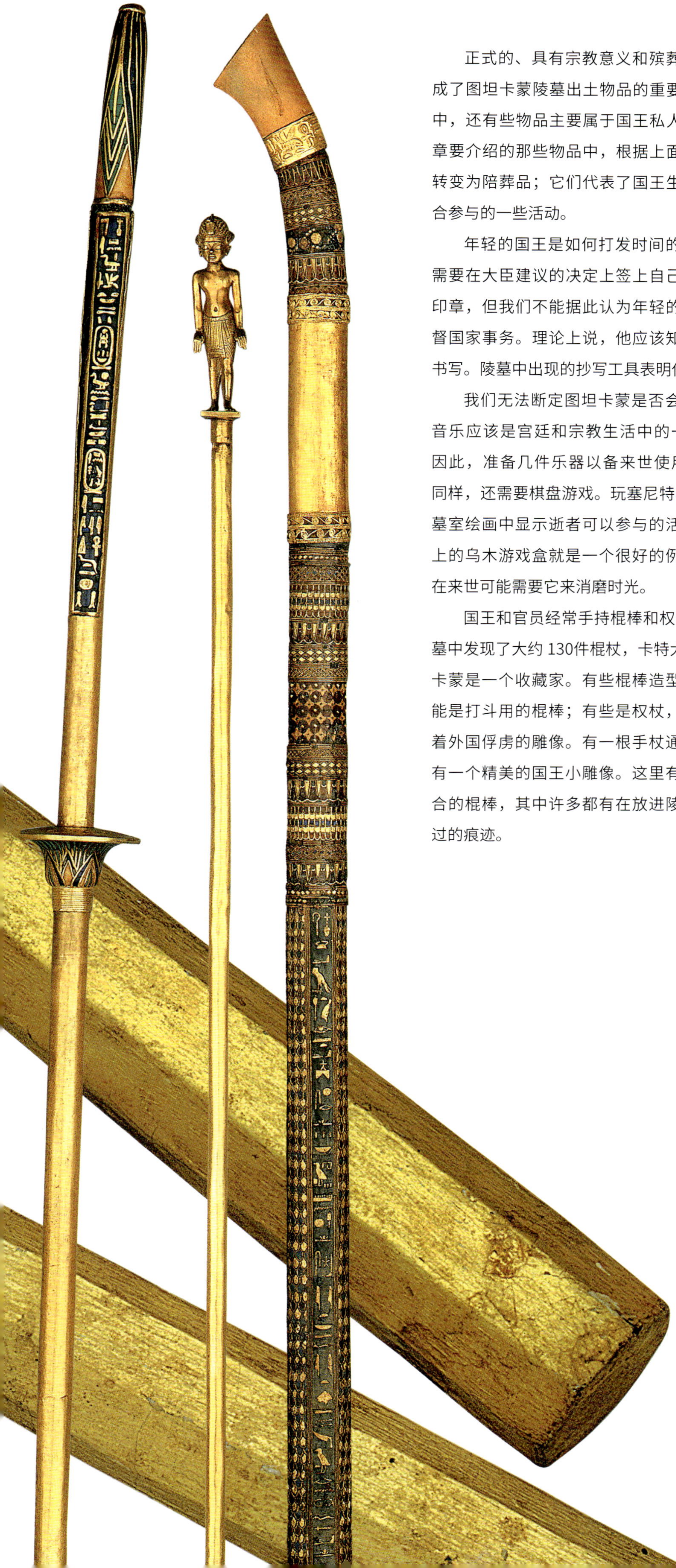

正式的、具有宗教意义和殡葬功能的物件构成了图坦卡蒙陵墓出土物品的重要组成部分，其中，还有些物品主要属于国王私人生活用品。本章要介绍的那些物品中，根据上面的铭文，有些转变为陪葬品；它们代表了国王生前在非正式场合参与的一些活动。

年轻的国王是如何打发时间的？尽管他可能需要在大臣建议的决定上签上自己的名字或盖上印章，但我们不能据此认为年轻的君主会认真监督国家事务。理论上说，他应该知道如何阅读和书写。陵墓中出现的抄写工具表明他应该识字。

我们无法断定图坦卡蒙是否会演奏乐器，但音乐应该是宫廷和宗教生活中的一个重要元素，因此，准备几件乐器以备来世使用是很方便的。同样，还需要棋盘游戏。玩塞尼特棋（senet）是墓室绘画中显示逝者可以参与的活动之一。台子上的乌木游戏盒就是一个很好的例子，说明国王在来世可能需要它来消磨时光。

国王和官员经常手持棍棒和权杖来行使权力。墓中发现了大约130件棍杖，卡特大胆地推测图坦卡蒙是一个收藏家。有些棍棒造型简单，有些可能是打斗用的棍棒；有些是权杖，上面精细地刻着外国俘虏的雕像。有一根手杖通体为金，上面有一个精美的国王小雕像。这里有适用于各种场合的棍棒，其中许多都有在放进陵墓之前被使用过的痕迹。

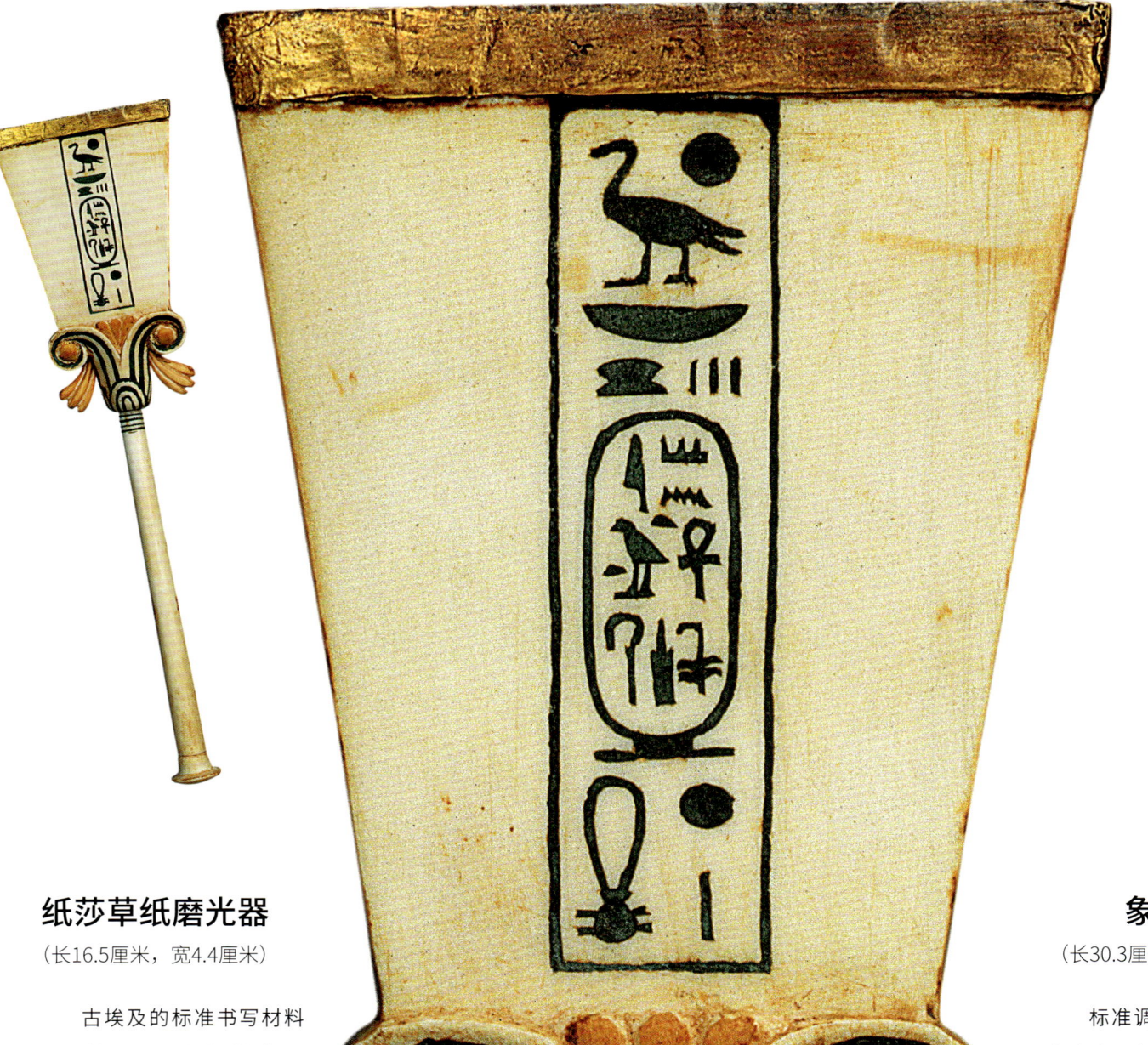

纸莎草纸磨光器

（长16.5厘米，宽4.4厘米）

　　古埃及的标准书写材料是纸莎草纸，这种"纸"由纸莎草植物的髓心制成。这种植物广泛生长于尼罗河沿岸的沼泽地和三角洲地区。纸莎草是一种非常有弹性且耐用的材料，但它的质地并不总是规则的，而流畅书写要求纸面的光滑，因此，纸莎草的背面不如正面平整。准备一张用于书写的纸，可能首先需要进行磨光。人们有理由认为，类似这个精美物件的工具就是用来磨光纸的表面的。它与其他书写工具一起被发现于宝库中，上面刻有图坦卡蒙的名字：一面刻有他的王位名，另一面刻有他的出生名。它由象牙制成，顶端镶着黄金，黄金下垫有亚麻布条。手柄顶端是一朵盛开的百合花，绘有蓝色和黄色线条。文字符号同样使用了蓝色。

象牙调色板

（长30.3厘米，宽4.7厘米）

　　标准调色板上有放置红色和黑色颜料的凹陷处，这件物品就有这些颜料的残留，并有使用过的痕迹。为了书写，抄写员使用浸软的灯心草（也可能通过咀嚼），制成笔刷。在这个调色板的凹陷处，有备用的灯心草。该用具明显是给国王使用的。它与其他书写工具一起被发现于宝库里极具装饰性的匣子中。它由象牙制成，两端有黄金镶饰。顶部四行优雅的象形文字包含图坦卡蒙（重复一次）的王名圈，他被描述为"阿图姆之挚爱、两地及赫里奥波里斯之主"。墨迹下方的王名圈还包含一个称谓为"书写之神托特的挚爱"，笔筒两侧的两行文字包含国王的王名圈以及标准王衔和称谓。底部一行文字写着赐予国王"生命"，使其成为"阿蒙-拉之挚爱"及"托特之挚爱"。

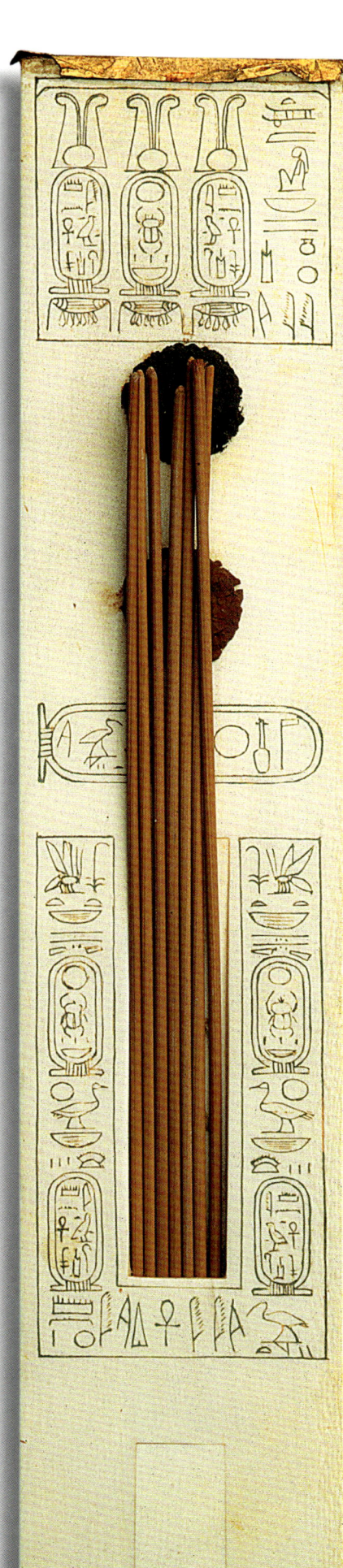

镀金笔筒

（长30厘米）

在象形文字中，"书写"一词及其同源词所使用的符号代表了一套书写工具：一个调色板、一袋备用墨水和一个装笔刷的筒。这些部件用绳子或带子连接在一起，抄书吏经常将他们的用具挂在肩上。普通的调色板有放置灯心草笔刷的空间，但一个特制的笔筒会让一套好的"桌面"工具更为完善。这个笔筒与前面所述的其他书写工具是一起被发现的，它是做工精致的典范。它的形制为饰有棕榈树柱头的柱状物。算盘构成了笔筒的盖子，可以旋转打开。可用一根绳子将笔筒顶部和侧面的两个小旋钮缠绕起来，使笔筒保持关闭的状态。顶部旋钮和小底板用象牙制成，而筒则是镀金木制，外层分区进行装饰，镶嵌有红玉髓、黑曜石和玻璃。中央区域包含了国王的两个王名圈。

镀金调色板

（长30.3厘米，宽4.3厘米）

这个镀金木制调色板与上面那个调色板尺寸相同，它们出自同一个箱子。尤为有趣的是，顶部正式王衔中，国王的名字是图坦卡顿，这是他从阿玛尔纳地区迁出之前使用的名字。其称谓为"托特之挚爱，神谕之主"。卡特认为，两个调色板都被使用过，而这个调色板应该是国王在统治初期使用的。必须提出的问题是，图坦卡蒙是否懂得如何读写象形文字？有关国王识字的证据非常少。可以认为，以国王的地位可以依靠辅佐大臣来处理国家事务。另一方面，读写能力在古埃及被认为是一种优势，因此，可能当时的人会尽一切努力确保王位的继承者至少具备处理书面文件的基本能力。

台子上的游戏盒

（盒子：长44.6厘米，宽14.3厘米，高8.1厘米；
台子：长55厘米，宽17.5厘米，高20.2厘米）

这件半休闲家具是在附室中被发现的几件家具之一，也是古代橱柜制作工艺中最令人满意的典范之一。盒子用一些普通木头做成，乌木饰面，上面和底部用象牙标出游戏方格。台子和木橇是乌木做的。狮爪下的"鼓状物"和加固关节的支架上都缀有金饰，非常有品位。狮爪是象牙制的。两侧及抽屉进出盒子的两端处均有黄漆铭文，包含了图坦卡蒙非常完整的王衔，带有许多称谓，如不同寻常的"众神之爱，愿他永远健康"，这是"愿他永生"的一个重要变体。古埃及盛行棋盘游戏，其中一种尤为突出，即塞尼特棋，它被认为是在来世玩的游戏。在《亡灵书》第17条咒语的序言中，下塞尼特棋被列为对逝者有益的活动。在新王国时期的一些墓葬中，就有逝者与他妻子下棋的画面。

装饰游戏盒

（长27.5厘米，宽9厘米，高5.8厘米）

上述乌木游戏盒配套的棋子没有被找到，卡特推断它们可能是用黄金制成的，很容易被小偷"收入囊中"。找到的一些象牙棋子可能是配套这个略有逊色的游戏盒，这个游戏盒也是在附室被发现的。它的特点很有趣，全新时可能是一件非常吸引人的物品。它用普通软木制成，上面点缀着象牙。两面都有带花卉图案的饰板，饰板上有轻微刻痕，部分被染成黑色和红色。棋盘面上覆盖着象牙，用一种卡特称为灰泥（stucco）的材料将其分成正方形，然后再覆盖上金箔。

有两个抽屉，上面安装有象牙板和小乌木螺栓，螺栓用金钉啮合。和前一个盒子一样，这个盒子可以用来玩两种不同的游戏。关于这两种游戏的玩法仍有很多争议。

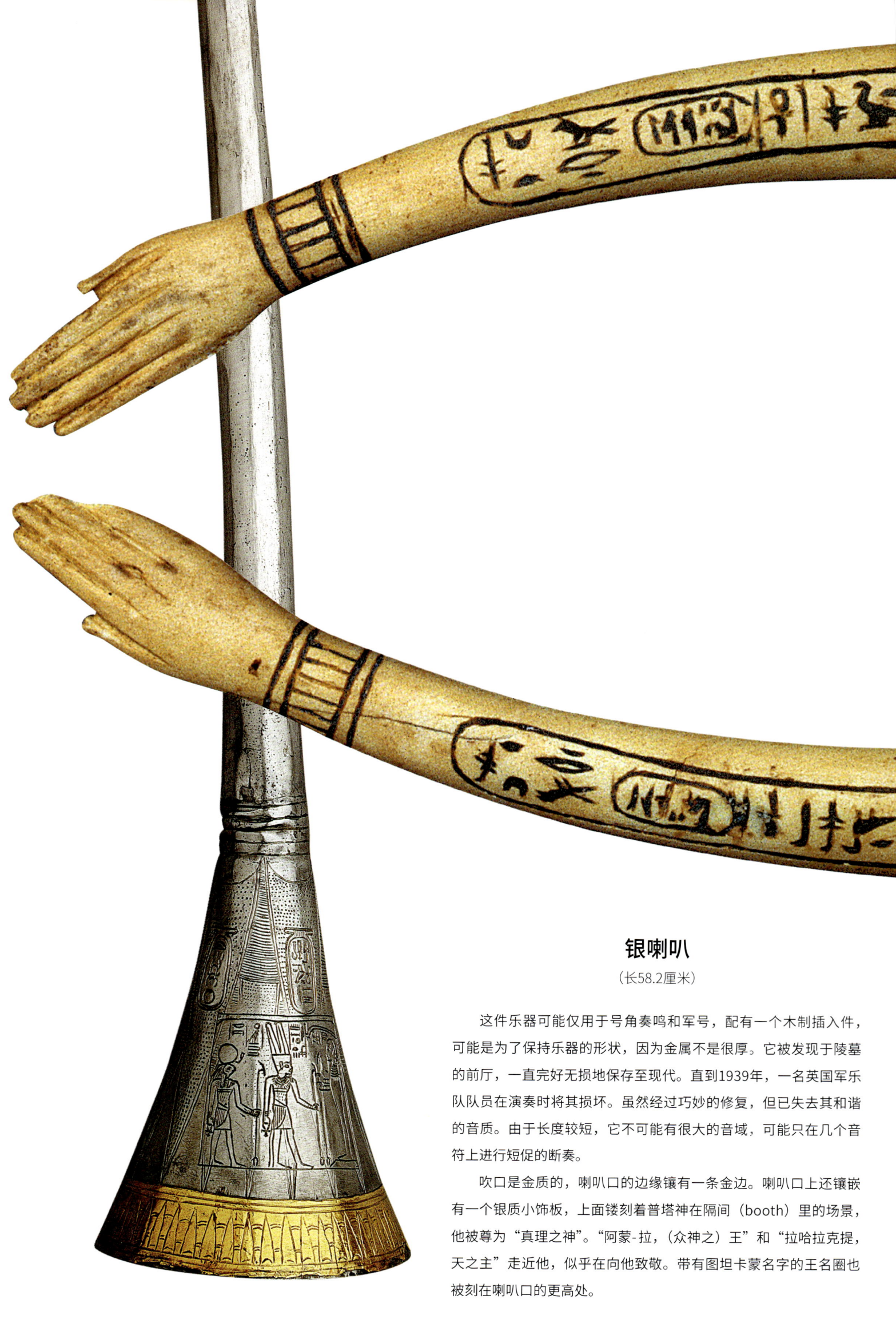

银喇叭

（长58.2厘米）

这件乐器可能仅用于号角奏鸣和军号，配有一个木制插入件，可能是为了保持乐器的形状，因为金属不是很厚。它被发现于陵墓的前厅，一直完好无损地保存至现代。直到1939年，一名英国军乐队队员在演奏时将其损坏。虽然经过巧妙的修复，但已失去其和谐的音质。由于长度较短，它不可能有很大的音域，可能只在几个音符上进行短促的断奏。

吹口是金质的，喇叭口的边缘镶有一条金边。喇叭口上还镶嵌有一个银质小饰板，上面镂刻着普塔神在隔间（booth）里的场景，他被尊为"真理之神"。"阿蒙-拉，（众神之）王"和"拉哈拉克提，天之主"走近他，似乎在向他致敬。带有图坦卡蒙名字的王名圈也被刻在喇叭口的更高处。

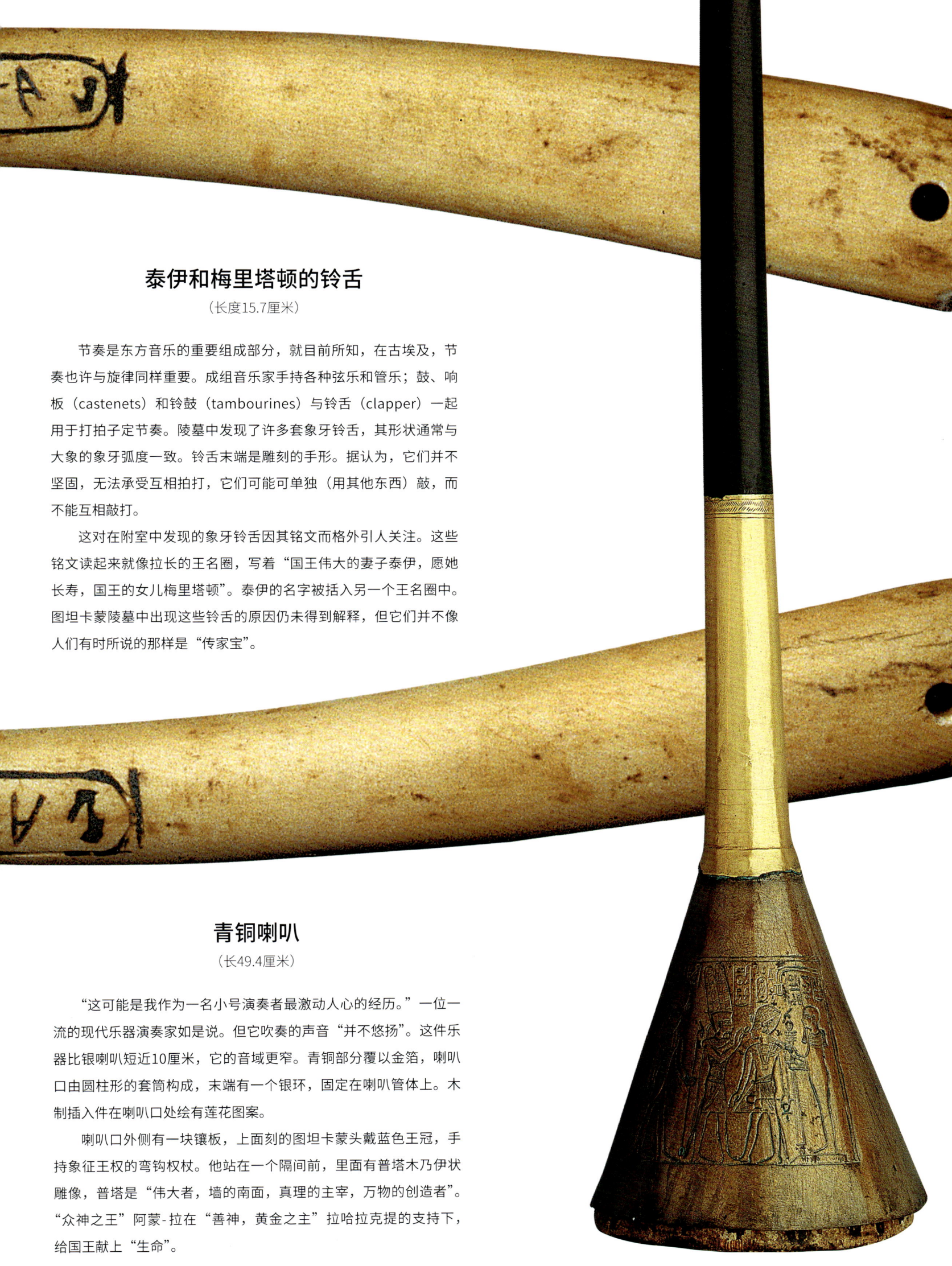

泰伊和梅里塔顿的铃舌

(长度15.7厘米)

　　节奏是东方音乐的重要组成部分，就目前所知，在古埃及，节奏也许与旋律同样重要。成组音乐家手持各种弦乐和管乐；鼓、响板（castenets）和铃鼓（tambourines）与铃舌（clapper）一起用于打拍子定节奏。陵墓中发现了许多套象牙铃舌，其形状通常与大象的象牙弧度一致。铃舌末端是雕刻的手形。据认为，它们并不坚固，无法承受互相拍打，它们可能可单独（用其他东西）敲，而不能互相敲打。

　　这对在附室中发现的象牙铃舌因其铭文而格外引人关注。这些铭文读起来就像拉长的王名圈，写着"国王伟大的妻子泰伊，愿她长寿，国王的女儿梅里塔顿"。泰伊的名字被括入另一个王名圈中。图坦卡蒙陵墓中出现这些铃舌的原因仍未得到解释，但它们并不像人们有时所说的那样是"传家宝"。

青铜喇叭

(长49.4厘米)

　　"这可能是我作为一名小号演奏者最激动人心的经历。"一位一流的现代乐器演奏家如是说。但它吹奏的声音"并不悠扬"。这件乐器比银喇叭短近10厘米，它的音域更窄。青铜部分覆以金箔，喇叭口由圆柱形的套筒构成，末端有一个银环，固定在喇叭管体上。木制插入件在喇叭口处绘有莲花图案。

　　喇叭口外侧有一块镶板，上面刻的图坦卡蒙头戴蓝色王冠，手持象征王权的弯钩权杖。他站在一个隔间前，里面有普塔木乃伊状雕像，普塔是"伟大者，墙的南面，真理的主宰，万物的创造者"。"众神之王"阿蒙-拉在"善神，黄金之主"拉哈拉克提的支持下，给国王献上"生命"。

带装饰的手杖
（长度108厘米）

友好而热烈的棍棒比赛如今在上埃及的村庄仍然非常普遍，很少有村民不随身携带一根结实的手杖，它可用于多种用途。陵墓绘画中偶尔会出现棍棒"游戏"。显然，棍棒是重要的个人物品。卡特认为，图坦卡蒙一定把收集棍棒作为一种爱好，因此，在墓中发现了许多棍棒。许多棍棒造型简单，但也有一些造型奇特，缀有圆雕，装饰得非常精美，几乎不可能剧烈地使用它们。

例如，这根棍棒就经不起粗暴地使用。它的一端是弯曲的，就像官员甚至士兵有时手持的棍子一样。末端有一个金套环。装饰带种类繁多，错综复杂，除了使用黄金这种可预知的材料外，还带有镶嵌细工；不是用不同的木材，而是用不同颜色的树皮，甚至是用甲虫五彩斑斓的翅膀。

带有阿蒙祷词的手杖
（长145厘米）

这根手杖与其他大量手杖一起被发现于前厅，其中许多散乱在战车部件中。这些手杖种类繁多，其中一些还镶嵌了黄金，装饰十分精美。

这件作品相对简单，但却华丽简洁。它完全由金箔覆盖，仅在顶部和手柄下方稍缀有品位的装饰。蓝色玻璃背景上还有一行金色文字，上面写着"善神，阿蒙之子，上埃及和下埃及之王，两地之主，内布赫佩鲁，拉之子，他的身体，他的挚爱，冠冕之主，图坦卡蒙，（赫里奥波里斯）南部（统治者），阿蒙之挚爱，被赐予永恒的生命"。阿蒙名字所出现之处，都取代了阿顿。据推测，这根棍棒制作于图坦卡蒙统治初期，并在下葬时进行了"修正"。

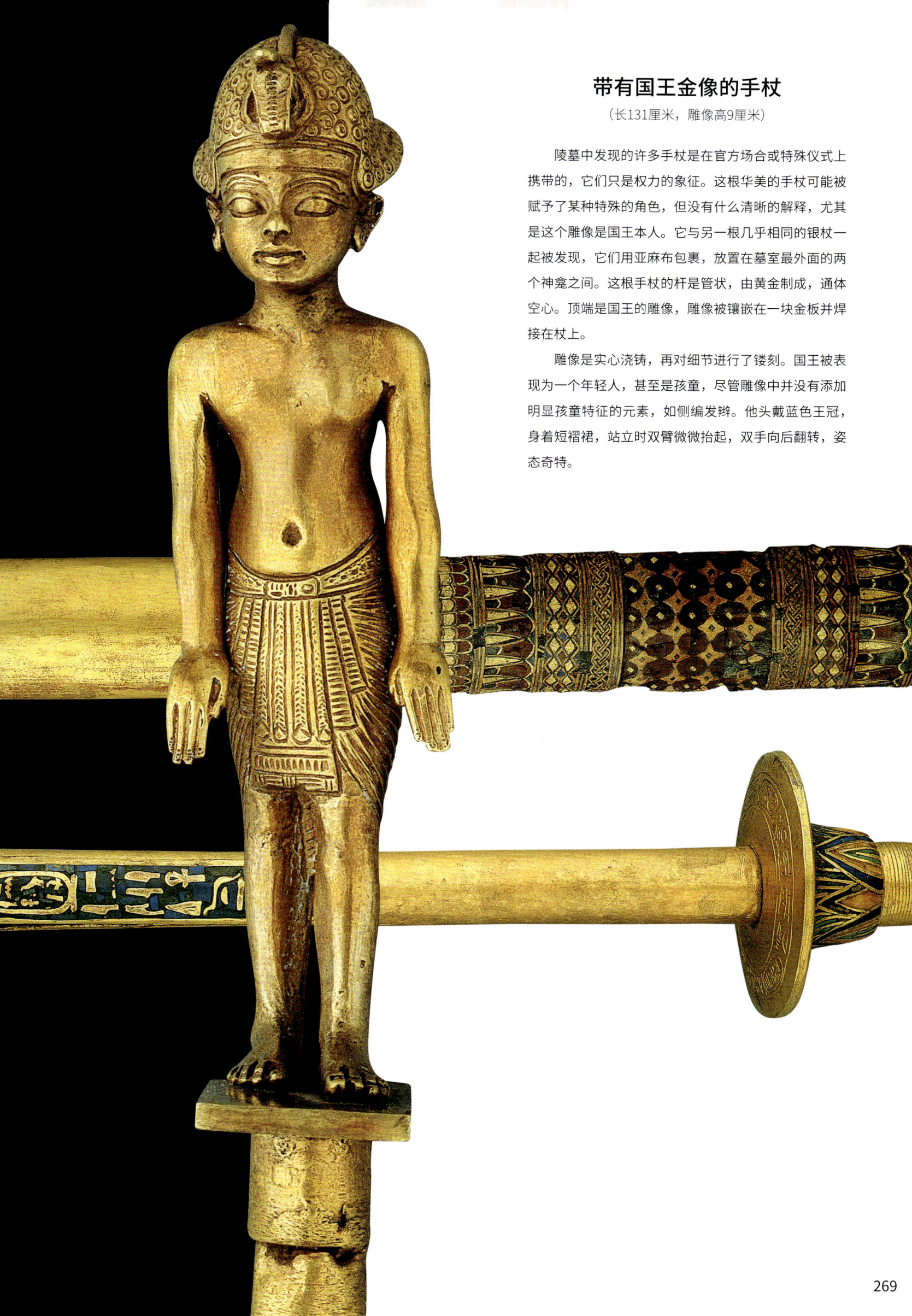

带有国王金像的手杖

（长131厘米，雕像高9厘米）

陵墓中发现的许多手杖是在官方场合或特殊仪式上携带的，它们只是权力的象征。这根华美的手杖可能被赋予了某种特殊的角色，但没有什么清晰的解释，尤其是这个雕像是国王本人。它与另一根几乎相同的银杖一起被发现，它们用亚麻布包裹，放置在墓室最外面的两个神龛之间。这根手杖的杆是管状，由黄金制成，通体空心。顶端是国王的雕像，雕像被镶嵌在一块金板并焊接在杖上。

雕像是实心浇铸，再对细节进行了镂刻。国王被表现为一个年轻人，甚至是孩童，尽管雕像中并没有添加明显孩童特征的元素，如侧编发辫。他头戴蓝色王冠，身着短褶裙，站立时双臂微微抬起，双手向后翻转，姿态奇特。

饰有利比亚俘虏的棍棒
(长109厘米)

这三根手柄为被捆绑的俘虏式样的棍棒被发现于图坦卡蒙陵墓前厅的一个长箱子里,该箱子里还有一些弓、弓盒和其他长形物品。

这里展示的棍棒上都带有图坦卡蒙的王位名,因此可以断定是属于他的统治时期。但是值得怀疑的是,他是否见过战争胜利后由获胜将军带至面前的外国俘虏?尽管他的统帅霍伦希布可能发动战争,重新获取了埃赫那顿统治时期所失去的埃及势力范围。此时的利比亚几乎不构成威胁,但这并不妨碍利比亚囚犯出现在其中一根棍棒上。该利比亚人除了手脚是用乌木制作的,几乎全身镀金。尽管头部所占比例很小,但完美体现了对细节的刻画。棍棒的另一端有一个蓝色玻璃套环。

饰有努比亚俘虏的棍棒

（长102厘米）

这根棍棒与上一根几乎相同，只是用努比亚人取代了利比亚人作为手柄的一部分。

该陵墓的这种带有人物形象的棍棒在其他地方还没有发现过，因此对其功能也没有特别的说法。毫无疑问，它们是用来羞辱法老的传统敌人的。

努比亚是与埃及联系最紧密的国家；尼罗河是它们共同的河流，从很早以前开始，贸易和战争就将双方的关系区分开来。这根棍棒上表现的努比亚人明显是黑色的，最黑的木材——乌木被用来制作未镀金的部分，即脚、手和头。头部雕刻得非常精细，具有努比亚居民肤色黝黑、头发卷曲等典型特征。棍棒末端有一个蓝色玻璃套环。

饰有亚细亚和努比亚俘虏的棍棒

（长104厘米）

受海洋和沙漠的保护，古代埃及不易被入侵。这种隔绝，使其拥有得天独厚的地理优势，许多世纪以来，它躲过了民族迁徙带来的动荡和破坏，而这种迁徙对小亚细亚的影响尤其大。在近千年的历史中，埃及没有强劲的敌人，它也没有试图将其统治扩展到邻国。然而，南边的努比亚人、西边的利比亚人，以及东边的亚细亚人（并不总是按种族区分）被视为传统的敌人，即使这种敌对关系不是白热化的，也是潜在的。因此，在有关王权神话的描绘中，这些民族的形象经常以这种可预见的形式出现：要么是被摧毁、被拖拽的囚犯形象，要么像此处的棍棒手柄一样，被王权之手捆绑和碾压。

棍棒镀了金，亚细亚人和努比亚人的形象圆雕而成，以制作成手柄。努比亚人身体裸露的部分镶嵌乌木，亚细亚人身体裸露的部分则镶嵌象牙。

武 器

272—273　图坦卡蒙战车车身内侧的部分装饰。这里的人物形象代表被捆绑的俘虏,他们是努比亚人和亚细亚人;他们被雕刻在石膏灰泥底座上,然后镀金

新王国时期的国王主要形象之一是勇士。他是国家英勇的斗士，没有人比他更勇敢、更强大。在经历了相当和平的阿玛尔纳时期之后，图坦卡蒙又恢复了好战的形象：在前厅被发现的彩绘盒上绘有对外战争和狩猎的微缩画，画上可以看到图坦卡蒙作为勇士国王的典型形象。然而，没有理由相信这位年轻的国王本人参加了亚细亚或努比亚的战役，但他很可能乘坐战车参加了狩猎活动。

尽管如此，国王还是需要适当的装备，在他的陵墓中放置了许多武器，其中一些是小型武器，一些是完全能够有效使用的武器，一些是专为狩猎而非战斗设计的武器，还有一些武器则是用于仪式目的。最壮观的是战车：有两辆非常宏伟，可能是仪式用的战车；有一辆战车不是那么宏伟，但装饰得很华丽；还有三辆战车构造较轻，可能是日常使用的。国王乘坐战车，通常呈现为拉弓的形象，弓的配备也非常奢华。有14张普通的弓，被称为单体弓（self bow），有大约30张结构复杂的复合弓（composite bow）。还发现了数百支箭和箭镞，以及箭筒和弓盒，其中一个弓盒的装饰最为精美。陵墓中发现的投掷棒或回旋镖大多是礼仪用具，过于华丽，不适合在狩猎场上使用。所谓的镂空盾牌亦是如此，这些盾牌几乎经受不住强大的打击力。

克赫帕什镰形刀（khepesh sword）与其说是切割武器，不如说是棍棒，它同上文提到的复合弓一样，也是亚细亚人设计的。亚细亚人为埃及人的武器库做出了巨大贡献。在图坦卡蒙身上发现的两把匕首中，有一把是用铁制成的。铁是由亚细亚人，最有可能是赫梯人提供的。铁匕首现在看来并不像金匕首那么令人惊奇，但在当时的埃及，这种冶铁技术是独一无二的。因此，对埃及人来说，这把匕首比金匕首更值得赞叹。

礼仪战车

（车身宽105厘米，深46厘米，车轮直径90厘米，车轴长216厘米，车杆长250厘米）

在前厅被发现的四辆战车中，有两辆已被拆卸并凌乱不堪，卡特将它们称为礼仪战车（state chariot）。关于哪一辆是他所称的"第一辆"和"第二辆"，一直存在一些混淆。通过对笔记、描述和照片进行仔细比对，确定这里展示的是卡特所称的"第一辆"礼仪战车。这辆战车镀金华丽，在埃及明亮的阳光下行驶时，一定会成为一道耀眼的风景。

最引人注目的部分是车身，国王会站在里面。车身框架由人工弯曲的木头和薄木挡板构成，上面覆盖着石膏灰泥和镀金。地板是皮质网状，最初覆盖着兽皮，可能是豹皮，还有垫子和几层亚麻布。车身外部的装饰主要是卷轴式图案，中心镶板上有国王的王位名、名字和荷鲁斯王名（Horus name）；上方是一个带翅膀的太阳圆盘，两侧是戴有王冠的圣蛇标记及上埃及和下埃及的纹章植物。下方是百合花装饰的镶板。

车身内部同样装饰华丽。顶部是重复出现的国王名字，下方是上下埃及统一的标志，两侧各跪着一名被捆绑的俘虏。底部的楣饰绘有外国俘虏（努比亚人、亚细亚人和利比亚人）被捆绑跪在凯旋的化身为斯芬克斯的国王面前。两侧的斯芬克斯践踏着更多的敌人。这幅楣饰画构思大胆流畅，表现得生动活泼。六辐轮巧妙地使用人工弯曲的木头制成，"轮胎"则用皮革制成。华丽的镀金在一定程度上妨碍了对精确的构造细节的发现。战车的车杆和套在战车马匹脖子上的轭也由人工弯曲的木头制成，并镀了金。轭的末端雕刻着亚细亚和努比亚俘虏的造型。战车下方是家神贝斯（Bes）的头像。

国王化身斯芬克斯的镂空盾牌
（高89厘米，宽54厘米）

在陵墓的附室发现了四块功能性盾牌，它们都是实心木制，上面覆盖着兽皮。还有四块非功能性的镂空盾牌，卡特认为是仪式用的。无论这种鉴定是否正确——它们肯定未曾在战斗中发挥作用，它们具有盾牌的形状，其中一些盾牌上绘制的场景明显具有战争色彩。

该盾牌充满了战争的象征意义，彰显着王权，右侧的文字也证实了这一目的。在这里，国王是活跃的斯芬克斯形象，将两个俯卧的敌人踩于脚下。通常情况下，会用一个亚细亚人和一个努比亚人作为被征服国家的代表。这里的两个人尽管穿着埃及风格的镀金短褶裙，但他们的身体是黑色的，似乎是努比亚人。盾牌底部有一个拉长的表示"外国"的符号。斯芬克斯表现得非常正式，它的尾巴上扬，兽足的位置精心排布。国王的头部戴着内梅什王巾和上、下埃及的双冠。

从斯芬克斯前方的镶板可确认他就是图坦卡蒙，上面将其描述为"善神，他踏平异域，击退异域的势力，他像努特之子一样拥有力量，像孟图（Monthu）一样英勇，他来到底比斯"。孟图是底比斯古老的神，在阿蒙神出现之前，他的神庙在底比斯是很显赫的。他被视为战神，经常以猎鹰的形象盘旋在战斗中的国王上方。这里，猎鹰位于斯芬克斯头部后方，它的爪子上抓着象征宇宙力量的申符号；它正落在一把鸵鸟羽毛扇上，或是在其上方盘旋。猎鹰没有被命名，但有理由认为它就是孟图。在盾牌顶部的圆圈中，是一个带翅膀的太阳圆盘，它是贝迪特（Behdet）的荷鲁斯的化身。盾牌是用红金进行镀金的，这赋予了这件作品某种愤怒的基调。

带有国王坐像的镂空盾牌
（高74厘米，宽50厘米）

图坦卡蒙的加冕和统治是这块盾牌上镂空场景的主题。虽然盾牌遭到了一些损坏，但整个设计的元素可以重建，没有太大的不确定性。这里的镀金并非红金。

国王坐在一个精致的宝座上，两腿之间的空隙填满了象征上埃及和下埃及统一的纹章图案，这从陵墓中已部分损坏的所谓教会王座上可以看到。国王身着带"短斗篷"和宽项圈的礼服，手持象征王权的弯钩和连枷，头戴圣蛇环状饰圈，红色王冠上有飞舞的饰带。王冠的顶端和它卷曲的延伸部分弄坏了，镶嵌在盾牌弯曲处顶部的太阳圆盘的翅膀也折断了。

同样断裂的还有紧靠国王两侧的两根锯齿状棕榈枝中的一根。右边的棕榈枝是完整的，底部是代表十万的蝌蚪和申符号。这些棕榈枝象征着国王的长久统治。蝌蚪和申符号是第二根棕榈枝的全部残留物。两把鸵鸟羽毛扇构成了场景的外围，在右边的扇子和棕榈枝之间有一块镶板，上面写着："陛下出现在底比斯，这是给权力拥有者、被赐予永生者，内布赫佩鲁，预言奇迹的平台。"

因此，国王在加冕时的形象是，他的统治前景一片光明。场景被放置在意为"节日"的巨大篮子符号上，篮子下面是两只翅膀被困、爪子高高举起的鸻鸟（rekhyt），它们向神献上敬拜，并祈求国王儿孙满堂、长命百岁。这些鸻鸟代表困顿但忠诚的埃及平民。

国王屠狮形象的镂空盾牌
（高88厘米，宽55厘米）

这面镂空盾牌上的场景将图坦卡蒙表现为追求王国安全的毁灭之王。其核心内容是国王本人俯身向前抓住两头狮子尾巴的形象。他的右手高高挥舞着一把克赫帕什镰形刀，他将用这把刀杀死象征埃及敌人的狮子。国王头部前方的文字板描述了他的神力："善神，臂力强健，内心强大，就像出现在底比斯的孟图一样……他与狮子搏斗，击退野牛……"这是一个好战国王的传统形象，但在这里，他搏击的是狮子，而不是亚细亚人和努比亚人。他戴着努比亚假发，令人惊讶的是，他还戴着阿泰夫冠。盾牌顶端弯曲处的带翅太阳圆盘是贝迪特的荷鲁斯，他是保护神，可能是国王的化身。在国王举起的手臂后方，栖息着秃鹫女神内克贝特，她伸展双翅以示保护。她头戴上埃及的白色王冠，王室连枷从背部露出。她高高站在一个篮子上，篮子位于一丛纸莎草植物的顶部，纸莎草可能代表北方，也就是三角洲，这是内克贝特的同族保护神眼镜蛇瓦吉特的领地。

镀金权杖
（长82厘米）

埃及王朝最早的国王形象之一出现在阿比多斯（Abydos）第一王朝国王登（Den）陵墓中的一块小象牙碑上。它表现了国王跨坐在倒下的敌人身上，正挥舞着一把梨形头的权杖，准备敲碎这个可怜人的头颅。文字上写着"第一次击败东方人"。敌人是传统的亚细亚人，而这也成为传统场景——国王抓住倒下的敌人的头发，实施致命一击。这种图案最晚出现在罗马时代，尤其是神庙的塔尖上。图坦卡蒙陵墓前厅中的两尊守护神像显示，图坦卡蒙手持权杖，蓄势待发。那些神像同该物件一样，是镀金木制。它是发现于墓室最外层两个神龛之间的一对权杖之一。

投掷棒模型
（长度40.5厘米）

墓葬中种类繁多的棍棒、投掷棒、大棒等展示了古埃及人在战斗和体育运动中可能使用的武器。毫无疑问，大多有棱角的木头是通过选择自然弯曲的木材获得的，在此基础上进一步塑形，以获得所需的效果。许多木头可能被用于制作成简单的大棒，弯曲的形状使它们比直棍使用起来更有效。

许多仪式或礼仪用的投掷棒和回旋镖大多采用如图所示物件弧度平缓的形状。在前厅的一个箱子里发现了两件非常相似的投掷棒，卡特起初认为它们是用琥珀金制成的。但事实并非如此，它们是木制的，上面覆盖着石膏灰泥，然后镀金，这里镀的是红金。两端都镶有蓝色费昂斯，呈现出莲花的形状及花纹。杆上刻有国王的名字。

仪式投掷棒
（长50.5厘米）

附室中发现了大量真正的投掷棒和回旋镖。研究表明，这些武器中至少有一些在投掷出去后会收回，但从某种意义上说，多数武器在现场都是一次性的，直到之后可能会被取回。

投掷棒在野禽捕猎运动中被大量使用；常见于沼泽地捕鸟的仪式活动中，墓主人会使用到它们。在附室地板上发现的一些投掷棒，如这件漂亮的物件，并非用于实际用途。

这是一根简单的象牙棒，象牙本身的形状使得这种形制很容易制作出来。两端各有一个金箔盖，杆上有一系列精致的装饰区域，主要由各种彩色树皮巧妙地拼接而成。象牙上精美的象形文字列出了简短王衔"善神，两地之主，内布赫佩鲁，永生"。

仪式镰刀
（长27厘米）

镰刀常用于割大麦和小麦。它出现在《亡灵书》的插图中，逝者使用它在来世进行田间劳作。这把精美的镰刀只是个模型，它出现在墓中，很可能是供来世使用。真正的镰刀从古代留存下来了，它们与这把镰刀的形状非常相似。手柄像这样采用离心设计，以便能更有效地使用该工具。真正的镰刀的齿是锯齿状燧石。该模型或许是一把仪式镰刀，被发现于附室。镰刀是木制的，饰有黄金和琥珀金箔以及彩色玻璃和方解石的各种图案。齿由红色和蓝色玻璃制成。金箔上的铭文列出了图坦卡蒙的王衔，并称他为"胡神（Hu）之挚爱"，胡神是圣言之神。

弓盒
（长153厘米）

在这个非同寻常的盒子中，发现了三张复合弓。这种弓是在图坦卡蒙统治前250年，由亚细亚传入埃及的。该盒竖立在宝库一角。它由木头制成，上面覆盖着亚麻布和石膏，整个盒子装饰有多个系列的场景和图案，它们用彩色树皮和染绿色皮革镶嵌而成。两端各采用费昂斯狮头形，两侧各有一块金镶板。这些镶板上带有国王在战车上用弓箭狩猎的浮雕场景。两侧同样有镶嵌装饰板，上面有狗和动物追逐的场景，还描绘了各种各样的野生动物。其他镶板上则将国王表现为站立的斯芬克斯，正在攻击亚细亚和努比亚俘虏。还有许多抽象装饰区域，边缘和不同场景之间有大量铭文，这些铭文列举了国王的王衔，并彰显他作为一位有行动力的国王所具有的英勇气概。

带镀金手柄的棍棒
（长56.2厘米）

这根相当普通的木制投掷棒几乎没有什么特别之处，不过仔细观察其手柄能发现它的与众不同。它的手柄是镀金的，上面饰有文字、抽象图案和小场景，嵌有粒状物，其中一些特别精致。

就连两条铭文带中的象形文字和王名圈也是采用造粒工艺制作而成。有两个宽的菱形装饰区和两个窄的圆花饰装饰区。最引人注目的是上行文字的下方和下行文字的上方的两个区域。这两个区域都有带动植物的沙漠图景：小野兔、鸵鸟、狗和羚羊的追逐，所有这些都采用了最为精细的造粒工艺。这可不是一根会被随手扔掉的投掷棒。

带精美装饰的棍棒
（长116厘米）

在前厅被发现的棍棒中，有一些的独特之处在于其出众的装饰。尤其是这根棍棒，上面饰有引人注目的几何和自然图案，其间还穿插着嵌有非常精细颗粒的铭文。这些金色图案包括花卉和昆虫元素及各种几何图案。环绕棍棒的简短文字包含传统的王衔和带有国王王位名和出生名的王名圈。刻在棒身的长条形文字宣称"国王亲自率领军队采取坚决行动"。

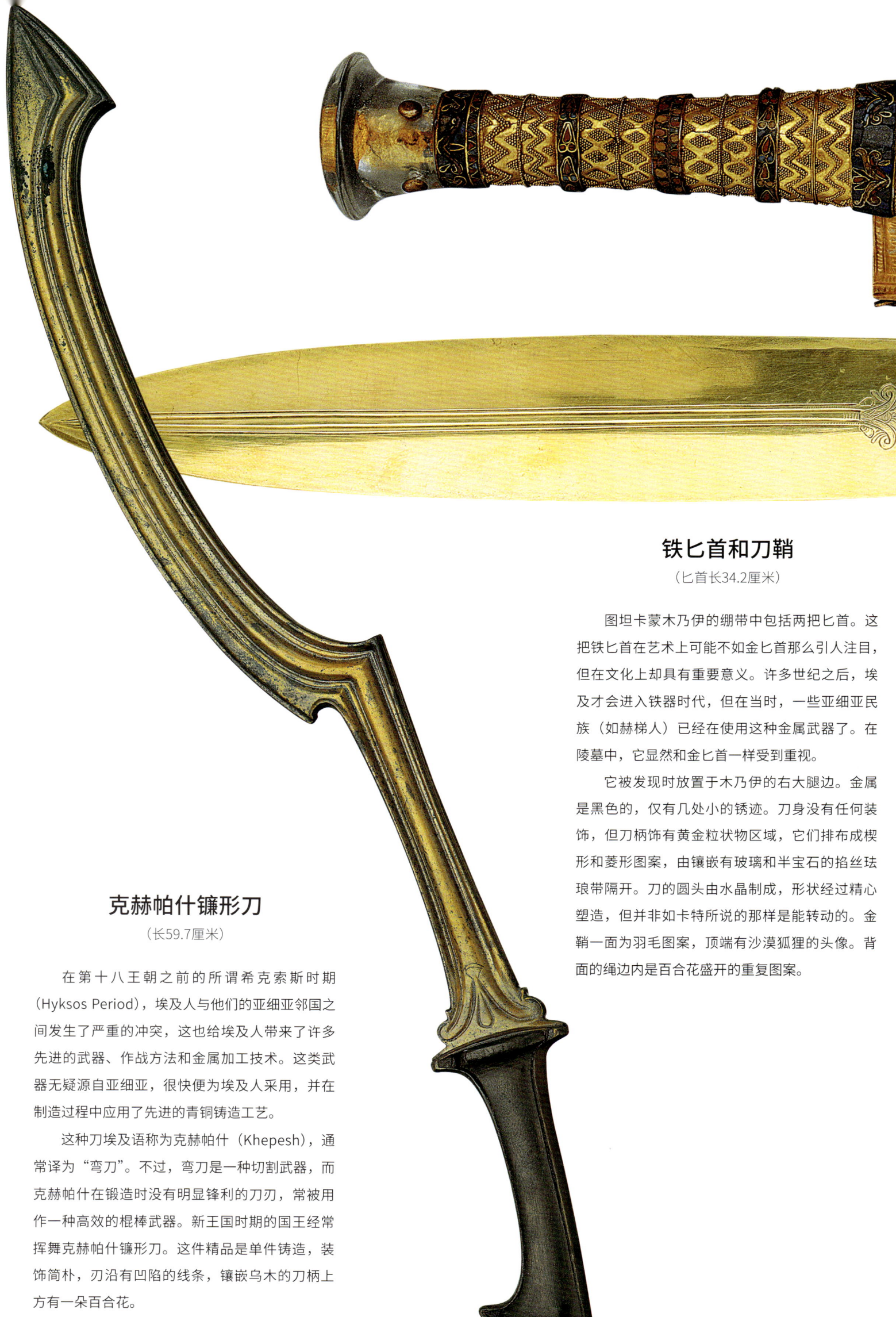

铁匕首和刀鞘

（匕首长34.2厘米）

图坦卡蒙木乃伊的绷带中包括两把匕首。这把铁匕首在艺术上可能不如金匕首那么引人注目，但在文化上却具有重要意义。许多世纪之后，埃及才会进入铁器时代，但在当时，一些亚细亚民族（如赫梯人）已经在使用这种金属武器了。在陵墓中，它显然和金匕首一样受到重视。

它被发现时放置于木乃伊的右大腿边。金属是黑色的，仅有几处小的锈迹。刀身没有任何装饰，但刀柄饰有黄金粒状物区域，它们排布成楔形和菱形图案，由镶嵌有玻璃和半宝石的掐丝珐琅带隔开。刀的圆头由水晶制成，形状经过精心塑造，但并非如卡特所说的那样是能转动的。金鞘一面为羽毛图案，顶端有沙漠狐狸的头像。背面的绳边内是百合花盛开的重复图案。

克赫帕什镰形刀

（长59.7厘米）

在第十八王朝之前的所谓希克索斯时期（Hyksos Period），埃及人与他们的亚细亚邻国之间发生了严重的冲突，这也给埃及人带来了许多先进的武器、作战方法和金属加工技术。这类武器无疑源自亚细亚，很快便为埃及人采用，并在制造过程中应用了先进的青铜铸造工艺。

这种刀埃及语称为克赫帕什（Khepesh），通常译为"弯刀"。不过，弯刀是一种切割武器，而克赫帕什在锻造时没有明显锋利的刀刃，常被用作一种高效的棍棒武器。新王国时期的国王经常挥舞克赫帕什镰形刀。这件精品是单件铸造，装饰简朴，刃沿有凹陷的线条，镶嵌乌木的刀柄上方有一朵百合花。

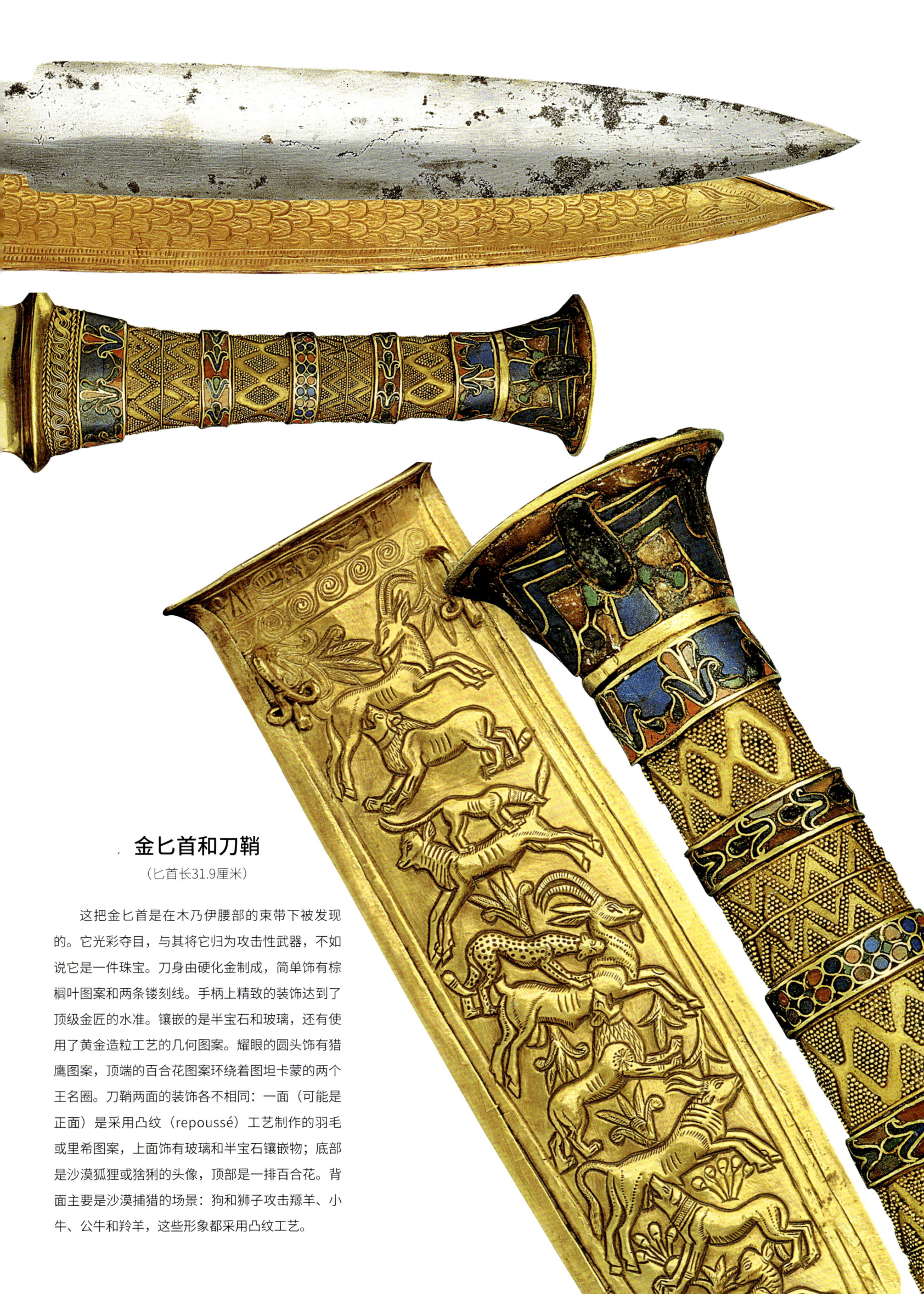

金匕首和刀鞘

（匕首长31.9厘米）

这把金匕首是在木乃伊腰部的束带下被发现的。它光彩夺目，与其将它归为攻击性武器，不如说它是一件珠宝。刀身由硬化金制成，简单饰有棕榈叶图案和两条镂刻线。手柄上精致的装饰达到了顶级金匠的水准。镶嵌的是半宝石和玻璃，还有使用了黄金造粒工艺的几何图案。耀眼的圆头饰有猎鹰图案，顶端的百合花图案环绕着图坦卡蒙的两个王名圈。刀鞘两面的装饰各不相同：一面（可能是正面）是采用凸纹（repoussé）工艺制作的羽毛或里希图案，上面饰有玻璃和半宝石镶嵌物；底部是沙漠狐狸或猞猁的头像，顶部是一排百合。背面主要是沙漠捕猎的场景：狗和狮子攻击羱羊、小牛、公牛和羚羊，这些形象都采用凸纹工艺。

船只

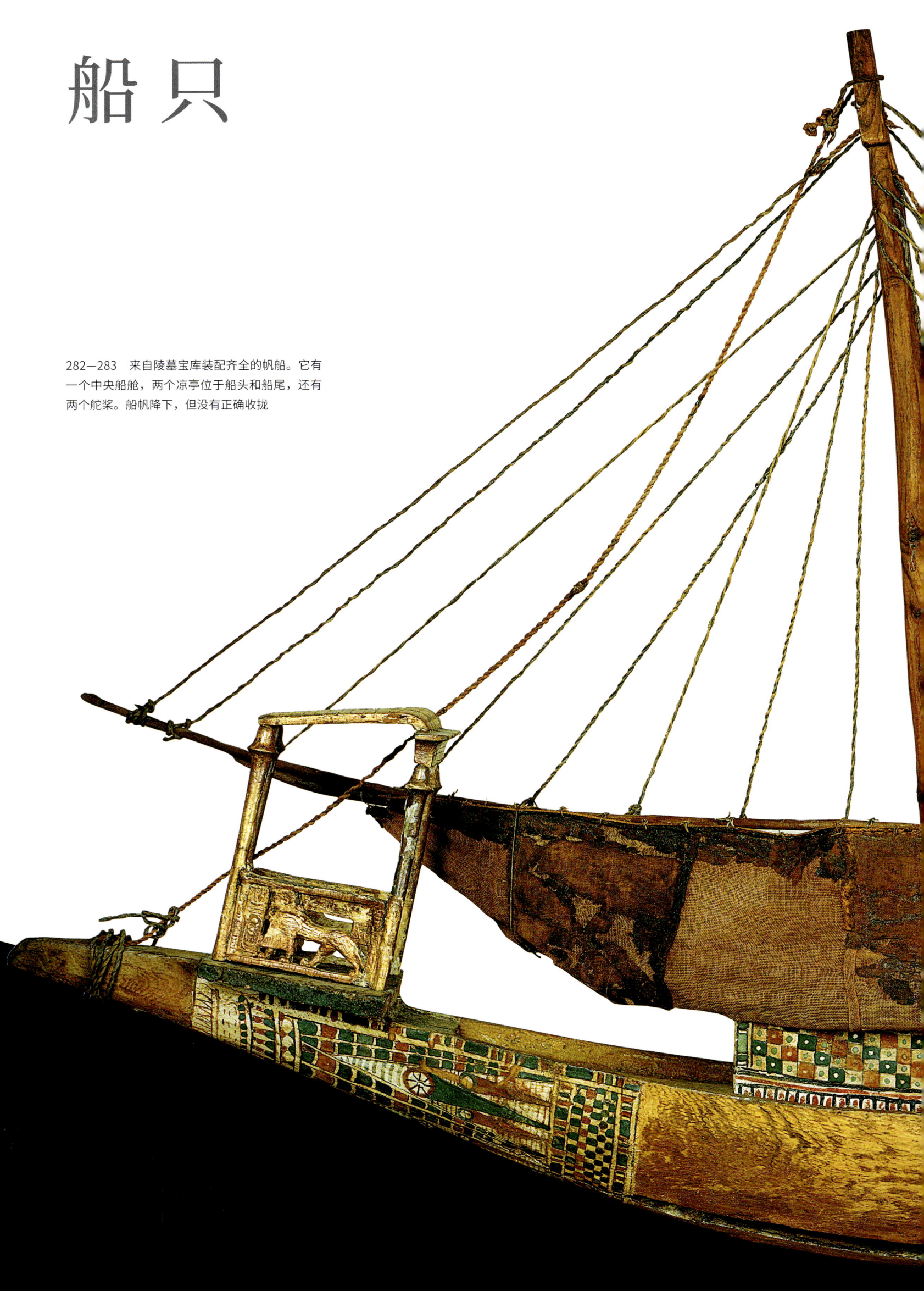

282—283 来自陵墓宝库装配齐全的帆船。它有一个中央船舱，两个凉亭位于船头和船尾，还有两个舵桨。船帆降下，但没有正确收拢卡特在描述图坦卡蒙陵墓的宝库和附室中发现的许多船只时，试图基于已发现的模型，对真实船只的构造进行充分合理的论证。然而，没有什么能比实物提供更好的证据，最能说明问题的莫过于1954年在基奥普斯（Cheops）金字塔旁发现的大河船。这是一艘真正的船，由真正的雪松木板制成，用绳索和系带固定。基奥普斯在生前使用过这艘船，并且他在来生也可以继续使用。

图坦卡蒙和他的宫廷在来生的许多旅行中都离不开船。埃及地处尼罗河畔，大多数旅行活动都需要使用船只。陵墓出土的35艘船中，有18艘在宝库，显然是"出航"前往来世的。为此，它们都指向西方——那是受到祝福的逝者要去的方向。其余的船只被发现于附室，它们与大量杂物混在一起，状况并不好。

由于模型船对盗墓者没有什么吸引力，所以很可能一艘也没有被盗走。可以认为，一支完整的皇家船队得以复原。宝库里有适合各种场合的船只：一艘纸莎草小艇，用于在三角洲的芦苇丛中休闲旅行；两艘船，船头和船尾是内弯的纸莎草形，用于夜间旅行；四艘太阳船，用于与太阳神拉一起日间旅行，船头和船尾是向上翘的莲花状，有供国王使用的镀金宝座，还有两个转向柱；八艘驳船没有船帆，但有舵桨、有门有窗的阶梯式大船舱，以及前后的小船舱或遮蔽物，所有这些都涂有华丽的色彩。

最令人印象深刻的是三艘帆船，它们保存完整，都配有索具和风帆。这些船同样有大的中央船舱，配有阶梯，用于装载货物。前后有开放式小凉亭，国王或船长可以坐在里面。

所有船只由实木制成，表面覆盖着石膏灰泥，根据不同功能，绘有简单或精致的图案。

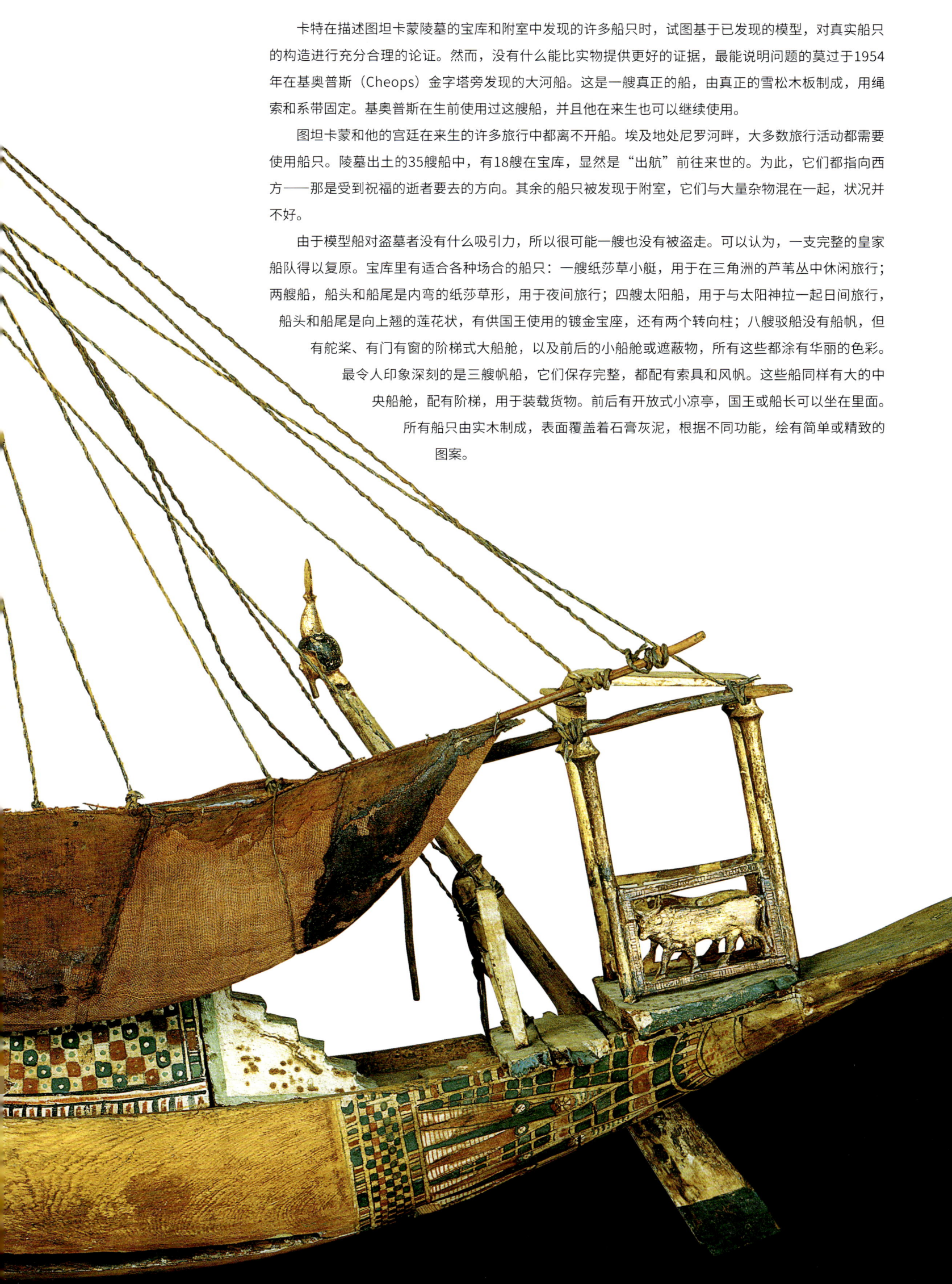

运输驳船

（长110厘米）

　　王室通过河道行进需要一支非常庞大的船队，其中许多船只将供宫廷官员和其他工作人员使用，并用于运输必要物资以满足所有人的舒适需求。图坦卡蒙船队的船只中，有七艘船通常被称为驳船，它们没有船帆，但有双舵桨。该物件被发现于宝库中，指向西方是这组船只的特征。其主要特征是双层屋顶的中央船舱，每侧各有三个窗户，后端有一扇门。两个屋顶上都有简单涂漆的镂空飞檐。整个船舱饰有棋盘格图案，它们可能代表纺织品挂饰，也可能是真实驳船的彩绘柳条编织的上部结构。船头和船尾有较小的船舱或小凉亭，可能是船员的住处。船体上也绘有棋盘格和楔形图案。值得注意的是，一些黄色装饰使用雌黄（orpiment），这种含砷的天然材料在古埃及有时会被使用。

太阳船

（长155厘米）

　　国王在来生的命运与奥西里斯和拉这两位神密切相关。奥西里斯是逝者的化身，他在国王去世后的未来中所扮演的角色要晚于太阳神拉。就拉而言，国王的期望很明确，但与非王室成员所期望的截然不同。国王的主要期望之一是与拉一起升天，并陪伴他每天在天上旅行。他所乘坐的船具有适合日间行驶的独特形状，它有翘起的船头和优雅内弯的船尾。它和许多埃及船一样，其形状源自用于沼泽地甚至尼罗河上行驶的纸莎草原始小船。这艘船是发现于宝库的许多太阳船之一，船首朝西。船身为木制，两端有镀金装饰，沿船长方向饰有彩绘。前后舱壁上的文字刻有图坦卡蒙的两个王名圈，上面有标准称谓。

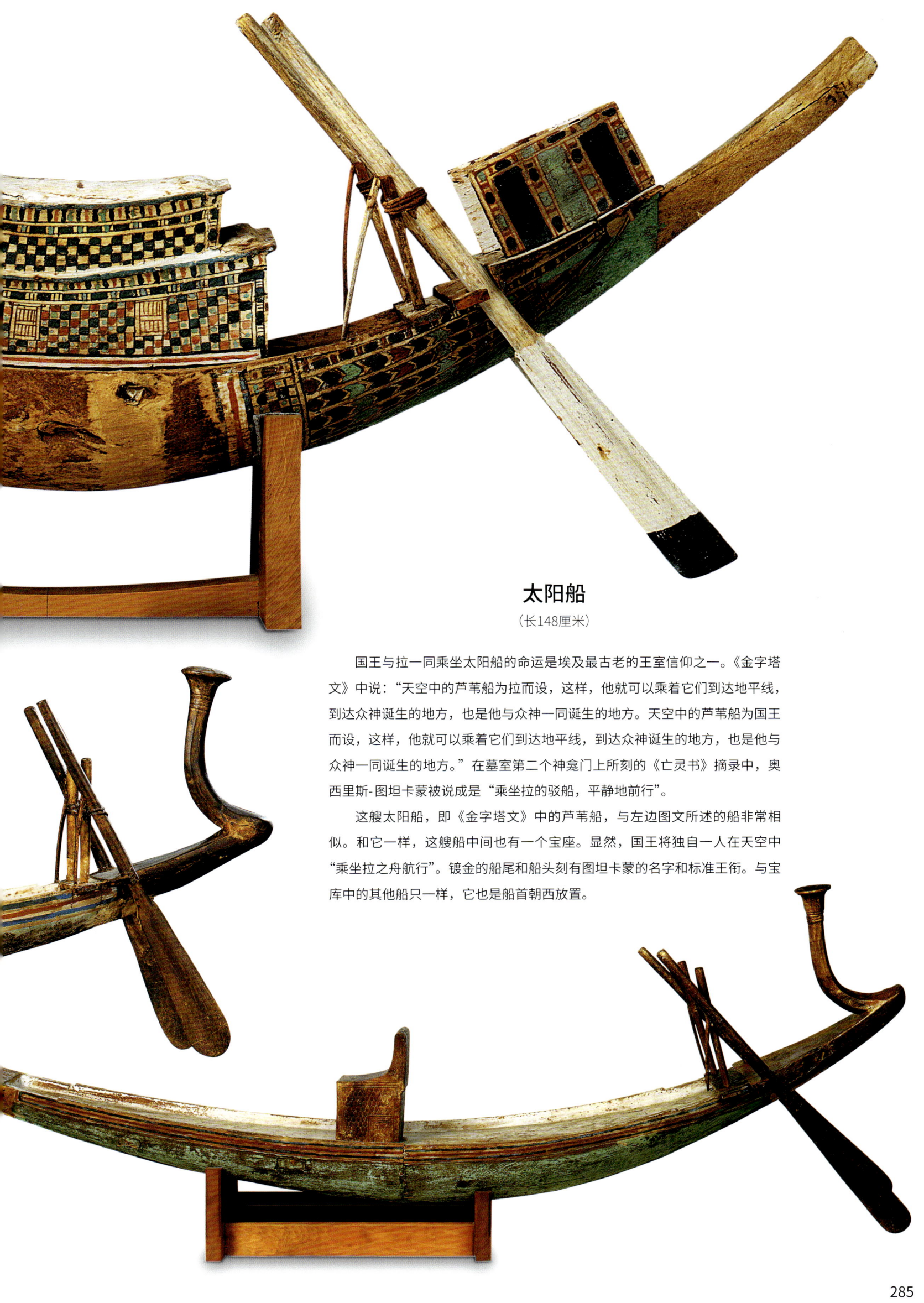

太阳船

（长148厘米）

国王与拉一同乘坐太阳船的命运是埃及最古老的王室信仰之一。《金字塔文》中说："天空中的芦苇船为拉而设，这样，他就可以乘着它们到达地平线，到达众神诞生的地方，也是他与众神一同诞生的地方。天空中的芦苇船为国王而设，这样，他就可以乘着它们到达地平线，到达众神诞生的地方，也是他与众神一同诞生的地方。"在墓室第二个神龛门上所刻的《亡灵书》摘录中，奥西里斯-图坦卡蒙被说成是"乘坐拉的驳船，平静地前行"。

这艘太阳船，即《金字塔文》中的芦苇船，与左边图文所述的船非常相似。和它一样，这艘船中间也有一个宝座。显然，国王将独自一人在天空中"乘坐拉之舟航行"。镀金的船尾和船头刻有图坦卡蒙的名字和标准王衔。与宝库中的其他船只一样，它也是船首朝西放置。

家具和箱子

通过家具，我们可以在文化上更进一步了解古埃及人。虽然古代橱柜制造商的最佳产品可能无法与18世纪法国细工木匠（ébénistes）的作品相提并论，但它们一点也不原始。椅子、床、凳子和箱子的形状都可以在今日重现。图坦卡蒙陵墓中有大量的家具，其中一些只适用于宅第或宫殿。有六张低矮的床，床头板上通常装饰着家神托埃瑞斯（Thoeris）和贝斯的雕像。其中一张床可以折叠起来，估计是旅行时使用的；它的铰链是铜制的。床还配有头枕，用于抬高头部。在六把椅子中，黄金宝座最引人注目。而教会王座的华丽程度也毫不逊色，它采用大折叠椅的形制制成。其他椅子的设计也都非常华丽，其中一把尺寸较小，可能是国王童年时使用的。埃及人在非正式场合会坐凳子，陵墓中出土的12个凳子涵盖了新王国时期使用的大多数凳子类型，包括三条腿的凳子，这种凳子在不规则的地面上最有用。大多数凳子的凳面都内凹，使人坐起来舒适。

陵墓出土的箱子和盒子种类繁多，既有绘着精美微型绘画的彩绘盒，也有简单的家用储物箱。发现的箱子有50多个，其中许多装有珍贵物品。它们绝妙地展现了埃及工匠的精湛技艺。细木工技术非常精细，通过使用象牙乌木贴面、镀金，镶嵌费昂斯、玻璃和半宝石，以及简单或精湛的绘画，即使是最普通的材料也能焕然一新。

286　镀金神龛上的一个装饰图案显示图坦卡蒙坐在宝座上。该宝座靠背较低，有垫子，侧面饰有鳞片或里希图案

287　放置于前厅的镀金木匣。它饰有丰富的彩色费昂斯镶嵌。倾斜的盖子可以用两个紫色费昂斯旋钮和一根密封绳固定

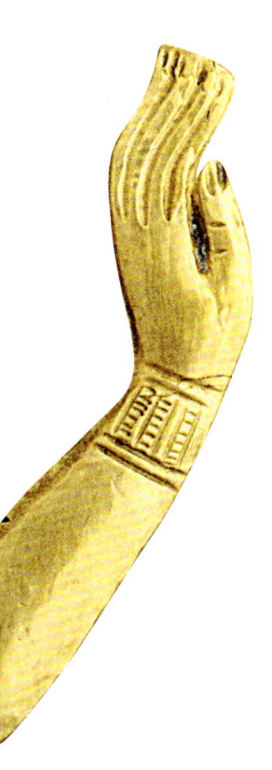

黄金宝座

（高104厘米，宽53厘米，深65厘米）

对很多人来说，这个宝座与图坦卡蒙的黄金面具代表了该陵墓的美丽与奢华。然而，它在陵墓中的存在却引发了一些问题，目前这些问题还没有明确答案。例如，为什么它被一块旧亚麻布盖着，塞进前厅的托埃瑞斯长台下？就好像它是被偷偷摸摸地放入墓中的。不过，还有许多其他精美的物品也同样被塞进了奇怪的角落，而且在摆放位置上也没有得到重视。一个特殊的原因可以部分解释为什么它似乎是被偷偷带入陵墓中的。线索在于宝座靠背上所绘的场景。

那里描绘的不是与底比斯或孟斐斯宫廷有关的事物，而与阿玛尔纳地区及埃赫那顿的晚期统治有关。国王坐在凉亭下的宝座上，凉亭有花饰侧柱及饰有圣蛇标记和花的飞檐。王后为他涂抹香膏。他头戴精致的阿泰夫冠，王后头戴羽毛头饰，上面有圣蛇标记的圆箍饰环和里拉琴（lyre）形状的角。中央场景的顶部是太阳圆盘，即阿顿，其两侧各刻着埃赫那顿统治末期的名字的王名圈。太阳的光芒从圆盘洒向国王和王后，他们在后阿玛尔纳时期的名字为图坦卡蒙和安克姗海娜蒙。然而，他们之前的名字与阿顿有关，而非阿蒙，可以在宝座背面及扶手上找到。

整个场景的构思之美，与将其呈现出来的能工巧匠的精湛技艺相得益彰。装饰的基础是金片，国王和王后的衣服是银制的，最引人注目的是王后衣服下面的身体造型。埃及艺术家擅长的精巧雕刻和浅浮雕的使用可以表现出如此多的细节。肉身用红色玻璃镶嵌，头饰用蓝色费昂斯镶嵌，其余的彩色镶嵌物大多用玻璃、红玉髓、费昂斯和半透明方解石镶嵌在红色人造宝石上。

镀金神龛

（高50.5厘米，宽26.5厘米，深32厘米，木橇长48厘米）

图坦卡蒙的陵墓中有很多文物，该神龛无疑跻身这些文物中的顶级行列。它包含一个小镀金支架，用来放置一个神像，神像可能是金的。但究竟是哪个神呢？神龛上的场景和文字都没有给出明确的线索。不过，可以认为，神龛是一个私人的虔诚之地，是放置于国王的居室中的。它是在前厅，而不是在陵墓最神圣的地方被发现的。

它采用了上埃及神龛的形式，最初是秃鹫女神内克贝特的神龛，相应的，神龛顶上有14个伸展翅膀的女神造型。神龛的所有装饰——整个神龛都布满了装饰，都是在金箔上完成的，而金箔是通过石膏灰泥和亚麻布加固在神龛普通木质外壳上的。

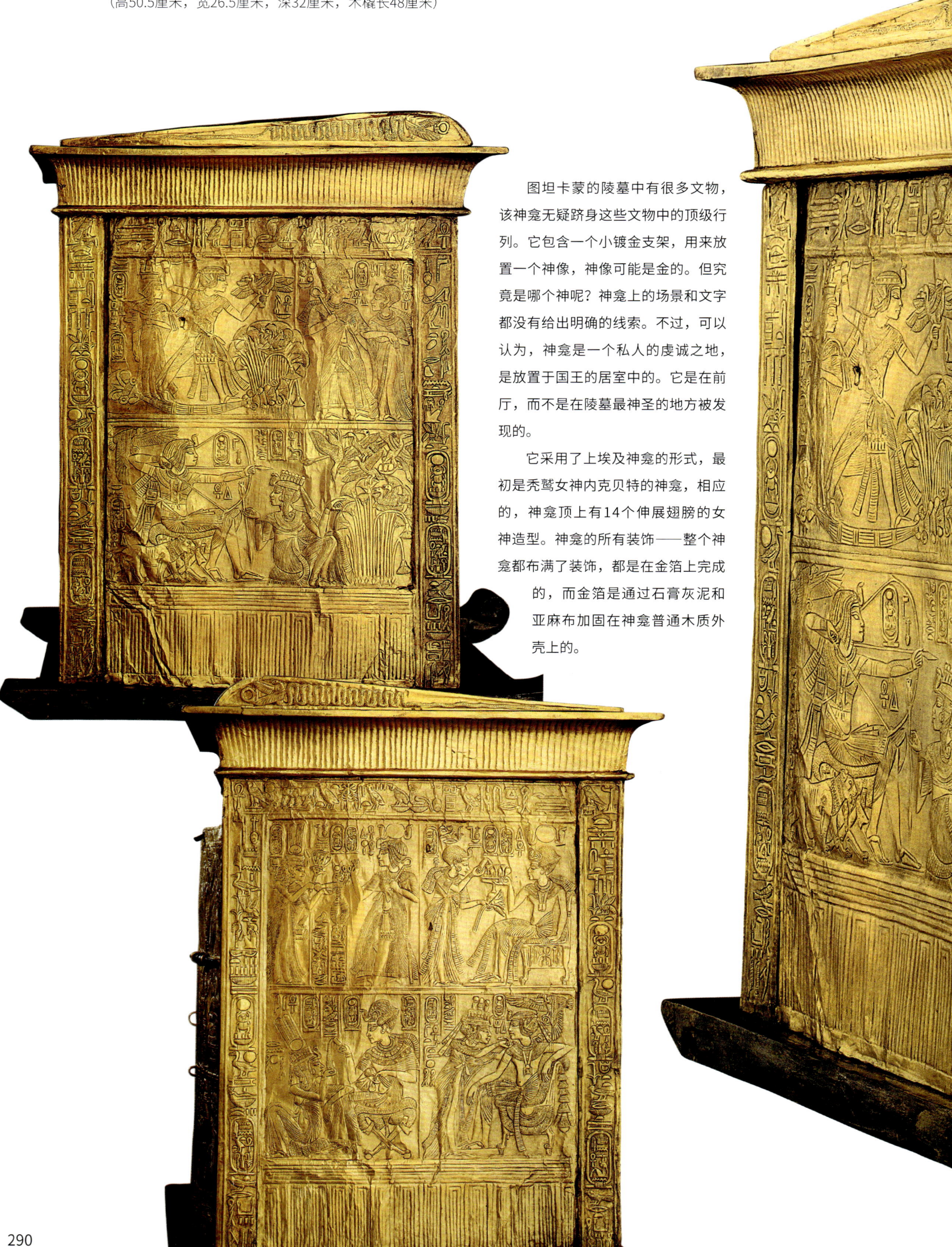

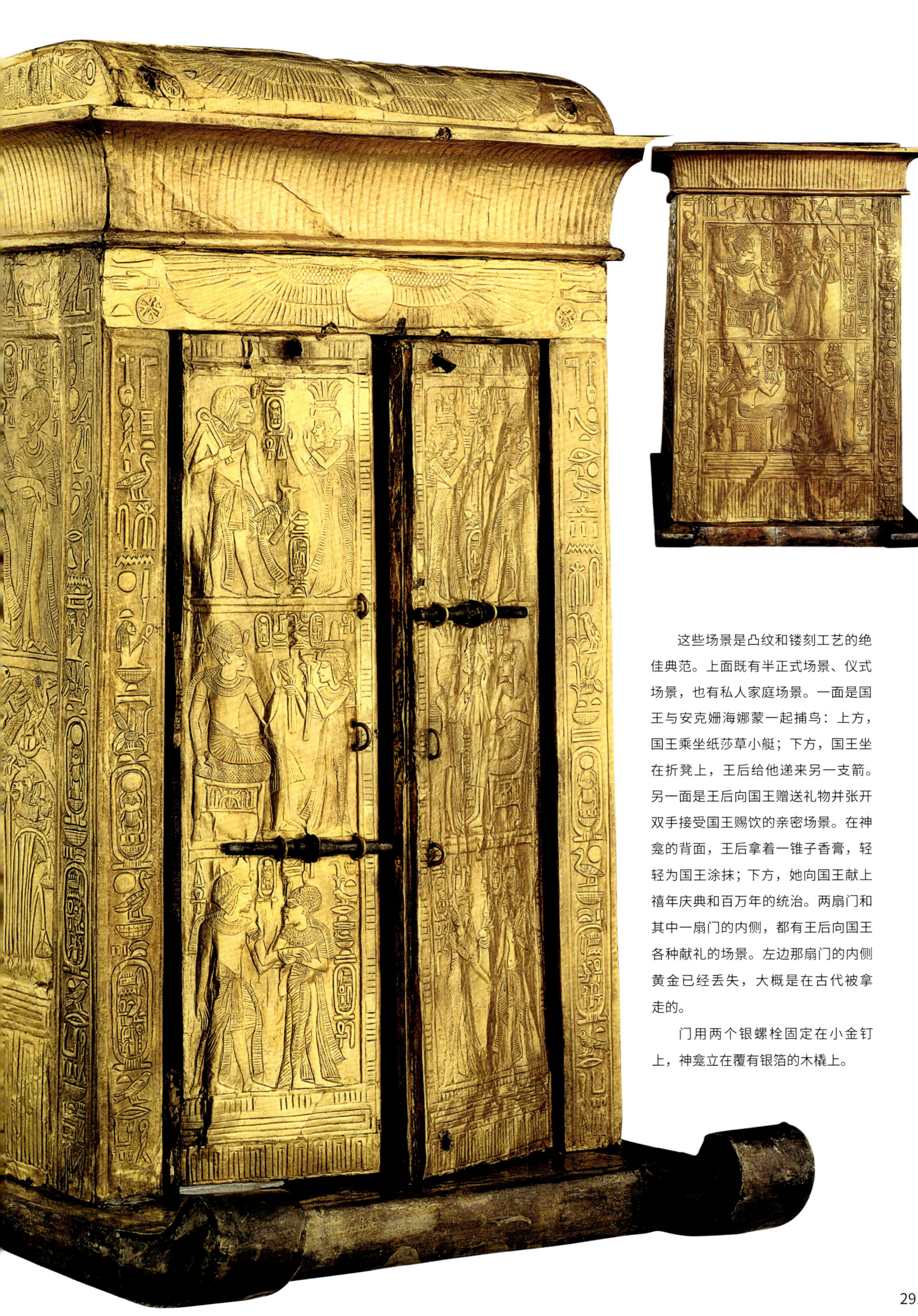

　　这些场景是凸纹和镂刻工艺的绝佳典范。上面既有半正式场景、仪式场景，也有私人家庭场景。一面是国王与安克姗海娜蒙一起捕鸟：上方，国王乘坐纸莎草小艇；下方，国王坐在折凳上，王后给他递来另一支箭。另一面是王后向国王赠送礼物并张开双手接受国王赐饮的亲密场景。在神龛的背面，王后拿着一锥子香膏，轻轻为国王涂抹；下方，她向国王献上禧年庆典和百万年的统治。两扇门和其中一扇门的内侧，都有王后向国王各种献礼的场景。左边那扇门的内侧黄金已经丢失，大概是在古代被拿走的。

　　门用两个银螺栓固定在小金钉上，神龛立在覆有银箔的木橇上。

彩绘盒

（长61厘米，宽43厘米，高44.5厘米）

在前厅，特别吸引发掘者注意的物品之一正是该盒子，卡特称之为"彩绘盒"。尽管盒子四面都是耀眼的黄金，但卡特还是强调了"彩绘"这一点！卡特首先是一位艺术家，他以艺术家的身份来观察和欣赏这些精美的微型绘画，这些绘画点缀了这个在其他方面看来相当普通的盒子。他可以看到艺术家在石膏底上用蛋彩画颜料描绘这些场景的技艺，他可以欣赏到艺术家对色彩的运用和对细节的关注。古代艺术家使用经过咀嚼或修剪的灯心草，此外并没有画笔。然而，正如卡特所写的："要适当地欣赏较小的细节，如狮子皮毛上的斑点或马匹身上的装饰性马衣，放大镜是必不可少的"。

从盒子里现存的物品来看，它主要用来存放年轻国王衣柜里的物品，很难说盒子里装的东西和盒子上的绘画有什么关系。有四个主要场景宣扬了国王的英勇气概：两个场景展现了他在战场上伟大的征服者形象，两个场景展现了他在沙漠中无畏的狩猎者形象。盒子一面绘着图坦卡蒙驾驶战车，他拉开弓箭，冲进与亚细亚人的混战中，"踏平数十万人，使他们陷入混乱"；盒子的另一面是一组平行场景，国王冲进黑压压的混乱敌人中，"摧毁这片卑鄙的库什之地"。前一个场景中，三队战车手支持国王，后一个场景中，两队战车手和一队步兵支持国王。

盒盖上的两个场景表现的是沙漠狩猎：一个是普通场景，猎物有羚羊、瞪羚、野驴、鸵鸟和一只正在逃跑的鬣狗；另一个则是猎狮场景，据说曾发生于新王国时期的叙利亚。

盒子的两端印有国王化身为斯芬克斯践踏倒地敌人的相对纹章。图坦卡蒙是"拉的形象"，是"阿蒙之子"。

活动顶篷

（底座98.5厘米，高201厘米）

在埃及，太阳既是祝福，也是诅咒。它给大地带来生机，在古代是无所不能的拉神，在阿玛尔纳时期是阿顿圆盘。太阳也让生活变得不舒适，在普通人的生活中，埃及房子没有大窗户。人们重视遮阳，园林中的凉亭和带顶的露台是一大特色。

带敌人形象的脚凳

（长58.7厘米，宽31.7厘米）

这个脚凳与"教会王座"有关，也可能与"教会王座"配套。它由非常普通的木材制成，但表面装饰丰富，意义重大。上面有九个俘虏形象，他们是法老的传统敌人，对他们的描绘具有独特的种族特征，但都具有一般性而非特殊性。八人身穿长衣，每个人衣服的褶皱和褶裥都稍有不同。不过，有一个人穿的似乎是一件宽松的斗篷，裸露出部分身体。他们的双手被捆绑在一起，脖子被绳索相连。中间分隔条上的文字非常明确："所有的土地和所有的山地国家，以及雷杰努（Retjenu，叙利亚）的多民族，一起拜在你的脚下，如拉一样，永远。"敌人的躯体镀了金，裸露的肉体由乌木或雪松木制成；背景由蓝色费昂斯饰板制成。

但是，如果外出办事，阳光会很刺眼，可能没有方便的遮阳物，而一把扇子或原始阳伞是不够的。如果你是国王，你就可以拥有一个便携式顶篷，卡特就是这样看待这件奇怪物品的。它被发现时处于拆卸状态，大部分放在前厅，还有一些部分被发现于附室。卡特认为它很容易组装，最初可能是安装在一个底座上以保持稳定。它由镀金的木头制成，使用时会在它上面盖上某种织物帐篷。

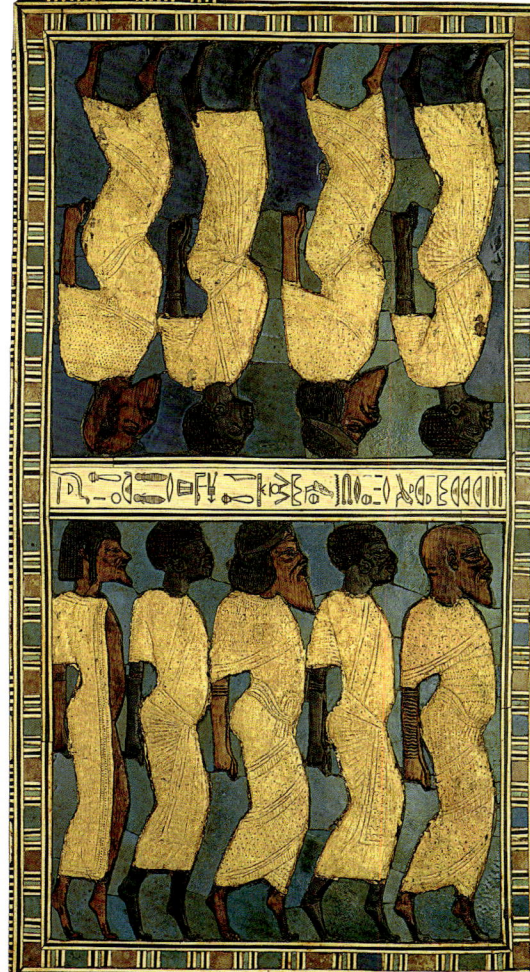

教会王座

（高102厘米，宽70厘米，深44厘米）

发现这个装饰华丽的王座时，它被随意丢弃在陵墓的附室中，对于如此重要的物品来说，这样的处理方式实在是太糟糕了。它是一个加了靠背的折叠式椅子，做工非常精致。卡特将其与大教堂主教使用的无靠背折叠椅相提并论，因此它经常被称为"教会王座"。雕花座椅上带有镶嵌物，呈现豹纹的图案。椅腿末端是鸭头，椅腿之间的镂空图案代表两地的统一，但被试图攫取上面黄金覆盖物的盗墓者弄坏了一部分。这件物品的亮点在于它的背面：木头上覆盖着金板，并镶嵌着半宝石和彩色玻璃。背面垂直而下的长长铭文中，图坦卡蒙的名字如是出现；但在上面，在秃鹫伸展的翅膀两侧，他的名字是"图坦卡顿"。带有圣蛇标记的楣板中间是太阳圆盘，上面刻有阿顿后来的名字。这是在统治初期制作的王座，之后采用了国王后来的名字形式并进行了修改。

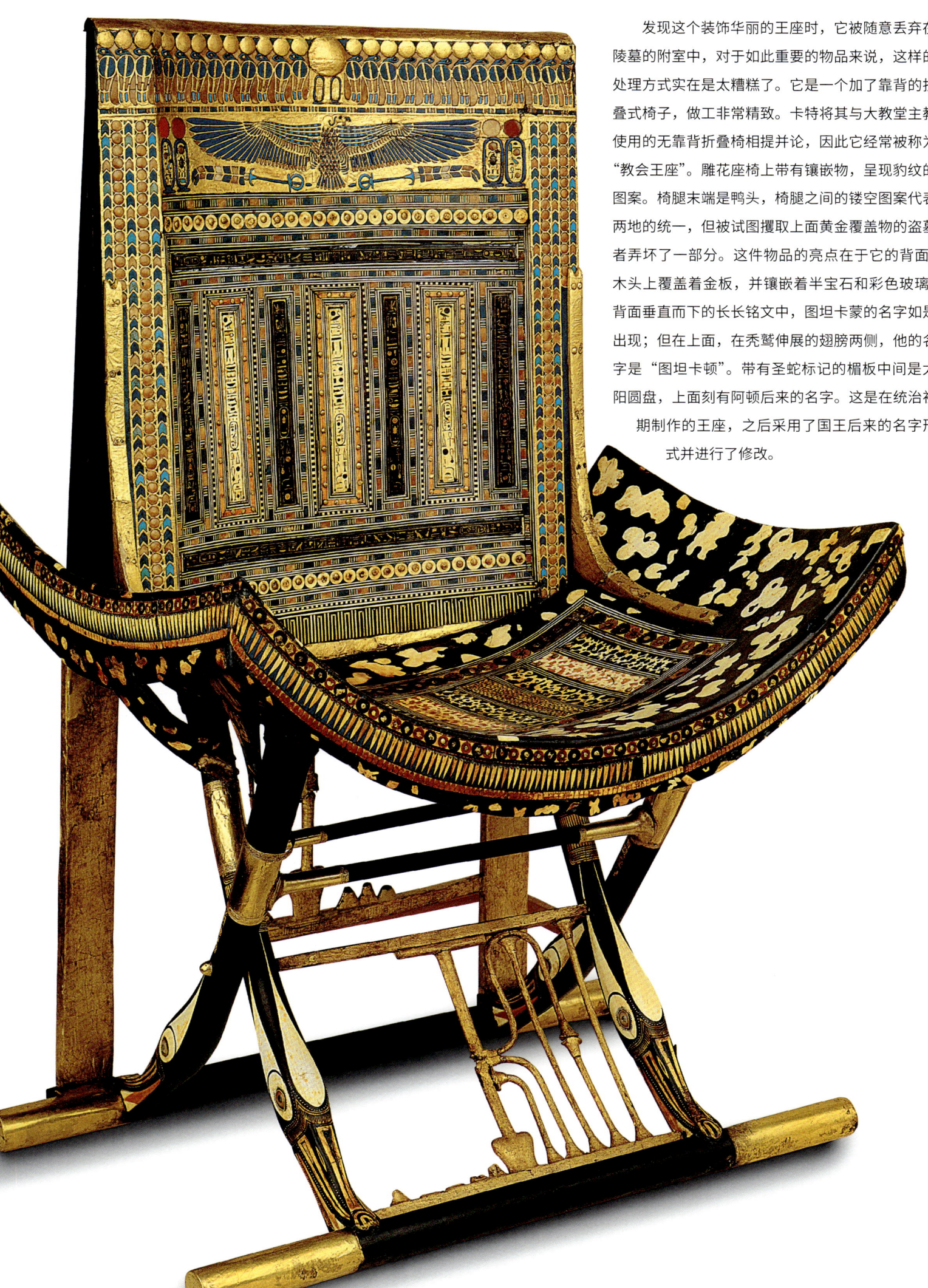

假折叠凳

（长47厘米，宽31.7厘米，高34.3厘米）

凳子是埃及房屋中最常见的坐具。在新王国时期，折叠式凳子被广泛使用，凳顶由皮革或动物毛皮制成。

按照典型的埃及方式，真实的凳子被仿造，假折叠凳子被制作成带有固定的座位，装饰有类似兽皮的纹样。

前厅出土的这件上乘之作是用乌木制成的，双凹面的座位有仿豹皮的纹样，上面的纹路用象牙镶嵌而成。一条带有象牙色小撮毛的假尾巴从一侧垂下来。

也有可能在每个角上都垂下一只爪子，但这些爪子被盗墓者扯走了，因为爪子是金的。凳腿末端是镶嵌有象牙的鸭头，伸出染成粉红色鸭舌的鸭嘴紧扣在饰有黄金的横杆上。这里展示的脚凳与凳子不在一起。它设计简单，镶嵌了一些象牙。

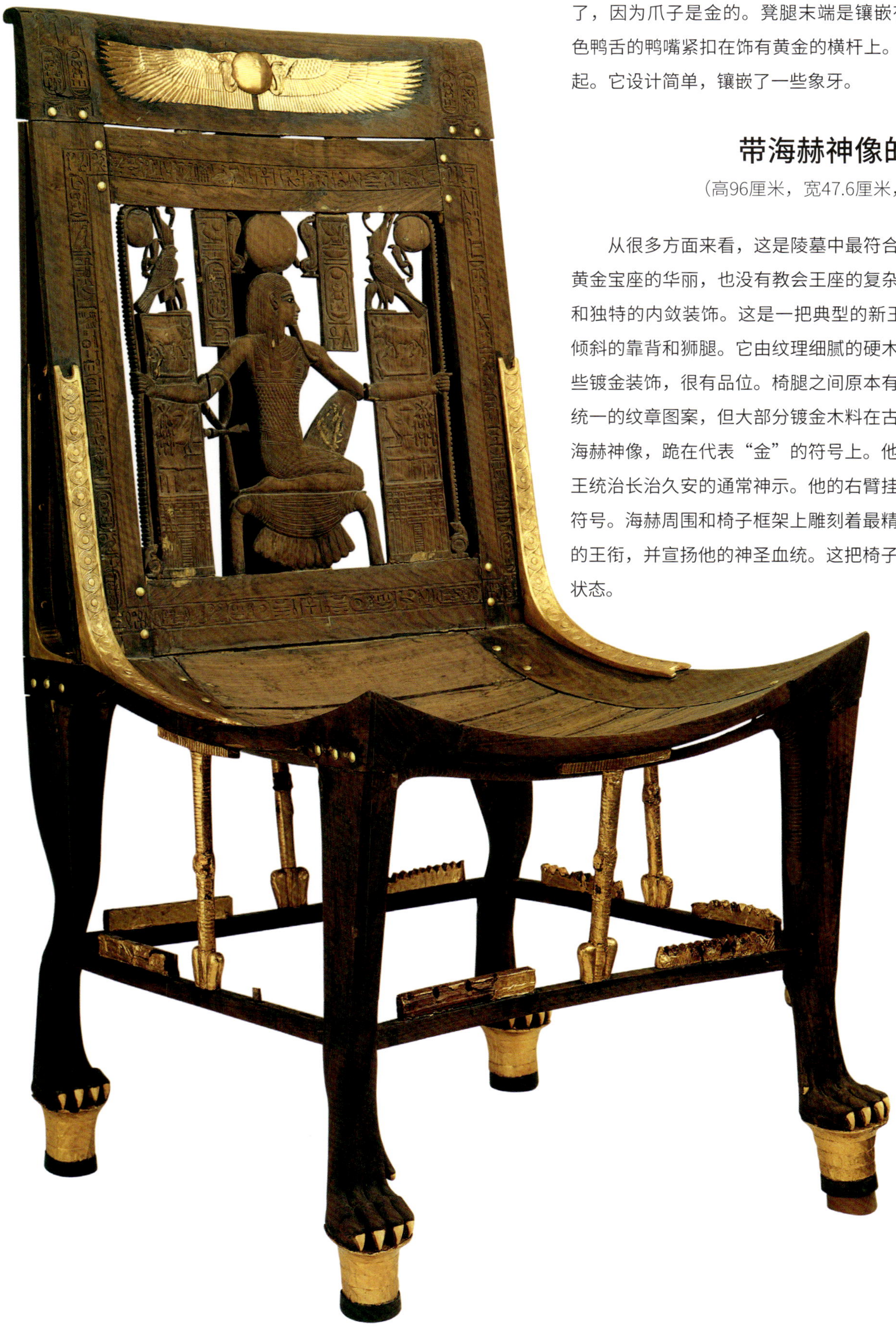

带海赫神像的椅子

（高96厘米，宽47.6厘米，深50.8厘米）

从很多方面来看，这是陵墓中最符合审美标准的椅子。它可能没有黄金宝座的华丽，也没有教会王座的复杂装饰，但它却拥有优雅、时尚和独特的内敛装饰。这是一把典型的新王国时期的椅子，有凹形座位、倾斜的靠背和狮腿。它由纹理细腻的硬木制成，可能是雪松木，并有一些镀金装饰，很有品位。椅腿之间原本有镀金的镂空装饰，是象征两地统一的纹章图案，但大部分镀金木料在古代被盗墓者扯走了。椅背上有海赫神像，跪在代表"金"的符号上。他手持锯齿状的棕榈枝，这是国王统治长治久安的通常神示。他的右臂挂着一个巨大的代表生命的安卡符号。海赫周围和椅子框架上雕刻着最精美的文字，其中包含图坦卡蒙的王衔，并宣扬他的神圣血统。这把椅子在前厅被发现时是草草翻倒的状态。

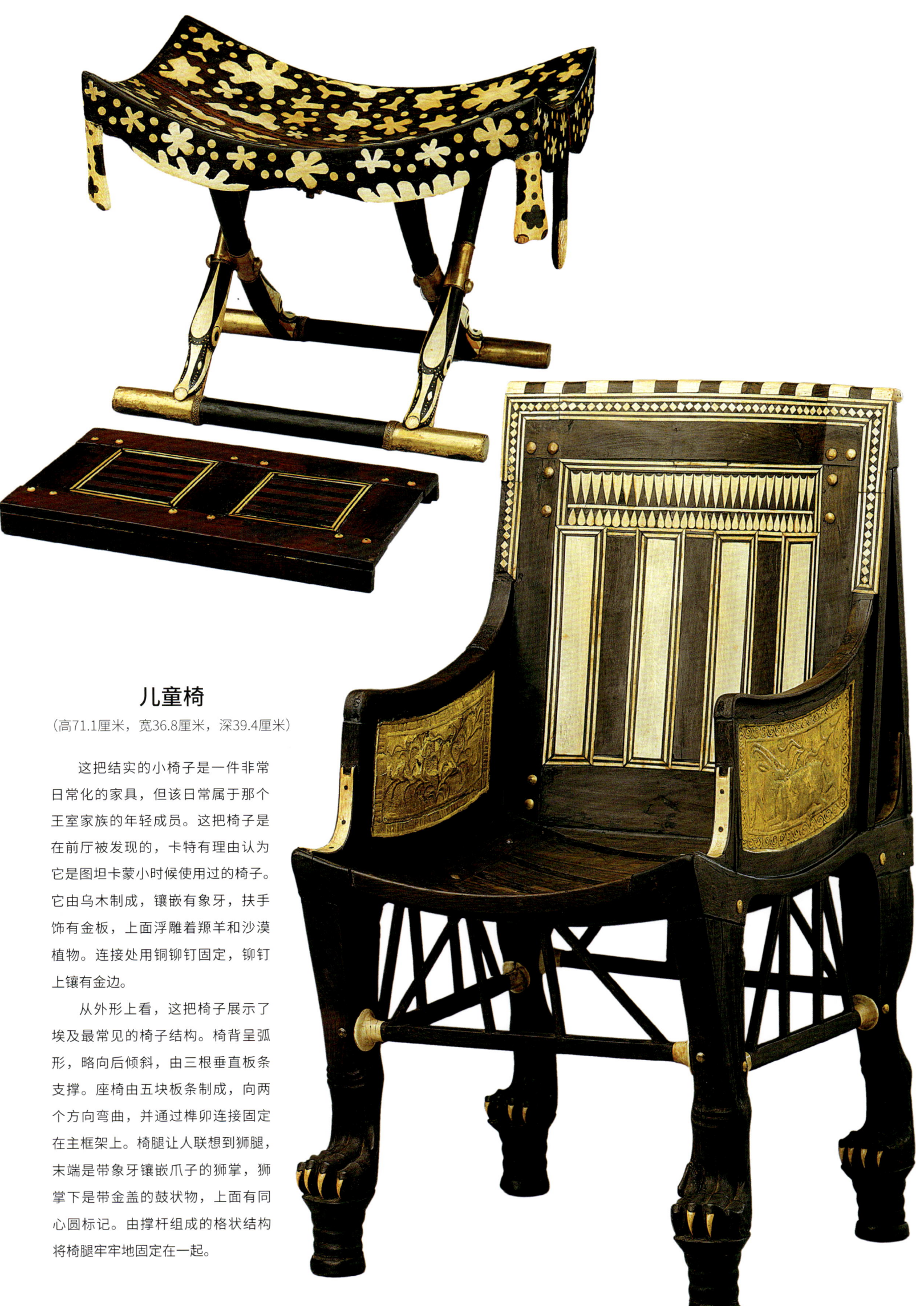

儿童椅

（高71.1厘米，宽36.8厘米，深39.4厘米）

这把结实的小椅子是一件非常日常化的家具，但该日常属于那个王室家族的年轻成员。这把椅子是在前厅被发现的，卡特有理由认为它是图坦卡蒙小时候使用过的椅子。它由乌木制成，镶嵌有象牙，扶手饰有金板，上面浮雕着羚羊和沙漠植物。连接处用铜铆钉固定，铆钉上镶有金边。

从外形上看，这把椅子展示了埃及最常见的椅子结构。椅背呈弧形，略向后倾斜，由三根垂直板条支撑。座椅由五块板条制成，向两个方向弯曲，并通过榫卯连接固定在主框架上。椅腿让人联想到狮腿，末端是带象牙镶嵌爪子的狮掌，狮掌下是带金盖的鼓状物，上面有同心圆标记。由撑杆组成的格状结构将椅腿牢牢地固定在一起。

狮头床

（长177厘米，宽103厘米，高37厘米）

在附室杂乱无章的物品中，有四张床。这张床的状况很差，它的床脚板已经被拔走。

埃及床的床脚板经常被错误地称为床头板。然而，在古埃及，人们睡觉时头枕在开放的床头，脚朝向床脚板。

埃及床的特点为它们是有弧度的，可支撑床上的身体，床下的交叉桁架呈弓形，可以承受身体躺在上面时床垫的下凹。

这张床整个涂有石膏并镀了金。床离地面很近，床腿呈狮子外形，粗壮而厚实。床头的两条床腿一直延伸到床架上方，呈现出狮子头部——几乎是顶饰，可以保护床上熟睡的人。狮子的眼睛镶嵌着石英和彩色玻璃。

带花卉床脚板的床

（长175厘米，高68.6厘米）

卡特认为，陵墓中发现的所有非祭祀用床中，这张床的比例最好。它的狮腿相对较高，前后呈优雅的弓形。这张床的狮掌下及许多其他家具都设计有所谓的鼓状物，以便床在不平的地面上立稳。

整张床，包括床垫，都是镀金的。使用时，床上会铺上大量亚麻布，使床面变软。床脚板由金箔压花的装饰板构成。中间的装饰板上有上埃及和下埃及两地统一的传统纹章图案。两侧的装饰板，其中一块描画了一丛纸莎草，较窄的另一块，显示的是一束纸莎草和莲花。卡特声称，这些设计体现了阿玛尔纳自然主义艺术的影响。

带镂空雕像床脚板的床
（长185厘米，宽90.1厘米，高74.9厘米）

在图坦卡蒙陵墓发现的六张床中，这张可能是真正实用的家用家具。还有一张折叠床，可能是旅行或出征时使用的，而不是家用，当然也不是在宫殿里使用的。这张来自前厅的床具有独特的弓形，主框架之间有一个用绳子编织的床垫。它由乌木制成，有狮腿和狮脚。它最显著的特征是床脚板：床脚板上有三块装饰板，每块装饰板上都有三个镂空雕像——居中的是贝斯神，他是一个头戴莲花头饰具有狮子鬃毛的小矮人，是负责保护家庭的家神；他的两侧是两只头戴类似头饰的雄狮，它们的前掌搭在意为"保护"的萨符号（sa-sign）上。这些雕刻精美的神像部分饰以金叶，神像的舌头都是用染成粉红色的象牙制成的。无论谁睡在这张床上，都会得到强大的保护。

蓝色玻璃头枕

（高18厘米，底座宽28厘米）

这里展示的四件头枕都是在高脚柜中发现的。卡特认为这些头枕最初并不是放在这个柜子里，而是被盗后存放在这里的。它们形成了一个非凡的组合，毫无疑问是墓地守卫凑巧将它们放在一起的。

该头枕用绿松石蓝玻璃制成，对于这种材料来说，这是一件非同寻常的大物件，但与墓中其他地方发现的一件紫罗兰玻璃头枕相比，这件头枕就逊色多了。这件头枕由两部分组成，用木钉榫在一起。两部分之间的分界线被环绕在物件主体上的金箔窄带巧妙地遮盖了。金箔上交替出现意为"生命"的安卡符号和意为"统治"的瓦斯符号。两面主干上的单列文字简短地列出了图坦卡蒙的王衔，一面是他的王位名，另一面是他的出生名。

折叠凳形制的头枕

（高20厘米，宽26厘米）

这个头枕很是有趣。其形状采用了第十八王朝常见的折叠凳形制。它几乎完全由象牙制成，染色效果极佳；它无法折叠，却在腿部本应折叠的交叉处插入了小铜钉。腿部末端是鸭头，鸭嘴固定在组装成支架的白漆木棍上。该物件的特别之处在于两端装饰的两个贝斯头像。这两个头像脸部和其余部件的某些部分一样被染成了绿色。贝斯一如既往地伸出舌头——这是一个粗俗的姿势，用来警告恶魔、蛇、蝎子和其他可能伤害熟睡者的有害物。尽管外表怪异，贝斯还是深受喜爱的家神：他用恐怖驱散恐怖。贝斯头像的背面标有莲花图案。图坦卡蒙的王位名刻在一条腿的顶部。

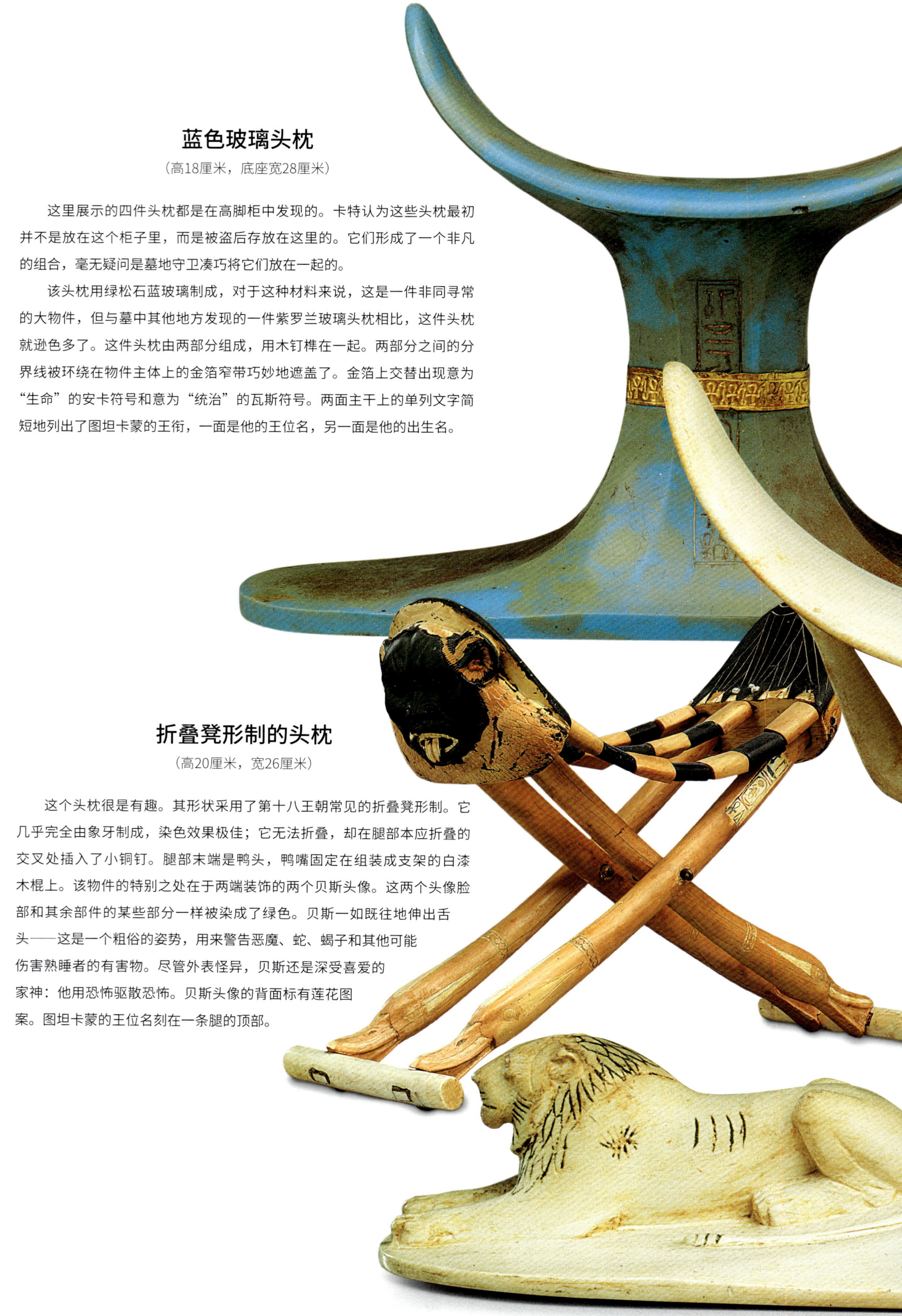

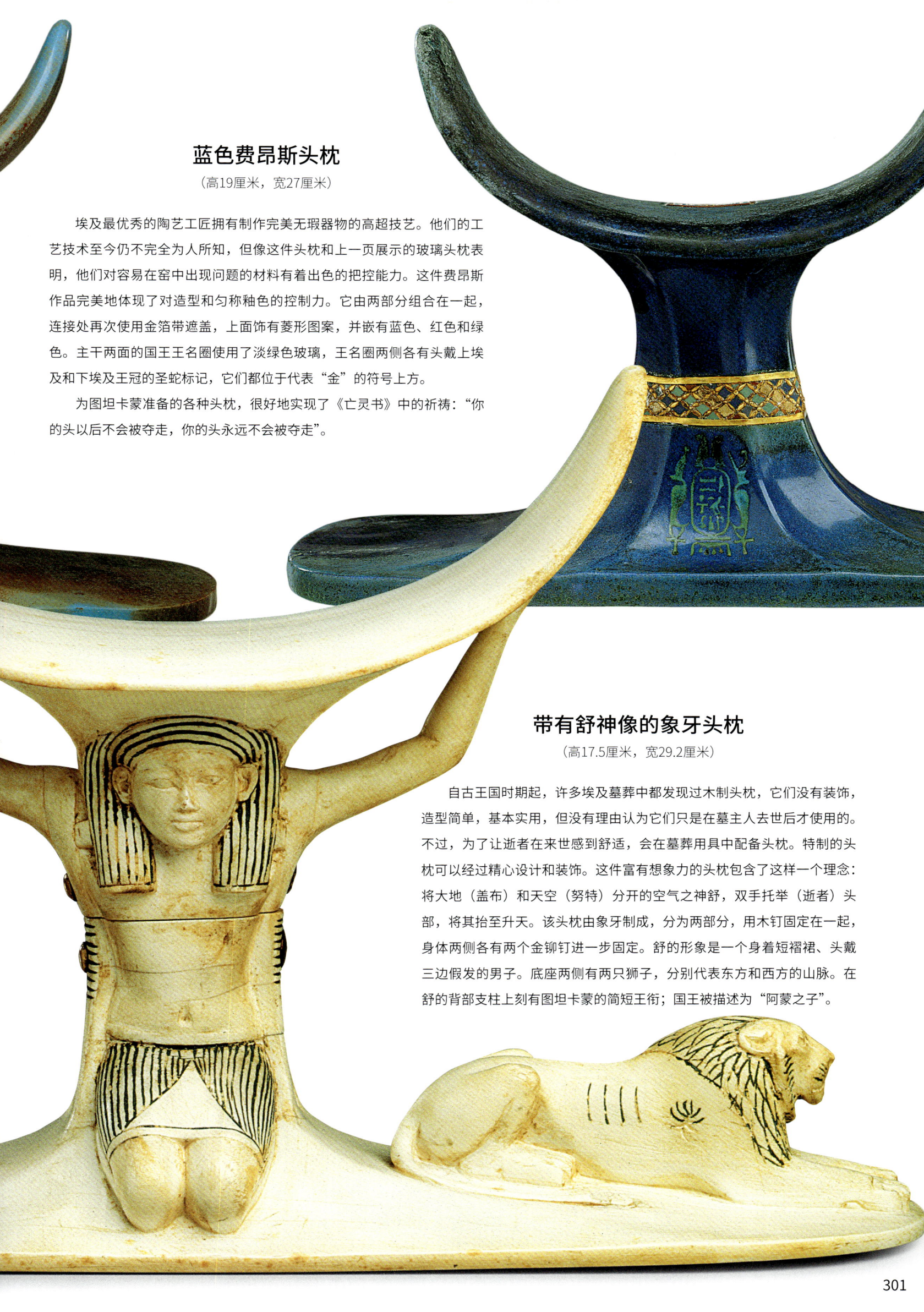

蓝色费昂斯头枕

（高19厘米，宽27厘米）

埃及最优秀的陶艺工匠拥有制作完美无瑕器物的高超技艺。他们的工艺技术至今仍不完全为人所知，但像这件头枕和上一页展示的玻璃头枕表明，他们对容易在窑中出现问题的材料有着出色的把控能力。这件费昂斯作品完美地体现了对造型和匀称釉色的控制力。它由两部分组合在一起，连接处再次使用金箔带遮盖，上面饰有菱形图案，并嵌有蓝色、红色和绿色。主干两面的国王王名圈使用了淡绿色玻璃，王名圈两侧各有头戴上埃及和下埃及王冠的圣蛇标记，它们都位于代表"金"的符号上方。

为图坦卡蒙准备的各种头枕，很好地实现了《亡灵书》中的祈祷："你的头以后不会被夺走，你的头永远不会被夺走"。

带有舒神像的象牙头枕

（高17.5厘米，宽29.2厘米）

自古王国时期起，许多埃及墓葬中都发现过木制头枕，它们没有装饰，造型简单，基本实用，但没有理由认为它们只是在墓主人去世后才使用的。不过，为了让逝者在来世感到舒适，会在墓葬用具中配备头枕。特制的头枕可以经过精心设计和装饰。这件富有想象力的头枕包含了这样一个理念：将大地（盖布）和天空（努特）分开的空气之神舒，双手托举（逝者）头部，将其抬至升天。该头枕由象牙制成，分为两部分，用木钉固定在一起，身体两侧各有两个金铆钉进一步固定。舒的形象是一个身着短褶裙、头戴三边假发的男子。底座两侧有两只狮子，分别代表东方和西方的山脉。在舒的背部支柱上刻有图坦卡蒙的简短王衔；国王被描述为"阿蒙之子"。

王名圈形制盒子

（长64.5厘米，宽29.8厘米，高31.7厘米）

这个形状奇特的盒子是在宝库中被发现的，里面装有许多珠宝首饰，包括前面展示的耳环。盒子由淡红色的木头制成，可能是针叶木；盒子上有乌木带，用于点缀和加固结构。王名圈形制的盒盖上有图坦卡蒙的名字，用最漂亮的象形文字书写，由乌木和染色象牙制成。许多经文使用了造型典雅的象形文字进行书写，它们刻在环绕王名圈的盒盖上缘及盒身的三条带子上，并用蓝色颜料进行填充。所有这些文字包括国王长长的王衔，以及大量确立其国内权威和国外权力的称谓。盒子末端的装饰板上有国王的两个王名圈和他的荷鲁斯名，它们位于延长的天空符号下方。有人认为，这个盒子可能是在国事场合用来存放珠宝的。

带镶嵌细工装饰板的箱子

（长44.45厘米，宽29.8厘米，高27.9厘米）

箱盖上的象形文字写道："黄金：送葬队伍（或为送葬队伍准备）的珠宝，制作于内布赫佩鲁的寝宫"。整理宝库时发现的箱中珠宝，很可能不是箱子里原本装有的珠宝。但谁又能说得清呢？这个箱子同墓中的许多箱子一样，甚至同埃及的许多箱子一样，是用相当普通的木头做成的，然后再加以装饰，使其具有精巧的外观。在埃及，制作细木工制品的优质木材并不容易获得，通过这种结构形式，可以在简单的底座上制作出精美的外部造型。在该物件中，精美的外部造型包括箱子和圆顶盖子上的条状象牙饰面，以及用乌木和象牙细条勾勒出的装饰板，装饰板采用骨木镶嵌工艺。卡特估计，大约有47000块乌木和其他木材制的独立细小镶嵌物，每块都单独放置、粘贴到位并随后进行抛光。旋钮用染成粉色的象牙制成。

华丽箱子

（长72厘米，宽40.6厘米，高63.5厘米）

这件埃及装饰艺术杰作上所绘场景主要集中在国王和王后的家庭生活，而不是陵墓出土文物突出的战争场面。附室发现的这个箱子与其隆起的盖子相分离，它由普通软木制成，饰以乌木和象牙，其中大部分被染成柔和的颜色；飞檐上还有彩色费昂斯镶嵌和镀金。箱子末端的主要场景是这对王室夫妇坐在花园里，国王用弓箭射鸟，似乎还有装饰性水池中的鱼。整个场景遍布鲜花，有些正在生长，有些则呈现出奖杯和花束的形式。箱子的其他侧面有更多的花卉及狩猎背景中动物的楣饰，这在墓中的其他地方也有发现。箱盖上延续了家庭主题，展示了国王和王后在花园中，王后将花束递给国王的场景。

带镂空图案的箱子

（高42.5厘米，长48.2厘米，宽44.4厘米）

同陵墓中的所有箱子一样，这个来自宝库的箱子也被翻动并重新包装过。箱子内部分为16个隔层，据说里面装有贵重金属物品。发现它时，里面装着国王的个人书写工具和其他一些原本不属于这个箱子的物品。

该箱子由一种质地较软的普通木材制成，采用了象牙饰面和镀金木头进行了丰富的装饰。最显著的装饰特点是四个镀金象形文字为一组，它们成组重复出现：一个安卡符号，侧边为两个瓦斯权杖，这三个符号位于代表"所有"的篮子符号上方。这组符号意为"所有的生命和统治"。该主题构成了箱子各面及顶部的装饰。箱子的护脚包裹着青铜，与密封绳一道用于固定箱子的旋钮由粉红色象牙制成。大量文字填满了所有可用的表面，其中包含了国王的王衔，它与各种称谓多次重复出现。有几处还包含了安克姗海娜蒙的名字。

方解石容器及其他物件

埃及从前王朝时期（Predynastic times）就开始使用这种材料来制作大多数石质容器，传统上，这种材料被称为雪花石膏，但更正确的叫法是方解石。方解石是碳酸钙的结晶形式，呈白色至黄色，半透明，通常具有非常迷人的条带状纹理。直到新王国时期，埃及大部分的雪花石膏都是在距离阿玛尔纳地区约20千米的哈特努布（Hatnub）开采的。

这种石材比较容易加工，从图坦卡蒙陵墓中发现的容器及其他物件可以看出，这种石头可以雕刻得非常精美。墓葬中最大、最重要的方解石器物是卡诺皮克箱。稍逊色些的是60多个造型传统、简单的容器，这些容器用来盛放油、油膏和其他材料，供去世的国王在来世使用。其中一些是在早期统治时期制作并刻有铭文，显然是为了方便从储藏室中取出来用的。

此外，还有大约20个其他容器，其中一些也是用来盛放珍贵材料的，但雕刻的造型奇特而奢华，显示出非凡的工艺水平，不过，品位往往不尽如人意。一个共同的设计元素是象征上埃及和下埃及统一的纹章图案：它由一个意为"统一"的中央符号组成，两侧分别绑缚代表两地的百合花和纸莎草的花茎和花朵。

其中一些器物是灯具，还有一些器物采用仿制造型，如箱子，以及盖子上有狮子造型的最为吸引人的油膏罐，它们本可以使用不那么耐用的材料制作而成。这些复杂的器物中有很多都草草地散落在墓室周围，可能是古代盗墓者所为，而像立狮油膏容器这样的器物能完好无损地保存下来，实在是难能可贵。最为别致的容器之一是所谓的许愿杯，杯沿刻有祝福的文字。有些器物，如水箱中的华丽小船，没有明显的用途，它们也许只是装饰品。

304　鳞茎状方解石香水容器，两侧是丛生的纸莎草和锯齿状的棕榈枝，象征国王万寿无疆，底部是蝌蚪和申符号

305　精心设计的方解石香水瓶。它呈壶形，两侧有百合花和纸莎草的花茎和花朵。整个瓶子由一个身份不明的男性形象支撑，其头上有一个莲花圣杯

饰有尼罗河神祇的香水容器

(高70厘米，宽36.8厘米)

陵墓中像这件容器这样复杂的器物，多年来一直被古板的鉴赏家和朴素的设计师视为庸俗不堪而拒之门外。现在，我们可以更轻松地观察这样复杂的器物，而不对其嗤之以鼻，与此同时，也可以思考，为什么要花这么大的力气来制作一个简单盛放香水的瓶子呢？谁能轻易从这样一个笨重的器物中倒出几滴珍贵的液体呢？

在这里，象征意义比实用功能更为重要。主图案采用了大量的符号表达，蕴含了两地统一的意味。器身本身呈现出代表"统一"的肺与气管符号（sma-sign）的器形；器身左侧站着一个丰满的尼罗河之神，头戴一丛纸莎草，手里抓着绑缚于肺与气管符号上的镂空纸莎草。这一切都代表着下埃及，即三角洲，而纸莎草后方的权杖顶部是头戴下埃及红色王冠的圣蛇标记，这进一步证实了这一点。右侧是另一位尼罗河之神，头戴一丛百合花，手抓着绑缚于肺与气管符号上的百合花，这代表着上埃及；此处的圣蛇标记头戴上埃及白色王冠。一只秃鹫伸展着保护性的翅膀，栖息在容器的边缘，俯瞰这一切。秃鹫头戴阿泰夫冠，应该是内克贝特。器物颈部的文字宣称国王："你统一并掌控上埃及和下埃及；你将像拉一样永远坐在荷鲁斯的宝座上"。图坦卡蒙和安克姗海娜蒙的名字都出现在器身。镂空底座上的国王王位名由两个荷鲁斯雕像支撑，它们都位于代表"金"的符号上方。

这件奢华的器物由四块方解石黏合而成。镀金和彩色人造宝石或费昂斯镶嵌物突出了主要元素。一个精美的细节是两个圣蛇标记身体上的镀金，它们沿着所栖息的权杖杖身向下卷曲。

这件容器被放置于墓室第二个神龛的门前。

带有彩绘图案的灯

(高51.4厘米，宽28.8厘米)

在新王国时期，大多数家用灯采用简单的形制，开放式陶碟中放入油，可能是芝麻油或蓖麻油，里面有根漂浮的亚麻灯芯用于点燃、烧油。可以猜测，豪宅里的灯具应该更加精致，图坦卡蒙陵墓中出土的两件灯具证实了这一推测。

三叉灯（triple lamp）是优雅的物件，适合装饰古代的客厅。而这里展示的这盏灯则更正式、更宏伟，装饰也更独特。灯本身采用了莲花圣杯的形状，两侧是饰有海赫神像的镂空边饰，他们支撑着刻有国王名字（左）和王位名（右）的王名圈，王名圈都位于代表"金"的符号上方，旁边是象征生命的安卡符号。海赫神像呈跪姿位于由一丛丛纸莎草支撑的篮子上方。边饰的外缘由锯齿状的棕榈枝组成，寓意海赫为国王敬献的万寿无疆。带有边饰的灯被固定在方解石底座上，底座采用镂空格子结构的矮桌形制。

图坦卡蒙统治的长治久安是这盏灯的设计主题，这一主题在最特别的绘画中再次体现得淋漓尽致，而该绘画只有在点亮灯时才能看清楚。这幅画画在一个方解石薄插片的内侧，插片与灯的钟形罩紧密贴合。这种贴合近乎完美，其精确度足以说明古代工艺的精湛。光亮透过半透明的方解石，可以看到国王头戴蓝色王冠，悠闲地坐在宝座上，他的前面站着安克姗海娜蒙，手里拿着两根锯齿状的棕榈枝，她正在向国王敬献长久统治的象征物。在灯的另一侧，透过方解石可以再次看到国王的称谓，他是"善神、两地之主、成就之主"，是"拉之子、他的挚爱、冠冕之主"。

方解石香水瓶
（高52.9厘米）

即使基本主题是传统的，埃及石质容器的设计师所采用的各种样式似乎也是无法穷尽的。这个香水瓶或是油膏瓶也不例外。它与其他精美的瓶子一起被发现于前厅，靠在两张大祭祀长台之间的墙壁上。它曾被古代盗墓者打开过，里面的东西也被拿走了。这个盛放珍贵材料的容器有一个长颈和鳞茎状器身，它为代表上下埃及两地统一的设计所包围。容器本身就是代表统一的标志，容器周围缠绕着两地的植物——右边是下埃及的纸莎草，左边是上埃及的百合花。两侧的外缘是锯齿状的棕榈枝，底部是蝌蚪和"申"符号，代表国王数百万年的统治。瓶子上部分固定在带支架的桌子形制底座上。王名圈里的铭文刻有图坦卡蒙的两个名字。

纸莎草柱香水瓶
（高61厘米）

这是堆放在前厅两个祭祀长台之间的一组香水瓶中的一个。瓶子上部分的主题是两地的统一。不过，在细节上，这些瓶子彼此各不相同。例如，一个更为复杂的结将环绕瓶颈的不同花茎连接在一起。沿着上部分的底座，可以看到两种植物的生长环境：左侧是沼泽地长出的纸莎草，右侧是棋盘格图案，可能代表了种植百合花的灌溉系统。下部分（此处未显示）采用了一种新颖的形式。中央支架的底部向外延伸，两侧是纸莎草柱头，通过由方解石雕刻而成的奇特螺旋与上方的中央支架相连。瓶身刻有国王王名圈。

莲花圣杯
(高18.3厘米)

发掘人员进入陵墓时,发现地上躺着这件容器。这是一个盛开莲花造型的柄杯,有两个精致的把手。把手的形状是莲花和花蕾,花的顶部有一个支撑海赫跪姿像的篮子,海赫是百万年之神,他两只手各持一根锯齿状的棕榈枝,棕榈枝的底部有一个弧形的凹槽。

他双手各持一根带缺口的棕榈枝,棕榈枝的末端是一只蝌蚪和一个"申"符号——这组图案预示着国王的永恒统治。侧面的蓝漆文字有国王的两个王名圈,并称他为"阿蒙-拉之挚爱、两地王座之主、天之主"。围绕边缘的一半文字列出国王的王衔,另一半文字则满是祝福:"愿您的卡(灵魂)永生,愿您度过千百万年,热爱底比斯的您,面朝北风而坐,您的双眼看到了幸福。"因此,该容器被称为"许愿杯"。这个杯子所展现的莲花是白色品种,在古埃及,它似乎专门用作高级酒杯的典范。伊顿公学收藏的一块饰板碎片上真实展现了图坦卡蒙用莲花杯饮酒的场景。

带哈索尔头部的香水瓶
(高50厘米)

关于"两地统一"理念的一个更为复杂的变体构成了这个瓶子的主要设计。我们可以推测在这些大瓶子上使用这种设计的意义:使用这种设计可能只是因为它令人满意的外观和可变化的潜力,而不是因为它具有任何微妙的政治或丧葬意义。不过,对于这个瓶子而言,该设计还另外具有宗教意义,它将瓶子及瓶中物与多面女神哈索尔的崇拜联系在一起。在这里,哈索尔女神的头部像面具一样出现在瓶颈,下方有一个宽项圈;颈部装饰的底部下方还有两个隆起,被解释为乳房。

这件器物的底座是单独制作的,包括两套成组出现的护身符,每组中,有一个位于中央的安卡符号持着两侧的瓦斯符号。从这些香水瓶等精致器物的装饰中,可能会发现宗教和护身符意义的多样性,这表明设计者可能并没有受到严格的监督,他们几乎可以随意加入各种符号。

水箱中的方解石船

(高37厘米，宽58.3厘米)

无论其用途如何，这件物品都是古代工匠的非凡之作。长方形水箱中的基座支撑着一只船，船头和船尾都有羱羊头像。船中间的凉亭里放置着一个似乎是开放式的石棺，凉亭由四根敦实的柱子支撑，双层柱头饰有莲花和纸莎草。船头跪着一位手持莲花的裸体女性，船尾则是一位掌舵的裸体女侏儒。水箱和小船都装饰有丰富的花卉和几何图案，并非常节制地嵌有彩色颜料和金饰。水箱末端的铭文板没有提供说明该物品用途的线索。铭文板刻有王名圈，上面有图坦卡蒙和安克姗海娜蒙的名字，两侧分别是纸莎草（右）和百合花（左）上的圣蛇标记，它们分别被命名为瓦吉特（代表下埃及）和奈特（奇怪的是，用它代表上埃及）。

带支架的油罐

(高58.5厘米)

卡特写道，检查这个方解石罐时，罐中的残留物仍能显示出罐中物质的性质："结成的硬壳下面，油至今仍然是黏稠的。"它与附室发现的其他油瓶和香水瓶明显不同。它呈鳞茎状，边缘外扩，顶部呈圆拱形，立于一个独立的方解石底座上。罐盖和罐身装饰丰富，上面的图案和文字镶嵌有彩色人造宝石和玻璃。盖子上是一只伸展翅膀的鸟，周围环绕着棋盘格镶嵌物和花卉元素组成的楣饰。罐口边缘下方刻有纸莎草花，花与花之间有绿色镶嵌物。罐子上部同样饰有棋盘格纹和花卉装饰，下面是精心刻写的四列彩色象形文字，上面有图坦卡蒙和安克姗海娜蒙的名字；圣蛇标记瓦吉特为他们提供力量和永恒的影响力。

方解石箱子

(长33厘米，宽17厘米，高24厘米)

这个装饰精美的小石箱让人联想到它一定有某种特殊用途。有人认为，它可能用来存放图坦卡蒙加冕时与妻子签订的魔法契约。除其他相当琐碎的物品外，这里面还装着混有头发和纸莎草纸碎片的小泥球——似乎是一种魔法材料。

没有现成的答案。一端的文字没有明确说明用途。它只包含了图坦卡蒙和安克姗海娜蒙的王名圈，上面有他们的王衔和名称，国王的是"被赐永生"，王后的是"愿她永生，愿她多子多福"。这些名称属于阿玛尔纳后期。箱子由两块方解石制成，接合件切割精准；两个固定钮用黑曜石（即天然的黑色玻璃）制成。箱盖上装饰着正式的花束，一条条棋盘格花纹和花瓣装饰着箱子的各面和各端。

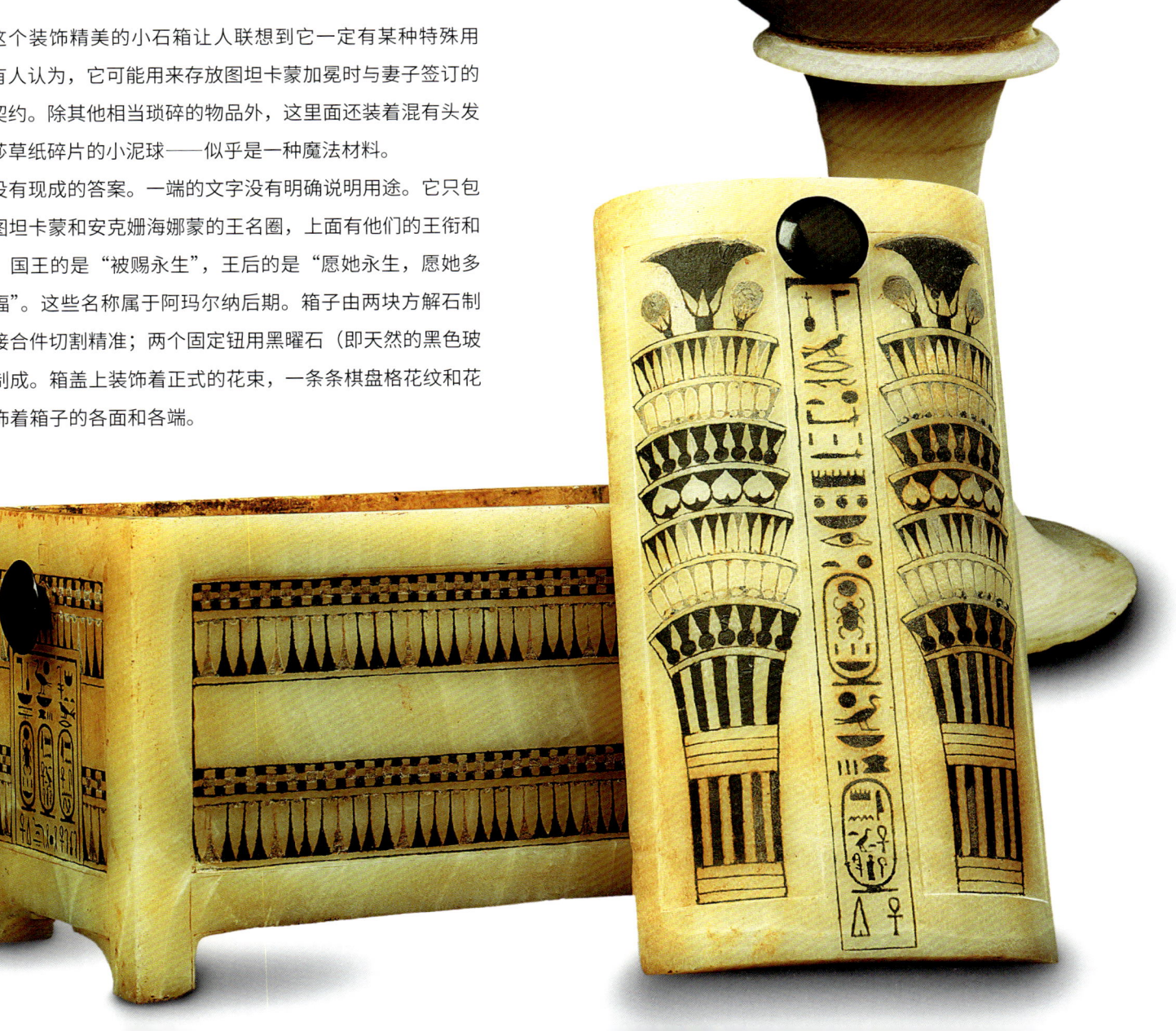

带狮子盖的油膏罐

（高27厘米，罐宽12厘米）

这个罐子是在墓室第二个神龛的门前被发现的，由于某种巧合，它没有被盗墓者打开过。

因此，发现时，罐中的东西完好无损——大约450克的脂肪块。当时对这一物质进行了仔细分析，得出的结论是"看起来该化妆品可能由约90%的中性动物脂肪和约10%的树脂或香膏组成"。毫无疑问，用现代方法可以得出更精确的分析结果。

这件作品极具王者风范，刻有国王的王名圈。它由两种方解石制成。盖子是一个卧狮的造型，有粉红色象牙制的舌头和金制眼睛，盖子由一个象牙钉固定，通过两个象牙旋钮盖上。罐身由方解石杆支撑，杆上用红色和黑色石头雕刻着亚细亚人和努比亚人的头像。罐子侧面雕刻着沙漠狩猎的场景。

狮形油膏瓶

（高60厘米，宽19.8厘米）

人们会认为这个迷人的方解石油膏瓶是专门为图坦卡蒙和安克姗海娜蒙准备的。他们的名字都刻在狮子胸前。这是一只站立的狮子，一只前爪举起，像是在打招呼，另一只爪子则放在意为"保护"的象形符号上。它并不代表具有狮子特征的贝斯神，但肯定与该神有某种联系。在前面展示的其中一张床的床脚板上，镂空装饰板上有贝斯神，其两侧是前爪放在"保护"符号上的狮子。这里伸出的舌头由染成粉红色的象牙制成，眼睛由金箔、牙齿由金制成。在古代被夺走的所有爪子很可能也由金制成。头饰也是瓶子的瓶塞，呈盛开的莲花状，类似床脚板上的狮子所戴的头饰。镂空底座上绘有花瓣和曼德拉草果实图案。

方解石羱羊瓶

（长38.5厘米，宽18.5厘米，高27.5厘米）

在整个埃及历史中，工匠们为王室和达官贵人的梳妆台制作了各种富有想象力的物品。附室中发现的这件与众不同的化妆品容器，对于普通梳妆台来说实际上是相当大的，要确定它如何在家中使用是一个难题。它的外形是一只平卧的羱羊，镶嵌在椭圆形的底座上。将它制作出来的艺术家是一位自然生活的密切观察者——就像卡特本人从小就喜欢自然生活，而且他父亲也是一位善于描画动物的著名画家。这只羱羊采用了极为娴熟的造型技巧，尤其是头部，嘴巴部分张开，露出染成粉红色的象牙制成的舌头，呈现出一个令人信服的咩咩叫的动物形象。一只真正的角不见了，胡须和背部的瓶嘴也不见了。它的眼睛镶嵌半透明的石英，背面绘有细节，镶嵌在铜制眼眶中。

物件清单

图坦卡蒙和他的时代

第20页：阿蒙霍特普三世头像（高38厘米）

第21页：泰伊头像（高7.2厘米）

第22—23页：阿蒙霍特普四世巨像的上半部分（高185厘米）

第24页左：王后头像（高18厘米）

第24页右：公主头像（高19厘米）

第25页：纳芙蒂蒂王后头像（高33厘米，宽15.5厘米）

第26页：阿玛尔纳地区的家庭生活（高43.5厘米，宽38.7厘米）

第27页：埃赫那顿雕像，膝上坐着一位女性（高39.5厘米）

第28页上：图坦卡蒙继任者阿伊的阿玛尔纳墓的浮雕（宽43厘米，高22.5厘米）

第28—29页下：壁画残片（高101厘米，宽160厘米）

第29页：头像（高20厘米，宽15厘米）

第30页：纳芙蒂蒂头像试验品背面的雕刻（高27厘米，宽16.5厘米）

第31页：埃赫那顿的石英岩脸部（高11厘米，宽11厘米）

第32—33页：雕刻家的纳芙蒂蒂头像模型（高27厘米，宽16.5厘米，厚4厘米）

第34页：具有图坦卡蒙特征的孔苏神像（高252厘米）

第35页：红色石英岩巨像（高285厘米，宽73厘米，深87厘米）

非凡的珍宝

个人随葬品

第80页：银花瓶（高13.4厘米，直径10.8厘米）

第81页：标志物上方的神鹰（高69.2厘米）

第84页：第一个镀金神龛（长508厘米，宽328厘米，高275厘米）

第85页：第二个镀金神龛（长374厘米，宽235厘米，高225厘米）

第三个镀金神龛（长340厘米，宽192厘米，高215厘米）

第四个镀金神龛（长290厘米，宽148厘米，高190厘米）

第87页：中棺（长204厘米，最大高度78.5厘米，最大宽度68厘米）

第88页：最内层的棺木（长187厘米，高51厘米，宽51.3厘米，重110.4千克）

第96页：黄金面具（高54厘米，重11千克）

第100页：卡诺皮克神龛（高198厘米，长153厘米，宽122厘米）

第104页：卡诺皮克箱（总高85.5厘米，底座每侧各宽54厘米）

第108页：卡诺皮克金棺（高39厘米，宽11厘米，深12厘米）

役使雕像

第112页：戴蓝色王冠的夏勃梯（高48厘米）

第113页：戴努比亚假发的夏勃梯（高54厘米）

手持两个连枷的夏勃梯（高52厘米）

第114页：由明纳克特呈献的夏勃梯（高52厘米）

来自前厅的夏勃梯（高51.6厘米）

第116页：戴努比亚假发的镀金夏勃梯（高54厘米）

第117页：戴红色王冠的夏勃梯（高63厘米）

戴白色王冠的夏勃梯（高61.5厘米）

第118页：传统形式的夏勃梯（高26厘米）

戴努比亚假发的工头夏勃梯（高32厘米）

第119页：带有王室胡须的夏勃梯（高25厘米）

镀金工头夏勃梯（高32厘米）

第120页：戴蓝色假发的夏勃梯（高23厘米）

戴绿色假发的夏勃梯（高22厘米）

第121页：无工具的夏勃梯（高22厘米）

戴镀金假发的夏勃梯（高26.2厘米）

极简装饰的夏勃梯（高23.4厘米）

第122页：头部镀金的花岗岩夏勃梯（高15.5厘米）

戴白色王冠的石灰岩夏勃梯（高20.7厘米）

第123页：戴蓝色王冠的石灰岩夏勃梯（高22.5厘米）

石灰岩夏勃梯（高28厘米）

第124页：绿松石上釉工头夏勃梯（高30厘米）

浅蓝费昂斯夏勃梯（高17厘米）

非王室夏勃梯（高17.5厘米）

第126页：戴努比亚假发工头夏勃梯（高30厘米）

第127页：带文字错误的夏勃梯（高15.5厘米）

带安卡符号的夏勃梯（高16.4厘米）

个人祭祀用品

第130页：国王蹲坐金像（高5.4厘米，链长54厘米）

第131页：蓝玻璃国王像（高5.8厘米）

第132页：灵柩上的国王（长42.2厘米，宽12厘米，柩高4.3厘米）

第133页：莲花上的头像（高30厘米）

第134页：微型棺木和微型棺盖（棺木：长78厘米，宽26.5厘米；棺盖：长74厘米）

祭祀家具及物品

第138页：伊希斯-迈赫特祭祀长台（高188厘米，长208厘米，宽128厘米）

第140页：阿穆特祭祀长台（长236厘米，宽126厘米，高134厘米）

第141页：梅赫特-韦雷特祭祀长台（长181厘米，宽91厘米，高156厘米）

第142页：装有雏鸟和鸟蛋的罐盖（宽13.4厘米）

第143页：两件阿努比斯象征物（高167厘米）

拟人神像

第144页：鲜为人知的马穆神像的上半部分（高58厘米）

第147页：伊希神像（高63.5厘米）

舒神像（高74厘米）

塔-塔神像（高65厘米）

第148页：普塔神像（高60.2厘米）

第149页：阿图姆神像（高63厘米）

动物神像

第151页：阿蒙神之鹅（最大高度40.5厘米，基座长42.5厘米，宽19厘米，高5.5厘米）

第152页：塞赫美特神像（高55.2厘米）

第153页：杜阿穆特夫神像（高58厘米）

克赫贝瑟努夫神像（高55.5厘米）

第154页：一对古埃及省的标志物（高分别为81厘米和68厘米）

奈杰尔-安卡神像（高56.5厘米）

第155页：索普杜标志物（高65.5厘米）

第156页：阿努比斯神龛（总高118厘米，总长270厘米，宽52厘米）

护身符

第158页：蓝釉费昂斯护身符（高12厘米）

第159页：蛇形标记形制护身符（高8.9厘米，宽13厘米）

第160页：双圣蛇护身符（高7厘米，宽6.5厘米）

第161页：两只秃鹫护身符（高6.6厘米，宽6.2厘米）

第162页：法力无边者神像（像高14厘米）

绳结护身符（长16厘米）

费昂斯托特神像（高8厘米）

第164页：部分镀金的杰德柱护身符（高8厘米）

第165页：金质杰德柱护身符（高9厘米）

第166页：金色纸莎草柱（高5.9厘米）

费昂斯纸莎草柱（高8.5厘米）

第167页：费昂斯瓦斯权杖（长10.5厘米）

第168页：长石托特护身符（高5.5厘米）

带鹭树脂圣甲虫（长4.8厘米）

第169页：带鹭镀金之心（长5.8厘米）

第170页：红色玻璃提耶特护身符（长6.5厘米）

第171页：费昂斯安卡（高10.8厘米）

费昂斯提耶特护身符（长8.5厘米）

国王雕像

第174页：头戴内梅什王巾的守护神像（高190厘米，宽56厘米）

第175页：头戴阿夫内特王巾的守护神像（高190厘米，宽54厘米）

第176—177页：头戴白色王冠的国王雕像（高75.3厘米）

头戴红色王冠的国王雕像（高59厘米）

第178页：豹身上的国王（全高85.6厘米）

第179页：作为鱼叉手的国王（高69.5厘米）

王权仪仗

第180—181页：礼仪扇的扇心（扇心宽20.4厘米，扇子总长125厘米）

第182页：冕（直径19厘米）

第184页：权杖（长54厘米）

第185页：连枷和弯钩（各长33.5厘米）

第186页：狩猎鸵鸟扇（长105.5厘米，扇心宽18.5厘米）

服饰和化妆物件

第188页：纳芙纳芙尔雕像（长10厘米，宽7厘米）

第190页：图坦卡蒙的人体模型（高73.5厘米）

安卡造型的镜盒（高27厘米）

第192页：国王的胸甲（高40厘米，长85厘米）

第194页：一双金凉鞋（长29.5厘米）

豹头（高16.5厘米）

第195页：带有敌人图案的凉鞋（长28厘米）

第196页：象牙珠宝盒（高13.97厘米，宽16.8厘米）

第197页：带有跪姿神像的镜盒（高26.8厘米，宽14.2厘米）

第198页：化妆品盒（高16厘米，宽8.8厘米，深4.3厘米）

珠宝首饰

第200页：爪间抓有申符号的猎鹰（宽12.6厘米）

第202页：双女神项圈（宽48.7厘米）

第204页：金片项圈（宽33厘米）

第205页：猎鹰头宽项圈（宽36厘米）

第207页：弹性荷鲁斯项圈（宽35厘米）

第208页：带鹰形吊坠的项链（吊坠宽9厘米，链长65厘米）

第210页：带月亮胸饰的项链（项链长23.5厘米，胸饰宽10.8厘米）

第212页：图坦卡蒙与孟斐斯诸神在一起的胸饰项链（胸饰：高11.5厘米，宽14.1厘米；平衡装饰：高8.4厘米，宽7.8厘米；饰带长34.3厘米）

第214页：日出地平线的项链（饰带长50厘米，胸饰宽11.8厘米）

第215页：带三只圣甲虫胸饰的项链（胸饰宽9厘米，平衡装饰宽5.3厘米，饰带长18.5厘米）

第216页：旭日项链（全长41厘米，胸饰宽11.5厘米，平衡装饰宽6.3厘米）

第218页：带翅圣甲虫胸饰项链（胸饰宽9.5厘米，链长42厘米）

第219页：秃鹫胸饰项链（秃鹫宽11厘米，饰带长25.5厘米）

第220页：镶嵌维阿杰特的项链（吊坠：高5.7厘米，宽9.5厘米；链长33厘米）

带有圣甲虫平衡装饰的项链（胸饰宽8.5厘米，饰带长43厘米）

第220—221页：带有费昂斯维阿杰特的项链（吊坠：高6厘米，宽8.8厘米；链长29厘米）

第222页：伊希斯和奈芙提斯胸饰（高12厘米，宽16.3厘米）

第224—225页：有伊希斯和奈芙提斯的带翅圣甲虫胸饰（高16.5厘米，宽24.4厘米）

第227页：努特女神胸饰（高12.6厘米，宽14.3厘米）

第229页：圣蛇守护的圣甲虫胸饰（高7.8厘米，宽8.7厘米）

第230页：有太阳和月亮象征物的胸饰（高14.9厘米，宽14.5厘米）

第231页：带有图坦卡蒙王位名的吊坠（高9厘米，宽10.5厘米）

第232页：巴鸟胸饰（宽33厘米）

第233页：秃鹫吊坠（高14.1厘米，宽16.4厘米）

第234页：带国王王位名和莲花流苏的胸饰（高12.5厘米，宽13厘米）

第235页：带永恒之神神像的平衡装饰（高6.9厘米，宽8.2厘米）

第236页：展翅秃鹫努特胸饰（高12.1厘米，宽17.2厘米）

第238—239页：奥西里斯、伊希斯和奈芙提斯胸饰（高15.5厘米，宽20厘米）

第240页：带粒状装饰的耳环（长10厘米）

第241页：带鸭头的耳环（长10.9厘米）

第242—243页：饰有国王雕像的耳环（长11.8厘米）

第243页：带圣蛇标记吊坠的耳环（长7厘米）

第244—245页：带有圣甲虫搭扣的手链（长15.8厘米，圣甲虫高6.6厘米）

饰有三个圣甲虫的手链（长17.6厘米，高4.3厘米）

第246—247页：镶嵌青金石的手链（长16厘米，高4.2厘米）

饰有紫水晶圣甲虫的手链（长18厘米，高3.5厘米）

饰有维阿杰特的手链（长16.2厘米，高3.5厘米）

第249页：饰鸟手镯（直径5.2厘米）

饰有微缩场景的手镯（直径8.5厘米）

饰有圣甲虫的手链（直径5.4厘米）

第250页：带托特的双环戒指（直径2.2厘米）

青金石双环戒指（直径2.3厘米）

第251页：带有阿蒙-拉神像的戒指（直径2厘米）

第252页：带有圣甲虫包镶的戒指（直径2.2厘米）

第252—253页：饰有太阳与船只的戒指（直径2厘米）

第253页：饰以图案的包镶三环戒指（直径2.6厘米）

第254页：带有国王和王后形象的金扣（长9厘米，高9厘米）

第256页：带有公牛遭袭场景的金饰板（长8.5厘米，高6厘米）

第256—257页：带有捕猎场景的金饰板（长8厘米，高3.2厘米）

第257页：带有乘坐战车国王形象的饰板（高6.2厘米，宽8.5厘米）

第258页：木乃伊的金束带（宽4.9厘米）

第259页：木乃伊饰物（长14厘米，带王名圈的饰物宽4.7厘米，带束带的饰物宽4.5厘米，带水滴珠的饰物宽4.2厘米）

个人物品

第260页：一对镀金木制拨浪鼓（长52厘米，宽51.5厘米，最大宽度7厘米）

第261页左，左侧照片：一根镀金木杖（长145厘米）

第261页左，中间照片：带雕像的木杖（杖长131厘米，雕像高9厘米）

第261页左，右侧照片：木杖（长108厘米）

第261页右：象牙调色板（长21.9厘米，宽2.8厘米）

第262页：纸莎草纸磨光器（长16.5厘米，宽4.4厘米）

象牙调色板（长30.3厘米，宽4.7厘米）

第263页：镀金笔筒（长30厘米）

镀金调色板（长30.3厘米，宽4.3厘米）

第264页：台子上的游戏盒（盒子：长44.6厘米，宽14.3厘米，高8.1厘米；台子：长55厘米，宽17.5厘米，高20.2厘米）

第265页：装饰游戏盒（长27.5厘米，宽9厘米，高5.8厘米）

第266页：银喇叭（长58.2厘米）

第267页：泰伊和梅里塔顿的铃舌（长度15.7厘米）

青铜喇叭（长49.4厘米）

第268页：带装饰的手杖（长度108厘米）

带有阿蒙祷词的手杖（长145厘米）

第269页：带有国王金像的手杖（长131厘米，雕像高9厘米）

第270页：饰有利比亚俘虏的棍棒（长109厘米）

第270—271页：饰有努比亚俘虏的棍棒（长102厘米）

饰有亚细亚和努比亚俘虏的棍棒（长104厘米）

武器

第274—275页：礼仪战车（车身宽105厘米，深46厘米，车轮直径90厘米，车轴长216厘米，车杆长250厘米）

第276页：国王化身斯芬克斯的镂空盾牌（高89厘米，宽54厘米）

第277页：带有国王坐像的镂空盾牌（高74厘米，宽50厘米）

国王屠狮形象的镂空盾牌（高88厘米，宽55厘米）

第278页：镀金权杖（长82厘米）

投掷棒模型（长度40.5厘米）

仪式投掷棒（长50.5厘米）

第279页：弓盒（长153厘米）

带精美装饰的棍棒（长116厘米）

仪式镰刀（长27厘米）

带镀金手柄的棍棒（长56.2厘米）

第280页：克赫帕什镰形刀（长59.7厘米）

铁匕首和刀鞘（匕首长34.2厘米）

第281页：金匕首和刀鞘（匕首长31.9厘米）

船只

第282—283页：装配齐全的帆船（长23厘米）

第284页：运输驳船（长110厘米）

太阳船（长155厘米）

第285页：太阳船（长148厘米）

家具和箱子

第287页：首饰盒（高39厘米，长49.5厘米）

第288—289页：黄金宝座（高104厘米，宽53厘米，深65厘米）

第290—291页：镀金神龛（高50.5厘米，宽26.5厘米，深32厘米，木橇长48厘米）

第292—293页：彩绘盒（长61厘米，宽43厘米，高44.5厘米）

第294页：活动顶篷（底座98.5厘米，高201厘米）

带敌人形象的脚凳（长58.7厘米，宽31.7厘米）

第295页：教会王座（高102厘米，宽70厘米，深44厘米）

第296页：假折叠凳（长47厘米，宽31.7厘米，高34.3厘米）

带海赫神像的椅子（高96厘米，宽47.6厘米，深50.8厘米）

第297页：儿童椅（高71.1厘米，宽36.8厘米，深39.4厘米）

第298页：狮头床（长177厘米，宽103厘米，高37厘米）

带花卉床脚板的床（长175厘米，高68.6厘米）

第299页：带镂空雕像床脚板的床（长185厘米，宽90.1厘米，高74.9厘米）

第300页：蓝色玻璃头枕（高18厘米，底座宽28厘米）

折叠凳形制的头枕（高20厘米，宽26厘米）

第301页：蓝色费昂斯头枕（高19厘米，宽27厘米）

带有舒神像的象牙头枕（高17.5厘米，宽29.2厘米）

第302页：王名圈形制盒子（长64.5厘米，宽29.8厘米，高31.7厘米）

带镶嵌细工装饰板的箱子（长44.45厘米，宽29.8厘米，高27.9厘米）

第303页：华丽箱子（长72厘米，宽40.6厘米，高63.5厘米）

带镂空图案的箱子（高42.5厘米，长48.2厘米，宽44.4厘米）

方解石容器及其他物件

第304页：鳞茎状方解石香水容器（宽29.8厘米，高65.5厘米）

第305页：精心设计的方解石香水瓶（高68.3厘米）

第306页：饰有尼罗河神祇的香水容器（高70厘米，宽36.8厘米）

第307页：带有彩绘图案的灯（高51.4厘米，宽28.8厘米）

第308页：纸莎草柱香水瓶（高61厘米）

第309页：方解石香水瓶（高52.9厘米）

第310页：莲花圣杯（高18.3厘米）

第311页：带哈索尔头部的香水瓶（高50厘米）

第312页：水箱中的方解石船（高37厘米，宽58.3厘米）

第313页：带支架的油罐（高58.5厘米）

方解石箱子（长33厘米，宽17厘米，高24厘米）

第314—315页：带狮子盖的油膏罐（高27厘米，罐宽12厘米）

狮形油膏瓶（高60厘米，宽19.8厘米）

方解石羱羊瓶（长38.5厘米，宽18.5厘米，高27.5厘米）

参考文献

Aldred, C., *Akhenaten and Nefertiti*. London and New York, 1973.

Aldred, C., *Akhenaten, King of Egypt*. London and New York, 1988.

Aldred, C., *Jewels of the Pharaohs*. London, 1971.

Aldred, C., *Tutankhamun: Craftsmanship in Gold in the Reign of the King*. New York, 1979.

Baines, J., and J. Malek, *Atlas of Ancient Egypt*. Oxford and New York, 1980.

Baker, H.S., *Furniture in the Ancient World: Origins and Evolution, 3100-475 B.C*. London, 1966.

Beinlich, H. and M. Saleh, *Corpus der hieroglyphischen Inschriften aus dem Grab des Tutankhamun*. Oxford, 1989.

Breasted, C., *Pioneer to the Past*. London, 1947.

Carnarvon, the Earl of, and H. Carter, *Five Years' Explorations at Thebes; a Record of Work Done, 1907-1911*. Oxford, 1912.

Carter, H., *The Tomb of Tut.ankh.amen*. 3 Vols. (Vol. 1 with A. Mace). London, 1923-33.

Carter, H. and A.H. Gardiner, 'The Tomb of Ramesses VI and the Turin plan of a royal tomb' in *Journal of Egyptian Archaeology*, 4, pp. 130-158. London, 1917.

Černý, J., *Hieratic Inscriptions from the Tomb of Tut'ankhamūn*. Oxford, 1965.

Davies, Nina M., and A.H. Gardiner, *Tutankhamun's Painted Box*. Oxford, 1962.

Davies, N. de G., *The Rock Tombs of El Amarna*. 6 Vols, London, 1903-8.

Davis, T.M., and others, *The Tomb of Harmhabi and Touatankhamanou*. London, 1912.

Davis, T.M., *The Tomb of Iouiya and Touiyou*. London, 1907.

Desroches-Noblecourt, C., *Tutankhamen: Life and Death of a Pharaoh*. London, 1963.

Eaton-Krauss, M., *The Sarcophagus in the Tomb of Tutankhamun*. Oxford, 1993.

Eaton-Krauss, M. and E. Graefe, *The Small Golden Shrine from the Tomb of Tutankhamun*. Oxford, 1985.

Edwards, I.E.S., *Treasures of Tutankhamun*. London, 1972.

Edwards, I.E.S., *Treasures of Tutankhamun*. New York, 1976.

Edwards, I.E.S., *Tutankhamun: his Tomb and its Treasures*. New York, 1976.

Edwards, I.E.S., *Tutankhamun's Jewelry*. New York, 1976.

El-Khouli, Ali A.R.H. and others, *Stone Vessels, Pottery and Sealings from the Tomb of Tut'ankhamun*. Oxford, 1993.

Faulkner, R.O., *The Ancient Egyptian Book of the Dead*. London, 1985.

Faulkner, R.O., *The Ancient Egyptian Pyramid Texts*. 2 Vols. Oxford, 1969.

Fox, P., *Tutankhamun's Treasures*. London, 1951.

Gardiner, Sir A.H., *My Working Years*. Privately published, 1962.

Hornung, E., *Conceptions of God in Ancient Egypt*. London, 1983.

James, T.G.H., *Howard Carter: The Path to Tutankhamun*. London, 1992.

James, T.G.H., 'Howard Carter and Mrs Kingsmill Marrs', in *Studies in Honor of William Kelly Simpson*. Boston, 1996.

Jones, D., *Model Boats from the Tomb of Tut'ankhamun*. Oxford, 1990.

Leek, F.F., *The Human Remains from the Tomb of Tut'ankhamun*. Oxford, 1977.

Littauer, M.A. and J.H. Crowel, *Chariots and Related Equipment from the Tomb of Tut'ankhamun*. Oxford, 1985.

Lucas, A. and J.R. Harris, *Ancient Egyptian Materials and Industries*. 4th ed., London, 1962.

McLeod, W., *Composite Bows from the Tomb of Tut'ankhamun*. Oxford, 1970.

McLeod, W., *Self Bows and Other Archery Tackle from the Tomb of Tut'ankhamūn*. Oxford, 1982.

Manniche, L., *Musical Instruments from the Tomb of Tut'ankhamūn*. Oxford, 1976.

Martin, G.T., *The Amarna Period and its Aftermath: A Check-list of Publications*. London, 1987.

Martin, G.T., *The Memphite Tomb of Horemheb I*. London, 1990.

Martin, G.T., *The Royal Tomb at El-Amarna*. 2 Vols. London, 1974, 1989.

Murnane, W.J., *Ancient Egyptian Coregencies*. Chicago, 1977.

Murray, H. and M. Nuttall, *A Handlist of Howard Carter's Catalogue of Objects in Tut'ankhamūn's Tomb*. Oxford, 1963.

Naville, E. and others, *The Temple of Deir el Bahari*. 6 Vols. London, 1895-1908.

Piankoff, A., *The Shrines of Tut-ankh-Amon*. New York, 1955.

Reeves, (C) N., *The Complete Tutankhamun*. London, 1990.

Reeves, N., *The Valley of the Kings. The Decline of a Royal Necropolis*. London, 1990.

Reeves, N. and J.H. Taylor, *Howard Carter before Tutankhamun*. London, 1992.

Reeves, N. and R.H. Wilkinson, *The Complete Valley of the Kings*. London, 1996.

Tait, W.J., *Game-box and Accessories from the Tomb of Tut'ankhamūn*. Oxford, 1982.

Wilkinson, A., *Ancient Egyptian Jewellery*. London, 1971.

Winlock, H.E., *Materials Used at the Embalming of King Tût-'ankh-Amūn*. New York, 1941.

Winstone, H.V.F., *Howard Carter and the Discovery of the Tomb of Tutankhamun*. London, 1991.

图片版权及致谢

本书所有图片均出自阿拉尔多·德·卢卡/白星出版社档案馆（Archivio White Star），以下图片除外：

安东尼奥·阿蒂尼（Antonio Attini）/白星出版社档案馆：第98—99页。

伊丽莎白·戴恩斯（Elisabeth Daynes），国家地理图片集：第40页右侧。

肯尼思·加·特（Kenneth Garrett）：第40—41页。

肯尼思·加·特/国家地理图片集：第41页。

大英博物馆：第44页。

乔瓦尼·达格利·奥尔蒂（Giovanni Dagli Orti）：第39页下方。

牛津阿什莫林博物馆格里菲斯学院（Griffith Institute, Ashmolean Museum Oxford）：第43、45、46、47、48、49、50、55、56、57、58、59、60、61、62、63、64、65、66、67、68页左下方、68页右、68—69页、69页下方、70、71、72、73页。

苏珊娜·赫尔德（Suzanne Held）：第38页左上角。

安德烈·耶莫洛（Andrea Jemolo）：第84页下方。

国际新闻联合服务社（News International Associated Services）：第68页左上和中间。

图片库（Photobank）：第38页右上。

阿达尔贝托·西廖蒂（Alberto Siliotti）：第38页左、第38-39页、第39页上。

亨利·斯蒂尔林（Henri Stierlin）：第88页、第198页右。

作者和出版商特别感谢：牛津格里菲斯研究所哈罗米尔·马莱克（Jaromir Malek）博士、黛安娜·马吉（Diana Magee）博士和伊丽莎白·迈尔斯（Elizabeth Miles）。

编辑感谢：

法鲁克·胡斯尼（Farouk Hosny）阁下 埃及前文化部部长；

贾巴拉·阿里·贾巴拉（Gaballah Ali Gaballah）前埃及文物最高委员会秘书长；

弗朗西斯·阿卢瓦西·迪·拉尔代雷洛（Francesco Aloisi di Larderel）阁下 前意大利驻埃及大使；

阿里·哈桑（Ali Hassan）前最高文物委员会秘书长；

穆罕默德·萨利赫（Mohamed Saleh）开罗埃及博物馆前馆长；

穆罕默德·希米（Mohammed Shimi）开罗埃及博物馆前馆长；

卡拉·玛丽亚·布里（Carla Maria Burri）开罗意大利文化研究所前所长；

萨米尔·加里卜（Samir Gharib）文化部艺术顾问；

纳比勒·奥斯曼（Nabil Osman）埃及国家信息服务中心前主任；

扎基·加齐（Zaki Gazi）开罗新闻中心前主任；

开罗新闻中心的贾迈勒·沙菲克（Gamal Shafik）负责摄影任务的组织工作；

开罗埃及博物馆的工作人员和策展人；

亚历山德罗·科科尼（Alessandro Cocconi）摄影助理。

封面（上）和封底：图坦卡蒙的金面具（© 阿拉尔多·德·卢卡/白星出版社档案馆）

封面（下）：猎鹰吊坠（© 阿拉尔多·德·卢卡/白星出版社档案馆）

译后记

为《图坦卡蒙》的译文敲上最后一个句号时，窗外天色放晴，阳光正好，这是漫长冬日过后，北京的又一个初春。想起地处尼罗河流域遥远而古老的埃及，一年四季都沐浴在这般明媚但更为热辣的阳光中。因为译书，在同一片天空下，与另一种文化相遇，这是译者之幸。

图坦卡蒙并非古埃及历史上特别有影响力的法老，但一说起他的名字，人们并不陌生，这缘于100多年前，霍华德·卡特考古发掘图坦卡蒙陵墓，成就了埃及考古史乃至世界考古史上最伟大的发现之一。陵墓出土的黄金面具成为古埃及文明的象征，世界为之惊叹。

在翻译《图坦卡蒙》的过程中，惊叹便如落入玉盘的大珠小珠，时不时敲击着文字，让人担着未能以文字言尽发现之曲折、文物之精美的心。这种惊叹在于卡特的坚守与历经的艰辛，穷途末路却又峰回路转的励志故事，激荡人心；在于陵墓出土物件品类之齐全，小到珠宝首饰、护身符，大到家具、武器、船只，令人眼花缭乱；在于物件体现工艺水平之高超，使用了浮雕、圆雕、镂刻、掐丝、镶嵌、冲压、刺绣、木工等技艺，仅黄金工艺就涉及打金、制作金叶、金丝、金片、金箔，使用焊料和造粒等，不一而足；在于所使用材料之丰富，黄金、琥珀金、银、铁、象牙、半宝石、费昂斯、彩色玻璃、红玉髓、绿松石、青金石、长石、方解石、黑曜石、紫水晶、树脂，甚至树皮、甲虫的翅膀等，应有尽有。

本书图文并茂，信息翔实。从对图坦卡蒙的历史时代的叙述、陵墓本身发现始末的介绍，再到有关每一门类出土文物的具体描述，在阅读和翻译的过程中，仿佛在欣赏一个精彩绝伦的图坦卡蒙大展，随着展线的推进，犹如穿越时空，倏忽间，置身于那个曾经繁华灿烂的国度和金碧辉煌的时代。如果说事死如事生，反过来便能想象，帝王生前吃喝住用行的一切，将它们还原至富丽堂皇的宫殿，在阳光下定当闪烁耀眼的金光，这无不昭示出彼时彼地的奢华与傲娇。

本书通过对各种品类物件之器形、材料、铭文及一些争议等详述，展示出图坦卡蒙时代的历史风貌，从之前阿玛尔纳时期对阿顿神的崇拜、对阿蒙神的摒弃，到迁都孟斐斯，与阿蒙神和解。特定的历史背景造就了埃及人特定的宗教信仰及审美追求，但宗教信仰的变化也不可能即刻消泯之前的艺术风格，因此，陵墓出土物既体现出传统风格，也交织了阿玛尔纳时期的创新风格，如对王室亲密关系、动物生动形态等充满自然主义风格的细腻描画。

包括宗教信仰变化在内的时代变化裹挟了政治力量的抗衡，图坦卡蒙的后继者甚至试图抹除他的名字，在一些物件上便有类似修改的痕迹。要不是图坦卡蒙陵墓的发现，图坦卡蒙这个国王的存在可能一直是个谜。不得不叹服，变与不变，在文物中皆有迹可循，是为不可磨灭的时代印记，这也是考古发现印证历史的迷人之处，对于读者从文物中品味时代未尝不是一种启发。

图坦卡蒙墓中丰富的陪葬品，以多种方式装饰有意为"长久统治""生命""力量"等美好期盼的各种符号，翻译时难免为坐拥荣华却英年早逝的图坦卡蒙扼腕叹息，但转念一想，每一个物件背后，凝聚的是古埃及人民的智慧与勤劳，这不断传承与发展下来的技艺，这生生不息对美的不懈追求，这已经留存下来的不朽见证，难道不是从某种意义上实现了对永恒的祈盼吗？

本书对各种物件从历史学、神话学、图像学等多重视角进行细致的解释与探讨，历史的风云诡谲、神话世界的捉摸不定、图像细节的微妙差异，使对文物的解读具有了广度和深度。因为涉及埃及文化的内容较为广泛，译者多方查阅并借鉴《古代埃及史》《都灵埃及博物馆》《开罗埃及博物馆》等书籍及网络资料，力求译文的准确与流畅。对于模棱两可之处，比如faience一词，不少地方译为瓷器，但古埃及有没有生产瓷器的工艺呢？瓷器不是古代中国特有的吗？因为埃及有陶器，于是我便将它译为"彩釉陶器"，自认为万无一失。后遇一位玻璃器专家，才得知faience与玻璃的诞生密切相关，应译为费昂斯。虽避免了常识性错误，但也有"隔行如隔山"的后怕，翻译时便多加了几分小心。个人觉得翻译是件苦差，搬运文字，码成一堵有"讲究"的高墙，这"讲究"就是"信达雅"。疲乏之时，想到读者若能喜欢这本书，并从中受益良多，便又欣欣然、陶陶然。

与编辑老师的相识始于一次机缘巧合的合作，感谢她不吝惜信任，让我有机会用中文呈现出《图坦卡蒙》。感谢中国画报出版社和许多默默付出的工作人员，于是，这本书才能在你我手中，由着我们共享阅读的喜悦和探究的快乐。

王璨
2024年4月